HEYNE
BÜCHER

Von der gleichen Autorin erschienen außerdem
als Heyne-Taschenbücher

Tod im Schloß · Band 5063
Peony · Band 5082
Gebiete dem Morgen · Band 5112
Die Töchter der Madame Liang · Band 5139
Die beiden Schwestern · Band 5175
Söhne · Band 5239
Das geteilte Haus · Band 5269
Mandala · Band 5303
Stolzes Herz · Band 5327
Der Regenbogen · Band 5462

PEARL S. BUCK

DES LEBENS GANZE FÜLLE

Roman

WILHELM HEYNE VERLAG
MÜNCHEN

HEYNE-BUCH Nr. 861
im Wilhelm Heyne Verlag, München

Titel der amerikanischen Originalausgabe:
THE TIME IS NOON
Deutsche Übersetzung von Maria Meinert

12. Auflage

Taschenbuchausgabe mit Genehmigung des
Scherz Verlages Bern und München

Printed in Germany 1979
Umschlagfoto: M. Schmatz, München
Umschlaggestaltung: Atelier Heinrichs, München
Gesamtherstellung: Ebner Ulm

ISBN 3-453-00190-7

Erstes Buch

In Middlehope, einem kleinen Pfarrdorf im östlichen Pennsylvanien, war der Sonntagmorgen angebrochen. Joan Richards lag wohlig entspannt in ihrem Bett und schlief. Die helle Junisonne, die durch das weitgeöffnete Fenster strömte, weckte sie. Joan schlug langsam die Augen auf, und ihr Blick weilte zufrieden auf den leicht verblichenen Kornblumen des Tapetenmusters in ihrem in Blau und Elfenbein gehaltenen Schlafzimmer. Die duftigen Fenstervorhänge bauschten sich in der leichten Sommerbrise. Wind und Sonne machten den Raum lebendig.

Eine tiefe Freude stieg in Joan auf. Sie war endlich wieder zu Haus, für immer daheim. Im letzten Jahr auf der Universität hatte sie bereits gespürt, daß es mit ihrer Jungmädchenzeit zu Ende ging, und es drängte sie danach, ihr Frauenleben zu beginnen. In den vergangenen Monaten hatte sie sich nach und nach von vielen Dingen gelöst, in denen sie während ihrer Studienzeit aufgegangen war. Sogar die Versprechen, die man sich gegenseitig beim Abschied gegeben hatte (Vergiß nicht zu schreiben . . . Besuch mich mal . . .), waren jetzt schon nebelhaft verschwommen. Welche neuen Freunde würden in ihr Leben treten und ihr Verlangen nach Gemeinschaft befriedigen? Sie wollte das Leben in vollen Zügen auskosten. Voller Vertrauen blickte sie in die Zukunft, im Bewußtsein ihrer überschäumenden Kraft.

Gähnend und lächelnd reckte sie sich und stieß dabei an das Kopf- und Fußende ihres Bettes. Die Betten waren immer zu klein für sie. Stets war sie aus allem rasch herausgewachsen — nur nicht aus ihrem Elternhaus. Sie war froh, daß der erste Tag ihres neuen Lebens ein Sonntag war. Sie liebte den Sonntagmorgen in diesem alten Pfarrhaus, in dem sie seit ihrer Geburt gelebt hatte, obwohl es sonntags eigentlich nicht ihrer Familie gehörte, sondern der presbyterianischen Kirche und damit den Einwohnern von Middlehope, mit Ausnahme der wenigen Baptisten und Methodisten. Für sie bestand Middlehope nur aus Presbyterianern und vielleicht noch einigen Anhängern der bischöflichen Kirche, wie zum Beispiel die Familie Kinney. Diese waren nicht so zahlreich vertreten, daß sie eine eigene Kirche hatten, und sie nahmen daher am Gottesdienst ihres Vaters teil. Einmal im Monat hielt ihr Vater einen besonderen Gottesdienst für sie ab, entweder die Morgen- oder die Abendandacht. Joan gefiel der feierliche Talar, den ihr Vater dann trug, während seine hohe, schlanke Gestalt an anderen Sonntagen in einem engzugeknöpften Gehrock steckte. Einige Gemeindemitglieder — Mrs. Winter und Mr. Parsons zum Beispiel — blieben an diesen episkopalen Sonntagen der Kirche fern. Aber ihr Vater tat immer das, was er für richtig hielt.

Irgendwo im Hause schlug eine Uhr. Joan zählte die langsamen, melodischen Klänge. Acht. Es war Zeit aufzustehen. Das sonntägliche Frühstück im Pfarrhaus mußte um neun Uhr beendet sein. Sie richtete sich auf und sah sich dabei im Spiegel, der gegenüber dem Bett angebracht war. Sie war zu groß, aber dennoch erstaunlich hübsch.

Sie bewunderte eine Weile ihr Spiegelbild: den wohlgeformten Kopf, die sehr klaren blaugrünen Augen, den etwas großen roten Mund, die glatte weiße Haut, den langen goldbraunen Zopf. Dann verspürte sie plötzlich ein Schuldgefühl, weil sie der Eitelkeit gefrönt hatte. »Schön ist, wer schön handelt«, pflegte ihre Mutter zu sagen. Seltsam, wie diese kleinen moralischen Weisheiten ihrer Mutter als Kind immer so schwer auf ihr gelastet hatten — sie sogar heute noch bedrücken könnten, wenn sie sich nicht dagegen wehrte! Aber sie würde sich dagegen verschließen. Nichts in ihrem jungen Leben sollte sie je traurig stimmen — aber auch gar nichts! Nur angenehme Gedanken sollten sie erfüllen. Sie wollte frei sein von Leid.

Sie lehnte sich in die Kissen zurück. Wie wohltuend dieser Sonnenschein, diese ruhige Morgenstunde in dem friedlichen Haus! Alle ihre Sinne schärften sich. In dieser Stunde war sie wieder ein kleines, glückliches Kind, das so oft des Morgens in der Geborgenheit dieser Wände aufgewacht war und sich auf das Frühstück gefreut hatte, auf jene, die am Tisch auf sie warteten: ihr Vater, ihre Mutter und ihre Geschwister Francis und Rose. Sie liebte sie alle von ganzem Herzen.

Und vor den Toren des Gartens lag Middlehope, fast so nah wie ihre eigene Familie. Gesichter tauchten vor ihr auf — Mrs. Winter, Miß Kinney, der alte Mr. Parker — alle würden sie heute in der Kirche sein, alle begierig, sie zu sehen. Voller Erwartung lag sie hier in diesem ruhigen Haus an dem strahlenden Junimorgen, bereit, ein reiches Leben zu beginnen, aber kindlich darauf bedacht, diese köstliche Stunde auszudehnen.

Dann hörte sie plötzlich in der tiefen sonntäglichen Stille ein Gemurmel: eine Stimme, voll und klar, aber gedämpft, die andere leiser, ruhig und eindringlich. Die Worte konnte sie nicht verstehen; das war ihr noch nie gelungen. Dieses Gemurmel hinter der geschlossenen Verbindungstür zum elterlichen Schlafzimmer hatte sie ihr ganzes Leben lang immer wieder gehört. Als Kind hatte sie angestrengt gelauscht, denn sie wurde von jeder Stimmung in ihrer kleinen Welt stark beeinflußt und war daher oft bekümmert gewesen. War es möglich, daß sich ihre Eltern zankten? Doch die Mutter pflegte immer mit derselben heiteren Miene zu ihr hereinzukommen.

»Na, Liebling«, sagte sie dann, »bist du fertig? Kommst du mit zum Frühstück?«

Sie konnten sich also nicht gezankt haben. Wenn sie dann bei Tisch ihren Haferbrei löffelte, blickte sie forschend von einem Gesicht zum anderen, konnte aber nichts Ungewöhnliches entdecken. Das rosig-gebräunte Gesicht ihrer Mutter war fröhlich, und die braunen Augen funkelten lebhaft. Das blasse, ernste Gesicht ihres Vaters trug den gewohnten verklärten Blick. Erleichtert stellte sie fest, daß diese beiden göttlichen Wesen ihrer Kindheit noch ungestört auf ihrem Thron saßen, und alles war wieder gut.

Jetzt aber stutzte Joan. Wieder befiel sie die Angst, die sie als Kind verspürt hatte. Hatten sie sich etwa doch all die Jahre hindurch gezankt? Sie drehte sich auf die Seite und horchte.

Doch während Joan noch lauschte, klopfte jemand rasch und fest an ihre Tür. Sie öffnete sich, und ihre Mutter, frisch, in einem lavendelfarbenen Sommerkleid, trat ins Zimmer. Der braune Lockenkranz über ihrer Stirn war jetzt mit silbernen Fäden durchzogen, und ihre Figur war etwas voller geworden. Sie sprach mit klarer, warmer, zwitschernder Stimme, und ein Lächeln milderte ihre entschlossenen Züge. »Noch im Bett, du kleiner Faulpelz?« Rasch hob sie ein Paar Strümpfe vom Boden auf und setzte nachsichtig hinzu: »Wenn du willst, kannst du ruhig liegenbleiben, liebes Kind. Vater hat gewiß nichts dagegen, wenn du heute mal nicht zur Kirche gehst.« Joan sprang aus dem Bett, umarmte ihre Mutter stürmisch, beugte sich zu ihr herab und gab ihr einen Kuß. »Ich will mir nichts entgehen lassen!« rief sie.

Ihre Mutter errötete. Sie freute sich über diese Umarmung, war aber ein wenig befangen.

»Du bist so gewachsen, daß ich dich kaum wiedererkenne«, meinte sie verlegen. »Bist ja einen ganzen Kopf größer als ich!« Sie sah zu ihrer Tochter auf. »Ich fürchte mich fast vor dir.« Mutter und Tochter tauschten einen ernsten Blick. Es schien, als wären sie sich ein wenig fremd geworden. Joan konnte es nicht ertragen.

»Ich bin immer noch die alte«, flüsterte sie ängstlich, mit gesenktem Kopf. Die Furcht eines verirrten Kindes lag in ihrer Stimme. Der Mutter war dieser Ton vertraut, und das Gefühl der Fremdheit wich.

»Aber natürlich«, erwiderte sie rasch. »Nun, mein liebes Kind, wenn du unbedingt mit zur Kirche gehen willst, dann verspäte dich nicht allzusehr.«

Ihre Mutter war auch wieder die alte: praktisch, tüchtig und ein wenig gebieterisch. Unter ihren Fittichen fühlte sich Joan wieder glücklich und geborgen. Während sie ihr Haar bürstete, summte sie den Lieblingschoral ihres Vaters: »Ein' feste Burg ist unser Gott.« Das Sonnenlicht wurde immer heller, und neue Geräusche drangen an ihr Ohr: das Zuschnappen des Gartentors; der gemessene Schritt ihres Vaters, der die Treppe hinunterging; das Rattern der Kohlen, die Hannah, das Hausmädchen, in den Küchenherd schüttete; die Stimme ihres Bruders, der nach einem sauberen Hemd verlangte; leise Klaviertöne — Rose spielte einen Choral. Das Haus war zum Leben erwacht.

Ein wenig verspätet betrat Joan das Frühstückszimmer und spürte sofort, daß alle Herzen ihr entgegenschlugen, ihr, der ältesten Tochter des Hauses. Sie fing den zärtlichen Blick ihrer Mutter auf und strahlte sie wie eine junge Königin an. Ihre Mutter mochte wohl manchmal sagen: »Schönheit ist nur Schein«, aber ihre Augen ruhten voller Stolz auf der Tochter. Rose, die sehr schweigsam war und sonst nur sprach, wenn man sie fragte, rief impulsiv: »O Joan, du siehst bezaubernd aus in dem grünen Kleid!« Doch die Mutter sagte gelassen: »Setz dich, Kind. Vater möchte das Tischgebet sprechen.«

Bei diesen Worten sah Joan reumütig zu ihrem Vater hinüber, der nicht essen konnte, ohne den Segen Gottes zu erbitten. Sie wollte auch ihm gefallen und sagte lebhaft: »Entschuldige bitte, lieber Vater!« Aber er antwortete nicht. Sein milder Blick weilte in weiter Ferne. Nie würde er merken — das spürte sie —, daß sie ein grünes Kleid trug oder daß ihr kastanienbraunes Haar in der Sonne glänzte. Er war ein Diener Gottes. Ihre Mutter dagegen war warmherzig und verständnisvoll. Sie kannte ihre Kinder genau und liebte sie leidenschaftlich. Sie wagte es jedoch nicht offen zu zeigen.

Aber der Vater wußte nichts von seinen Kindern. Für ihn waren es nur Seelen, die gerettet werden mußten. Er konnte nicht umhin, selbst seinen Tischgebeten eine kleine Bitte hinzuzufügen, die eigentlich nur für sie bestimmt war, denn seine eigene Seele war natürlich in Sicherheit. »Rette uns, o Herr, wir flehen Dich an, und wenn heute einer von uns sterben sollte, so nimm seine Seele gnädig auf und laß sie bei Dir sein bis in alle Ewigkeit. Amen.«

Die Tür wurde stürmisch aufgerissen, und Francis erschien. Sein erster Blick galt seiner Mutter, und in ihren Augen lag derselbe Stolz, den sie beim Anblick aller ihrer Kinder empfand.

»Komm her, mein Sohn«, sagte sie. »Dein Schlips ist nicht richtig gebunden.«

»Das gelingt mir nie«, meinte er und schnitt eine Grimasse. Er kniete vor ihr nieder und blickte sie zutraulich an. Als sie seinen Schlips gebunden hatte, schloß er sie in die Arme und preßte sie an sich.

Sie klopfte ihm auf die Wange und strich ihm sanft über das

Haar. Wenn ihr Sohn ihr seine Liebe zeigte, war sie nicht verlegen. Vor ihm war sie nicht so scheu wie vor ihren Töchtern.

»Nun iß dein Frühstück, ehe es kalt wird«, mahnte sie. Zu Hannah gewendet, sagte sie: »Bringen Sie bitte frische Brötchen für Francis.« Der schlaksige Junge erhob sich mit einer lässigen Bewegung, setzte sich an den Tisch und begann zu essen.

»Willst du nicht erst beten?« fragte sein Vater.

Der Junge sah ihn kalt und widerspenstig an. Aber vor dem klaren, ernsten, priesterlichen Blick schwand sein Trotz. Er neigte kurz den Kopf, bewegte die Lippen und beschwichtigte so den Diener Gottes, der sein Vater war. Aber er rief Gott nicht herbei.

Hannah brachte frisches Brot und frischen Kaffee herein, und alle langten kräftig zu. Nur der Vater aß sehr wenig. Denn sein großer Appetit war in seinen Augen eine Versuchung, die er überwinden mußte. Er aß nämlich sehr gern. Als Kind war er rasch in die Höhe geschossen und daher stets hungrig gewesen. Er hatte immer so viel gegessen, daß seine Brüder ihn auslachten — bis zu einem bestimmten Sonntag. Er saß unter seinen lebhaften Geschwistern am Tisch, vor sich einen gehäuften Teller, und der verlockende Geruch der Speisen machte ihm den Mund wässerig. Ihm gegenüber saß ein Missionar, der bei ihnen zu Besuch war. Er hatte sich nur eine ganz bescheidene Portion genommen.

»Aber Sie essen ja gar nichts, Mr. Barnes!« rief seine Mutter, das rundliche Gesicht ganz verzweifelt.

Der Missionar lächelte ein wenig traurig. »Ich habe so lange karg gelebt«, erwiderte er, »daß mein Magen jetzt kein Festessen mehr vertragen kann. Er ist an schmale Kost gewöhnt und zieht diese vor.«

In dem Augenblick hatte er, Paul, sich gelobt, dem Beispiel des Missionars zu folgen. Denn wie konnte ein Mensch seine Seele retten, wenn er nicht Herr über seinen Körper war? Ich werde nur ein Drittel von allem essen, was ich vor mir habe, versprach er Gott. Seine Mutter erschrak, als sie sah, wie sein Teller fast voll abgetragen wurde. »Paul, du bist krank! Noch nie hast du so wenig gegessen!« Er lächelte nur gezwungen, während der Hunger an ihm nagte. Verlegen hatte er die Sticheleien seiner Brüder über sich ergehen lassen. »Wenn Paul nichts ißt, muß er sterbenskrank sein.« Selbst sein Vater hatte ihn gehänselt. Aber sie hatten nicht geahnt, wie hungrig er damals immer war.

Selbst jetzt, nach all diesen Jahren, konnte er sich nicht an den Tisch setzen, ohne jene gierige Schwäche zu spüren. Aber niemand wußte etwas davon. Nicht einmal seiner Frau Mary hatte er es gestanden. Und so hatte er es sich frühzeitig zur Gewohnheit gemacht, vor seiner sonntäglichen Zwiesprache mit Gott ein wenig zu fasten. Abends fiel er dann hungrig über sein Essen her und legte sich kurz darauf schlafen, völlig erschöpft und mit abgekämpfter Seele. An diesem Morgen nun saß er schweigsam und grübelnd am Tisch. Seine Augen hatten einen seltsamen Glanz. Dann erhob er sich.

»Ich gehe jetzt in die Sakristei«, erklärte er, und es war, als schwebe er mit seinen sanften, leisen Schritten davon.

Sie wußten, daß er in der Stunde vor Beginn des Gottesdienstes beten würde. Er betete so intensiv, daß er nachher mit verklärtem Antlitz, wie ein Heiliger, vor seine Gemeinde trat. Francis beneidete seinen Vater um diese gehobene Stimmung. In Gedanken daran sagte er laut: »Ich kann einfach nicht verstehen, worum er so lange betet. Mir wären längst die Worte ausgegangen.«

Aber diese Bemerkung konnte selbst seine Mutter nicht dulden.

»Er drückt sich nicht in Worten aus«, erwiderte sie. »Er wartet auf den Herrn.«

An ihrem Tonfall erkannte Francis, daß sie hierin nicht auf seiner Seite stand. Schmollend schob er die roten Lippen vor, lud sich verwegen eine gewaltige Portion Marmelade auf sein Brot und verzehrte es in großen Bissen. Rose spielte träumerisch, in sich versunken, mit einigen Krumen auf ihrem Teller.

Doch Joan nahm die Worte der Mutter in sich auf und sah lächelnd in den Garten hinaus. Warten – auf den Herrn warten! Die Worte vermischten sich in ihren Gedanken mit anderen Worten und Bildern. Sie wartete ebenfalls, strahlend und jung – Macht auf die Tür, das Tor macht weit, es kommt der Herr der Herrlichkeit. Wer ist dieser Herr der Herrlichkeit?

Mit hocherhobenem Haupt folgte sie ihrer Mutter in die Kirche. Rose ging allein und sittsam hinterher. Francis würde kommen, wenn es ihm paßte. Manchmal, wenn das Wetter zu schön war und der Fluß lockte, kam er auch gar nicht. Aber noch hörte er auf die Wünsche seiner Mutter, weil sie ihn liebte. Noch lastete diese Liebe nicht allzu schwer auf ihm, da er keine andere kannte. Die Mutter hatte jedoch heute einen leisen Widerstand in ihm gespürt, und sie fürchtete sich vor dem Morgen, wo er sagen würde: »Die Kirche ist mir verhaßt. Ich gehe nicht mehr mit dir zum Gottesdienst.« Diesen Augenblick suchte sie von Woche zu Woche hinauszuschieben. Daher hatte sie nicht darauf bestanden, daß er sie sofort begleitete.

Sie nahmen ihre gewohnten Plätze ein, auf denen sie an unzähligen Sonntagen gesessen hatten.

Joan spürte, mit welcher Ungeduld ihre Mutter auf Francis wartete. Sie wünschte ihre Kinder vollzählig neben sich, um der Gemeinde zu zeigen, daß sie immer noch treu zu ihr standen. Viele Eltern kamen allein, weil die Kinder absichtlich zu Hause blieben oder ihrem Vergnügen nachgingen. Joan wußte, wie stolz ihre

Mutter war, wenn sie ihre Kinder nach dem Gottesdienst den Gang hinunterführen konnte, und lächelte über diese kleine Schwäche.

Sie wandte jetzt ein wenig den Kopf und sah sich in der Kirche um. Es war noch früh, und die Gemeinde versammelte sich nach und nach. Joan erspähte den alten Mr. Parker und lächelte ihm voller Wärme zu. Er hatte ihr Musikunterricht gegeben, und von ihm hatte sie gelernt, wie man die Melodien niederschrieb, die ihr so leicht einfielen.

Jetzt begann die Orgel leise zu spielen. Joan konnte den geraden, schmalen Rücken des Organisten sehen. Er war ihr vertraut, allerdings nur in der Kirche, wo er mit seinen Händen Musik aus der Orgel zauberte. Sie kannte seinen Rücken besser als sein Gesicht, seine Musik besser als seine Stimme. Obwohl er im Dorf wohnte und als Kind hier aufgewachsen war, blieb er allen ein Rätsel. Er hatte eine Anwaltspraxis in der Stadt, von der er jeden Abend ins Haus seiner Mutter zurückkehrte. Er war ihr einziger Sohn; seinen Vater hatte er schon vor vielen Jahren verloren. Also klammerte sie sich an ihn. »Martin ist mein ganzer Lebensinhalt«, pflegte sie zu sagen, und für ihn hielt sie das rote Backsteinhaus blitzsauber. Den Dorfbewohnern schien es, als führte er kein anderes Dasein als dieses Leben im Dorf, wo er für seine Mutter sorgte und gesittet mit ihr im Garten auf und ab ging.

Und doch fuhr er jeden Morgen nach Philadelphia zu seiner Arbeit, die er so gut verrichtete, daß er sich einen gewissen Ruf als Rechtsanwalt erwarb. Die Dorfbewohner hörten es mit Staunen und zweifelten ein wenig an seinem Erfolg. »Sein Vater«, pflegten sie zu sagen, »hatte das Pulver auch nicht erfunden. Er hatte ehrgeizige Pläne mit seiner Hemdenfabrik in South End, konnte sie aber nicht halten – ein guter Mann, aber nicht allzu schlau.« »Wenn Martin mir in der Fabrik geholfen hätte«, hatte sein Vater geäußert, »wäre alles anders gekommen.« Aber Martin war seine eigenen Wege gegangen und hatte die Fabrik sofort nach dem Tode seines Vaters an Peter Weeks verkauft.

Von sich selbst sprach Martin Bradley niemals. Lächelnd und schweigsam erschien er jeden Sonntagmorgen in der Kirche, um die Orgel zu spielen, wie er es seit seinem achtzehnten Lebensjahr getan hatte.

Während Joan den schmalen, leicht ergrauten Kopf betrachtete und der vollendet gespielten Bachfuge lauschte, öffnete sich die Tür der Chorgalerie, und vier Personen traten mit einer gewissen Befangenheit ein, zwei Frauen und zwei Männer: Mr. Winter und Mrs. Parsons, Mr. Weeks und Miß Kinney. Sie setzten sich auf ihre Plätze und sahen mit ernster, verlegener Miene vor sich hin – außer Miß Kinney, die früher einmal als Missionarin nach Afrika gegangen war: sie lächelte forwährend, und ihre Augen schossen wie ein Paar hellblaue Schmetterlinge hin und her.

Dann öffnete sich die Tür der Sakristei, und Joans Vater erschien mit der Miene eines Priesters, der soeben Gott von Angesicht zu Angesicht gesehen hat. Durch dreißig lange Jahre hindurch hatte dieser Augenblick nie seine Wirkung verfehlt. Gemessenen Schrittes bewegte sich die hohe, etwas gebeugte Gestalt mit den klaren, blauen, unschuldsvollen Kinderaugen zur Kanzel. Dort blieb er eine Weile schweigend vor seiner Gemeinde stehen. Die Orgel verstummte, und alle blickten ihn erwartungsvoll an. Doch ehe er beginnen konnte, ging die Kirchentür noch einmal auf, und Schritte hallten im Gang. Es war Francis, der doch noch gekommen war, um den leeren Platz an der Seite seiner Mutter zu füllen. Sein Vater wartete, bis er sich gesetzt hatte.

Der Gottesdienst begann. Die Gemeinde sang einen Choral, und Joans kräftige junge Stimme übertönte die schwachen, alten und riß sie mit. Die Lektion wurde verlesen. Dann erhob sich Mrs. Parsons von ihrem Platz in der Chorgalerie und sang ein Solo. Sie liebte es, in der Kirche zu singen. Beim Gesang konnte sie sich der vagen Hoffnung hingeben, daß eine ihrer Geschichten doch noch einen Verleger finden würde.

Edward, ihr Mann, hatte wenig Geduld mit dem »Geschreibsel«, wie ihre Familie ihr Schriftstellern nannte. Wenn er abends hungrig nach Hause kam und das Essen noch nicht fertig war, hielt er mit seiner Empörung nicht hinter dem Berge. Auch ihre Tochter Emily, obwohl erst fünfzehn Jahre alt, sprang sehr hart mit ihr um. »Du schreibst solche Schnulzen, Mutter!« Nur ihr Sohn Ned, der älter war als Emily, hörte sich ihre Geschichten mit tränennassen Augen an und half ihr, den Mut nicht sinken zu lassen. Eines Tages würde ihr Bemühen von Erfolg gekrönt werden. Die Tränen traten ihr in die Augen, als sie ihr Lied mit weicher, zärtlicher Stimme zu Ende sang: ». . . ich fürchte mich nicht, denn Du bist bei mir . . .« Innerlich gestärkt, nahm sie wieder Platz und ließ ihrer Phantasie freien Lauf. In der Stille der Kirche, besonders während der Predigt, konnte man sich so gut Geschichten ausdenken. Glückselig gab sie sich ihren Träumen hin.

Und so begann die Predigt. Wegen dieser sonntäglichen Predigt mußten sich die drei Pfarrerskinder zeitlebens jeden Samstag im Hause mucksmäuschenstill verhalten, obwohl sie gerade an dem Tage keine Schule hatten. Unter keinen Umständen durften sie das kahle Studierzimmer betreten, wo ihr Vater die Bibel durchforschte, um Nahrung für ihre Seelen zu finden. Auf Zehenspitzen schlichen sie sich mit ihren jungen Freunden durchs Haus, um zur Keksdose in der Küche zu gelangen. Die Taschen mit Keksen vollgestopft, stürmten sie dann hinaus und tollten unter den schattigen Bäumen umher, ohne an den ernsten Vater im Studierzimmer oder die fleißige Mutter in der Küche zu denken. Ihr kleines Universum schien für Zeit und Ewigkeit fest gegründet zu sein.

Von Gott wußten sie alles, was man ihnen erzählt hatte. Sie verließen sich dabei ganz auf ihren Vater. Wenn er ihnen versicherte, daß Gott ein gütiger Vater sei, der nicht einmal einen Sperling leiden ließ, so glaubten sie ihm das ohne weiteres. Es stimmte ja auch, denn alle Spatzen, die sie sahen, waren rundlich und kreuzfidel.

Dann kamen Jesus Christus und der Heilige Geist. Der Heilige Geist war für sie nur ein Schatten, ohne Gestalt und Substanz, und dabei ließen sie es bewenden. Aber Jesus war ihnen lebendig. Als er noch auf Erden weilte, hatte er gesagt: »Lasset die Kindlein zu mir kommen und wehret ihnen nicht.« Das verstanden sie gut.

Sie fühlten sich jedoch irgendwie schuldig, daß er dann für ihre Sünden gekreuzigt wurde. Der Grund dieses Schuldgefühls war ihnen allerdings nicht ganz klar. Sie wußten nur, daß sie und alle Menschen sündig waren, »in Sünde empfangen und geboren«. Schon frühzeitig hatte Joan darüber nachgedacht, was das wohl bedeuten könne — »in Sünde empfangen«. Und eines Tages richtete sie diese Frage an ihre Mutter: »Bin ich auch in Sünde empfangen?« Die Augen ihrer Mutter weiteten sich vor Staunen, und über ihre braunen Wangen ergoß sich eine tiefe Röte. Aber sie faßte sich rasch und sagte: »Wenn du älter bist, erkläre ich dir alles. Willst du jetzt nicht lieber mit Francis ein wenig draußen spielen?« Und mit einer Handvoll Kekse schickte sie die beiden in den Garten.

Eine richtige Erklärung hatte sie ihr jedoch nie gegeben. Nach einer Weile wußte Joan, daß man ihr diese Sünde nicht allein in die Schuhe schieben konnte. Wenn jeder so empfangen war, galt es als gemeinsame Sünde. Damit vergaß sie die Sache bald, zumal die rasch aufeinanderfolgenden Tage so viel mit sich brachten, worüber sie sich freuen konnte. Unliebsames mied sie. Sie zog es vor zu lachen und glücklich zu sein.

Aber Rose konnte so etwas nicht vergessen. Eines Tages wandte sie sich etwas verstört an Joan: »Sag mal, Joan, weißt du eigentlich, was das bedeutet — ›in Sünde emfpangen‹?«

Joan war schockiert. Es war ihr inzwischen zu Ohren gekommen, auf welche Art und Weise das menschliche Leben entstand. Man hatte heimlich in der Schule darüber gesprochen, und sie hatte widerwillig und schuldbewußt zugehört. Erstaunt und empört hatte sie gerufen: »Ich glaube kein Wort davon.« »Ich weiß es aber«, behauptete Netta Weeks. »Woher kannst du so etwas wissen?« drängte Joan. Aber Netta hatte nur vielsagend gelächelt. Voller Abscheu war Joan davongegangen. Aber für eine lange Zeit mußte sie daran denken, sooft sie ihren Vater und ihre Mutter ansah. Es verging eine ganze Weile, bis es ihr endlich gelang, diese Gedanken zu verscheuchen.

Aber es war ihr einfach unerträglich, darüber zu sprechen. Sogar mit Rose. Der Gedanke allein ließ sie schaudern. »Darüber weiß ich gar nichts«, hatte sie schroff erwidert und war in den Garten gelaufen.

Danach stellte Rose keine Fragen mehr. Sie wurde immer in sich gekehrter. Emsig las sie in ihrer Bibel, selbst im Winter in ihrem eiskalten Schlafzimmer. Niemals sprach sie ihre Gebete hastig. Wenn sie sich einmal dazu versucht fühlte, so betete sie zur Strafe noch langsamer. Sie war stets bereit, zum Abendmahl zu gehen, denn es war für sie ein wunderbares Gefühl, von ihren Sünden befreit zu werden. Ja, es lockte sie fast zu sündigen, damit sie hinterher wieder reingewaschen würde.

Mit ihren sanften blauen Augen machte Rose einen milden, gehorsamen Eindruck. Die Dorfbewohner sagten häufig: »Sie ist wie ein kleiner Engel — so herzensgut.« Bei einem solchen Lob durchrieselte sie ein seltsames Wonnegefühl. Und sie plante neue gute Taten, eine festgesetzte Anzahl für jeden Tag. Die alte Mrs. Marks, die in einem kleinen Steinhaus am Rand des Dorfes wohnte und von schleichender Paralyse befallen war, überhäufte sie geradezu mit Blumenspenden, bis diese sich schließlich ganz offen dagegen wehrte: »Ich habe keine Vasen mehr, liebes Kind. Außerdem bekomme ich von Rosen Heuschnupfen. Nun, nun — ich weiß, du meinst es gut, aber ich will den guten Willen für die Tat nehmen.«

»Ja, Mrs. Marks«, sagte Rose kleinlaut und schreckte vor der verdrießlichen alten Frau zurück. Dennoch konnte sie ihre guten Werke nicht aufgeben. Es fiel ihr ein, daß sie sich nichts daraus machen durfte, wenn sie deswegen verfolgt wurde. Also setzte sie ihre Besuche bei Mrs. Marks fort. Von da an brachte sie ihr Äpfel oder gelegentlich ein Glas Gelee, das sie ihrer Mutter abbettelte, und ertrug ohne Murren die bitteren Launen der alten Frau. Als diese einmal auf ihre nutzlosen Beine schimpfte, meinte Rose sanft: »Gott verfolgt damit einen gewissen Zweck, liebe Mrs. Marks. Er schickt uns Leid, um uns für das Jenseits vorzubereiten.« Diese Worte hatte sie von Mrs. Parsons gehört, als die kleine Emma Winter starb.

Da fuhr die alte Frau plötzlich in die Höhe. Sie lehnte sich gegen ihre Kissen und fauchte Rose an: »'raus mit dir! Mit solchem Blödsinn brauchst du mir nicht zu kommen! Ich möchte mal wissen, was für einen Zweck Gott damit verfolgt, wenn er mich hier so ans Bett fesselt. Ich hätte mich im Leben sehr nützlich machen können, wenn meine Beine nicht versagt hätten. Du redest so daher — genau wie dein Vater. Geh und spiel draußen, wo du hingehörst.«

Mit Duldermiene nahm Rose ihre Bücher und ging hinaus. Zuerst war sie zornig und verletzt. Dann aber dachte sie an Jesus, und sofort erfüllte sie ein triumphierendes Gefühl: sie hatte genauso gehandelt wie er, sie hatte geschwiegen. Wenn ihre Feinde sie verfolgten, war sie wie er, ein unschuldiges Lamm, das zur Schlachtbank geführt wurde. Doch ihre Besuche bei Mrs. Marks stellte sie ein und betete statt dessen abends in ihrem Zimmer für sie.

Hier in der Kirche saß sie nun in tiefster Ergebung vor ihrem Vater. Sie liebte diese Stunde, wenn er vor ihr stand und den Willen Gottes verkündete. Er war dann nicht ihr Vater, sondern ihr Priester, ihr Retter, und sie liebte ihn leidenschaftlich.

Joan hörte ihr erregtes Atmen. Sie wandte den Kopf und sah ihre kleine, seltsame Schwester neugierig an. Manchmal schien es ihr, als wären Rose und sie überhaupt keine Schwestern. Sie konnte Roses Geduld nicht verstehen. Wie alte Menschen schien Rose sich in alles zu fügen. Manchmal hatte Joan den Eindruck, als ob Rose das Leiden sogar willkommen hieße.

Eines Tages, als sie alle beim Hausputz beschäftigt waren, hatte ihre Mutter Rose angefahren, weil sie ihre Arbeit so langsam und träumerisch verrichtete. Rose hatte sie lächelnd angeblickt und in einem sonderbaren, leidenschaftlichen Flüsterton geantwortet: »Ich bin sündig, Mutter, ich müßte eigentlich geschlagen werden.« Voller Entsetzen hatte ihre Mutter Rose angestarrt und gesagt: »Ich habe noch nie eines meiner Kinder geschlagen.« – »Das weiß ich«, hatte Rose erwidert, »aber ich hätte es wirklich verdient!«

Und doch war sie so rührend in ihrer kindlichen Unschuld, mit ihrer sanften Stimme, ihren rehbraunen Augen. Und so bescheiden. Nie äußerte sie einen Wunsch. Ohne Murren trug sie die abgelegten Kleider ihrer Schwester. Rose, das gelobte Joan jetzt, sollte als nächste ein neues Kleid bekommen. Sie wollte Rose glücklich sehen. Es war so schön, wenn alle glücklich waren.

Die ernste Stimme ihres Vaters drang an ihr Ohr: »Also laßt uns darüber nachdenken, ehe es zu spät ist, was Gott für jeden einzelnen unter uns bedeutet . . .«

Ja, was bedeutete Gott eigentlich für sie? Darüber war sie sich nicht im klaren. Sie war nicht von glühendem Glauben beseelt, aber auch ohne Zweifel. Gott glich in ihren Augen diesen alten, liebevollen Leuten in der Kirche, die sie seit ihrer Geburt gekannt hatten und ihr immer zugetan sein würden. Gewiß war er für sie da, wenn sie ihn brauchte. Aber im Augenblick brauchte sie nichts. Sie hatte ja alles, ihre Jugend, ihre Schönheit . . .

War sie aber wirklich schön? Im Innersten glaubte sie allmählich daran. Sie hatte so manche Bemerkung gehört: »Joan wird von Tag zu Tag hübscher.« – »Ich glaube, Joan wird noch mal eine richtige Schönheit trotz ihrer Größe.« – »Joan hat bezaubernde Augen.« Und bei der Abschiedsfeier in der Universität hatte ihre Freundin ihr zugeflüstert: »Weißt du, was mein Bruder Tom gesagt hat, Joan? Er sagte, er möchte dich gern auf den Mund küssen!«

Die Lippen brannten ihr bei dem Gedanken. Sie hatte sich noch nie von einem Mann küssen lassen. Bei einem Tanzabend hatte sich einmal ein schüchterner junger Mann ihr genähert, und sie hatten einen Mondscheinspaziergang gemacht. Dabei wäre es beinahe zu einem Kuß gekommen. Obwohl sie mit allen Sinnen danach verlangte, hatte sie sich doch zurückgehalten und in ihrer Verlegenheit lachend gesagt: »Wir wollen doch lieber wieder zu den anderen gehen — wo es hell ist —«

Doch irgendwo wartete dieser Kuß, wartete die Liebe auf sie. Davon war sie fest überzeugt. Sie wollte das Leben bis zur Neige auskosten: Liebe, Ehe und Kinder. Ein ganzes Haus voller Kinder, nicht in Sünde empfangen, sondern in Liebe. Für diese Kinder wollte sie alles tun. Sie wollte ihnen ein gesichertes Heim geben, wo auch sie sich geborgen fühlen konnte.

Im Geist sah sie sich unter Blumengirlanden zum Altar schreiten mit einem hochgewachsenen, kräftigen Mann. Neben ihr ging Rose in einem neuen Kleid aus zartestem Rosa. Hier unterbrach sie ganz kurz ihren Gedankenflug, um Roses Kleid zu entwerfen. Dann stürmte ihre Phantasie weiter. Ihr Vater stand wartend am Altar, um sie zu trauen . . .

Plötzlich fuhr sie zusammen. Sie hörte, wie ihr Vater die Gemeinde in heiligem Zorn anklagte.

»Und ich sage euch: vor Gott werden wir nicht schuldlos sein —«

Ihre Träume zerplatzten wie eine schillernde Seifenblase. Sie senkte den Kopf und kroch vor Scham in sich hinein. Warum sprach er immer wieder von der häßlichen Geschichte? Es war doch schon so lange her. Die Gemeinde war immer ungehalten, wenn er davon anfing, wie alle besonnenen alten Leute, wenn sie an ihre einzige verrückte Tat erinnert werden. Joan spürte, wie die Leute unruhig wurden. Hier und da hüstelte jemand, und Mr. Weeks oben in der Chorgalerie griff einfach nach einem Gesangbuch und begann auffällig zu lesen. Alle wußten, daß Mr. Weeks damals zu Mr. Bradley gegangen war, um ihm zu berichten, was seine kleine Tochter Netta ihm erzählt hatte . . . Und Mr. Bradley hatte ihm rundweg erklärt, Netta sei eine infame kleine Lügnerin mit schmutziger Gesinnung, und kein Junge von South End habe sich im Dorf aufhalten können, da sie alle in der Fabrik beschäftigt gewesen seien. Wutentbrannt hatte dann Mr. Weeks Netta mit nach South End genommen, um den Negerjungen zu suchen, der nach ihrer Aussage Hand an sie gelegt hatte.

In South End gärte es ohnehin, weil Mr. Bradley so viele Neger in seiner Fabrik eingestellt hatte. Zuerst hatte er nur weiße Arbeiter beschäftigt. Dann aber waren die Zeiten schlechter geworden. Gerade als er neue Maschinen für die Herstellung steifer Kragen gekauft hatte, trugen die Männer nicht mehr so viele steifgestärkte Kragen. Deshalb hatte er die Löhne gesenkt. Als dann die weißen Arbeiter streikten, hatte er sich die Neger geholt.

Netta hatte allen ihren Mitschülerinnen erzählt, daß sie ein Neger auf dem Schulweg angehalten habe. »Seht mal her, das hat er mit mir gemacht!« Und sie zog ihr Röckchen in die Höhe und legte die Hand zwischen ihre dünnen Schenkel. »Und mein Vater hat mich sofort mit nach South End genommen. Dort haben wir gesucht, und ich habe den Jungen sofort wiedererkannt. Er war nicht so schrecklich schwarz — eher etwas gelblich.« Immer wieder hatte sie die Geschichte erzählt. Aber es war allen bekannt, daß Netta oft log, und sie hatten ihr halb ungläubig zugehört. Trotzdem hatte eine Bande Weißer den Jungen später gelyncht, und Männer und Frauen waren von Middlehope herbeigeeilt, um diesem Schauspiel zuzusehen. Netta zitterte immer vor Erregung, wenn sie mit andern davon sprach.

Obwohl acht Jahre darüber hingegangen waren, geißelte die Stimme ihres Vaters die Gemeinde immer noch.

»Gott wird uns erforschen und fragen, warum wir nichts für diese Leute tun. Wir haben Blut vergossen — widerrechtlich und vielleicht sogar unschuldiges Blut. Dieser Schandfleck bleibt an uns haften, wenn wir ihn nicht durch Gebete und gute Werke entfernen.«

Jetzt, dachte Joan, würde er sie wieder um Geld für seine Mission in South End bitten, und sie waren nicht gewillt, ihm welches zu geben. Sie wollten die Angelegenheit in South End vergessen. Die Kirche war plötzlich erfüllt von einem stummen Zwiespalt zwischen der Gemeinde und ihrem Vater. Joan konnte kaum atmen. Sie sah, wie ihre Mutter den Kopf senkte und die Hände im Schoß verkrampfte. Nur Rose machte sich nichts daraus — sie lächelte sogar ein wenig bei den Worten ihres Vaters.

Aber Francis starrte ihn mit steinernem Ausdruck an. Er verabscheute ihn. Was hatte es schon für einen Sinn, den Negern zu predigen? Wenn sein Vater besser orientiert wäre, würde er einsehen, daß er durch sein Predigen keine einzige Seele in South End retten könnte.

Endlich war alles vorbei. Die Orgeklänge brausten zum Abschied durch die Kirche. Die Leute standen erleichtert auf. Es drängte sie, draußen im Sonnenschein miteinander zu plaudern und Pläne für die Woche zu schmieden. Die Hand auf dem Arm ihres Sohnes, der jetzt sein kindliches Wesen abstreifte und sich wie ein ernster junger Mann benahm, verließ die Mutter die Kirche. Sie versuchte ihren Stolz zu verbergen, aber er leuchtete aus ihren Augen, lag in ihrem Lächeln und ihrer Stimme. Neben ihr auf der anderen Seite ging Joan. Alle Versammelten boten ihr ein herzliches Willkommen. Sie war ja auch ihr Kind, die Tochter des Dorfes.

»Na, Joan, wie ich in der Zeitung las, hast du die Prüfung ja mit Auszeichnung bestanden.« — »Joan wird eines Tages noch berühmt werden.« — »Werden wir da nicht solz sein, daß wir sie gekannt haben —«

»Unsinn!« rief Mr. Billings laut. »Bis dahin wird sie längst verheiratet sein. Statt Ruhm wird sie Kinder haben, und das ist viel vernünftiger.«

Joans Mutter trug den Kopf ein wenig höher. »Komm, Joan«, sagte sie kühl, denn sie fand Mr. Billings' Ausdrucksweise reichlich derb. Er war schließlich nur der Schlachter und stand gesellschaftlich auf ziemlich niedriger Stufe. Dann aber fiel ihr ein, daß er jede Woche den Sonntagsbraten für das Pfarrhaus stiftete und daß er ein Gemeindemitglied war. Also ließ sie sich dazu herab, eine Bemerkung an ihn zu richten: »Guten Morgen, Mr. Billings. Schönes Wetter, nicht wahr?« Es klang sehr vornehm. Joan lächelte Mr. Billings abbittend an, aber er machte sich überhaupts nichts aus diesem Vorfall, sondern zwinkerte ihr belustigt mit seinen schwarzen Augen zu, und sein fettes rotes Gesicht mit den buschigen Augenbrauen legte sich dabei in tausend Falten. »Ich habe gestern ein zartes Lendenstück geschickt«, flüsterte er vernehmlich. »Ein passenderer Willkommensgruß, dachte ich mir, als ein einfacher Topfbraten.«

»Oh, vielen Dank«, rief sie begeistert. Selbst die Bewunderung in den Augen dieses dicken, grobschlächtigen alten Mannes nahm sie frohen Herzens entgegen – so sehr wünschte sie sich, von allen geliebt zu werden. Lachend und scherzend begrüßte sie jene, die sich um sie scharten, und versprach, sie zu besuchen. Sie vergaß ihre Mutter und Francis, der ungeduldig wurde. »Ich habe einen Mordshunger, Mutti«, murmelte er. Sie vergaß Rose, die sich bescheiden im Hintergrund aufhielt. Sie fühlte sich wie eine junge, liebliche Königin, die in ihr Reich heimgekehrt ist.

Ein junger Mann, der in der Nähe stand, beobachtete sie verstohlen. Es war ein hochgewachsener, schwerfälliger Farmer. Ohne ihn anzusehen – denn er war ein Fremder im Dorf –, spürte Joan diesen Blick und verweilte noch einen Moment länger, damit er sich an ihr satt sehen konnte.

Schließlich gingen sie weiter. Francis eilte sofort pfeifend davon. Er war froh, daß er aus der Kirche heraus war. Es war sinnlos, alte Erinnerungen zu wecken. Manchmal, wenn die Sonne so schien wie jetzt, hatte er das Gefühl, als hätte er den Neger nicht am Baume hängen sehen, als hätte er es sich nur eingebildet oder eingeredet nach all dem Geschwätz in South End, wo an trägen Nachmittagen das Gespräch in den Straßen immer noch von Zeit zu Zeit auf dieses Ereignis zurückkam. Abends jedoch, wenn es dunkel wurde, wußte er, daß er es mit eigenen Augen gesehen hatte.

»Heda«, rief er einem Jungen auf der anderen Straßenseite zu, »ich komme heute nachmittag!«

»Ich werde mich jetzt schleunigst um das Essen kümmern.« Mit diesen Worten verschwand die Mutter im Pfarrhaus.

»Ich warte auf Vater«, erklärte Rose.

»Dann werde ich Mutter helfen«, erwiderte Joan.

Aber in diesem Augenblick kam noch jemand aus der Kirche. Es war Martin Bradley, der stets wartete, bis die anderen sich verlaufen hatten. Jetzt lüftete er elegant den Hut und sprach sie an. »Guten Tag, Miß Richards. Wie schön, daß Sie wieder zu Hause sind — darf man hoffen, Sie werden für immer bleiben?«

Joan war völlig überrascht. Noch nie hatte er so unvermittelt mit ihr gesprochen, und nie zuvor hatte er sie Miß Richards genannt. Sie blickte in seine traurigen braunen Augen. »Ich weiß es noch nicht — vorerst jedenfalls«, stammelte sie in plötzlicher Verwirrung. Daraufhin hob er wieder den Hut, und sie sah sein glattes dunkles Haar mit den ergrauten Schläfen. Lächelnd eilte er davon, während sie nachdenklich über den Rasen zum Pfarrhaus ging. Seltsam, wie die Menschen plötzlich so anders wirkten, wenn man erwachsen war. Seit Jahren hatte sie Martin gekannt: sonntags als Teil des Gottesdienstes, alltags ein Gesicht im Dorf. Jetzt auf einmal hatte er Gestalt angenommen In seiner ruhigen, gesetzten Art sah er sogar recht gut aus.

Was sich jedoch hinter dieser Gestalt verbarg, das wußte sie nicht, und die leise Neugier, die sich in ihr geregt hatte, wurde durch andere Eindrücke verdrängt. Im Augenblick genoß Joan in vollen Zügen die warme Mittagssonne, die Stille des schattigen Rasens, die rosenumrankte Veranda — und vor allem den Bratenduft, der ihr entgegenströmte, als sie hungrig die Stufen zum Haus emporrannte.

Montagmorgen lag Joan in einem köstlichen Halbschlaf. Wie herrlich, nicht aufstehen zu müssen! Noch drängte keine Arbeit, noch waren es Ferientage für sie. Sie konnte so lange schlafen, wie sie wollte, sagte sie sich, und frühstücken, wann es ihr beliebte. Dies war ihr Zuhause, und sie war darin ihr eigener Herr. Glückselig überließ sie sich diesem Gefühl unendlicher Freiheit und drehte sich auf die andere Seite, um wieder einzuschlafen.

Doch der Schlaf wollte sich nicht mehr einstellen. In Gedanken sah sie die anderen unten gemeinsam am Tisch sitzen. Allein ihr Platz war leer. Ihr Vater zögerte vor dem Gebet wie immer, wenn einer fehlte. Er fragte: »Wo ist Joan? Ist sie krank?«

»Laß das Kind doch ruhen«, erwiderte die Mutter gutmütig. »Gönne ihr ein paar Ferientage —«

Und sie aßen ohne sie. Joan wußte aber, daß man sie vermißte, daß das Mahl ohne sie nicht vollständig war. Und plötzlich spürte sie, wie sehr auch sie die anderen vermißte. Schon sprang sie aus dem Bett, streifte ihr Nachthemd ab und ging ins Bad, wo sie rasch eine kalte, erfrischende Dusche nahm und sich geschwind ankleidete.

Strahlend, mit noch feuchten Locken, erschien sie am Frühstückstisch, und alle blickten freudig überrascht auf.

»Ich dachte, du wolltest dich heute einmal richtig ausschlafen«, rief ihre Mutter heiter.

»Ich wollte beim Essen dabeisein«, erwiderte sie. »Ich hatte plötzlich das Gefühl, daß ich etwas verpaßte.«

»Du hättest bestimmt diese Muffins verpaßt«, rief Francis grinsend. »Ich werde dir so viele wegessen, wie ich nur kann.« Damit griff er nach den frischen, heißen, die Hannah gerade mit zufriedenem Lächeln herumreichte.

Joan hatte durch ihr Erscheinen die Familie aufgeheitert. Alle unterhielten sich jetzt lebhaft, mit Ausnahme der Mutter, die sich alles anhören mußte. Ihr Vater aß heute mit großem Appetit, während er noch über den vergangenen Tag nachdachte. Inmitten des Geplauders blickte er, von einem Gedanken beunruhigt, auf und fragte seine Frau: »Mary, was meinst du wohl? War die Kirche gestern so gut besucht wie sonst?«

Sie antwortete: »Ja, Paul — wenn man die Jahreszeit berücksichtigt. Wenn das Wetter so schön ist, machen die Leute sonntags gern Ausflüge ins Freie.«

Diese Antwort tröstete ihn nicht ganz. Er murmelte: »Die Gemeindemitglieder sollten an ihre Pflichten denken. Der Gottesdienst sollte ihnen wichtig sein — ebenso wichtig für ihre Seelen wie Nahrung für ihren Leib.«

»Aber Vater«, fiel ihm Joan ins Wort, »glaubst du nicht, daß die Seele auch anderswo Nahrung finden kann? Meine Seele findet sie zum Beispiel in der Musik — überhaupt in allem Schönen, was die Erde bietet.«

Das Gesicht ihres Vaters wurde noch um eine Spur ernster als sonst. Er faßte sich erst in Geduld, ehe er mit Bestimmtheit antwortete: »Diese Dinge führen nicht zur Erkenntnis Gottes. Es gibt nur einen Erlöser, und das ist der Gekreuzigte.«

Rose richtete die unter den schweren Lidern so geheimnisvollen Augen eine Sekunde lang auf den Vater und wandte dann den Blick wieder ab. Joan sah über den blonden Kopf ihrer Schwester hinweg in den Garten. Über Nacht waren die Rosen aufgesprungen, und auch die Zitronenlilie hatte sich weit geöffnet. Joan dachte nicht mehr an die Worte ihres Vaters. Nach dem Frühstück würde sie hinausgehen und an der Lilie riechen. Von Sommer zu Sommer verfolgte sie der zarte, süße Duft der Zitronenlilie, den sie unter hundert anderen Wohlgerüchen sofort erkennen würde. Aber solches Wissen, hatte ihr Vater gesagt, war nicht das Wissen um Gott. Ungehalten wandte sie sich an ihre Mutter.

»Mutter —«

Doch die Mutter konnte sich ihr jetzt nicht widmen. Mit bekümmerter Miene hörte sie ihrem Sohn zu.

»Ich sehe nicht ein, warum nicht, Mutti«, räsonierte er. Sein schönes braunes Gesicht verfinsterte sich und wirkte dadurch noch anziehender. »Alle anderen gehen auch hin. Sogar Ned Parsons, den ihr mir immer als Musterknaben vor Augen haltet — heiliger Bimbam, ich habe schon meine Freundin eingeladen.«

»Ich sehe es nicht gern, wenn du dieses Tanzlokal besuchst«, entgegnete sie hartnäckig. »Dein Vater ist der Pfarrer.« Sie preßte die vollen Lippen aufeinander, die genauso geschwungen waren wie die ihres Sohnes. Dann fragte sie ein wenig gezwungen: »Was ist das für ein Mädchen, das du eingeladen hast?«

»Warum soll ich es dir verraten, wenn ich doch nicht mit ihr hingehen kann?« brummte er. In Wirklichkeit hatte er gar niemand eingeladen. Er wollte die Mutter nur verletzen.

»O Frank«, flehte sie ihn leise an, »sei doch nicht so garstig. Du weißt, ich gönne dir jede harmlose Freude. Aber ich glaube nicht, daß diese Tanzerei gut für dich ist.«

»Das ist nicht der wahre Grund«, entgegnete er. »Du wünschst es nicht, weil Vater ›Seine Heiligkeit der Pfarrer‹ ist. Mein ganzes Leben lang konnte ich nicht tun und lassen, was ich wollte, nur weil Vater der heilige Pfarrer ist!«

Doch jetzt nahm das Gesicht seiner Mutter einen anderen Ausdruck an. Auch mit ihrem Sohn konnte sie zornig werden.

»Wenn du nur halb so gut wärst wie dein Vater, Francis —«

»Lieber tot sein«, zischte er.

»Was hast du vor, mein Sohn?« erkundigte sich sein Vater plötzlich. Von der ganzen Unterhaltung hatte er nichts gehört, aber jetzt spürte er auf einmal, daß Zwietracht herrschte.

»Was hat's schon für einen Sinn, um Erlaubnis zu bitten?« rebellierte Francis gegen seine Mutter, seinen Vater völlig ignorierend. »Ich sollte es wie die anderen machen und gar nichts sagen. Ich bin viel zu blöde!«

Damit hatte er den Sieg über seine Mutter errungen, die vor allem wünschte, daß er ihr alles sagte. Solange er sich ihr anvertraute, gehörte er noch ihr. Aber sie spürte deutlich, daß ihr Einfluß auf ihn von Tag zu Tag, ja von Stunde zu Stunde unsicherer wurde. Aus Angst, sie könnte ihren Sohn ganz verlieren, gab sie nach.

»Wollen mal sehen«, sagte sie.

Ihr Sohn zeigte sich sofort wieder von seiner liebenswürdigsten Seite. Zum Vater gewandt, sagte er: »Ein paar Kilometer außerhalb des Dorfes an der Südstraße hat man ein neues Restaurant mit Schwimmbad eröffnet, und ein paar von uns wollten heute dort zu Abend essen und hinterher ein bißchen bleiben.«

»So, so«, sagte sein Vater vage. Es kam ihm in letzter Zeit hin und wieder der Gedanke, daß er sich jetzt wohl etwas mehr um seinen Sohn kümmern müsse, wo er doch nun schon sechzehn Jahre alt war — oder waren es siebzehn? Auf jeden Fall war er kein Kind mehr, das nur unter die Obhut der Mutter gehörte.

»Hm — bist du mit der Schule fertig?«

Hier konnte sich die Mutter nicht mehr beherrschen. Sie schämte sich seinetwegen ein wenig vor dem Sohn.

»Aber Paul, wir sind doch vor einer Woche gerade zur Abschiedsfeier gegangen. Entsinnst du dich nicht?«

»Doch, meine Liebe«, erwiderte er milde und sah sie mit seinem entrückten Blick an. »Aber ich dachte, es sei die Rede davon gewesen, daß er in diesem Sommer Latein studieren wolle.« Seine Züge erhellten sich plötzlich, und er schien ihnen etwas näherzurücken. »Weißt du, ich könnte ihm dabei etwas behilflich sein«, fügte er scheu, aber voller Eifer hinzu.

»Ich auch«, meinte Joan und lächelte etwas boshaft.

Der Junge brach in Gelächter aus. »So was! Ein ganzes Sammelsurium von Lehrern direkt in der Familie! Da muß ich mich aber 'ranhalten. Na, Rose, willst du dich nicht auch noch beteiligen?«

»Ich?« sagte Rose, aus ihren Träumen aufgescheucht. »Oh, ich hätte keine Zeit. Ich habe Vater versprochen, in diesem Sommer einer Mädchenklasse Religionsunterricht zu geben.«

»Ich habe ihm vier Wochen Ferien zugebilligt, Paul«, erklärte die Mutter. Dann strahlte sie ihn unerwartet an. »Aber es ist lieb von dir, daß du ihm helfen willst. Ich weiß, er wird sich sehr darüber freuen —«

»Oh, ganz gewiß«, sagte der Junge amüsiert und schob seinen Stuhl vom Tisch zurück.

Nach der gemeinsamen Mahlzeit gingen alle wieder ihren eigenen Weg. Joan wußte nicht, wie sie die Stunden, die sie allein verbrachte, ausfüllen sollte. Zunächst einmal ging sie in den von der Sonne durchströmten Garten. Überall drang ihr ein starker, moschusartiger Erdgeruch entgegen. Sie neigte sich über die Zitronenlilie und sog den berauschenden Duft tief in sich ein. Langsam wanderte sie über alle Pfade, um jedes Blatt und jede Blüte in Muße zu bewundern.

»Joan — Joan!« ertönte plötzlich die Stimme ihrer Mutter aus einem Fenster des oberen Stockwerks.

»Ich komme!« rief sie zurück und rannte ins Haus.

Als sie das große elterliche Schlafzimmer betrat, hatte ihre Mutter gerade das breite Doppelbett gemacht — mit sicheren, gewandten Handgriffen, die sie im Lauf der Jahre bis zur Vollendung gebracht hatte. Nun saß sie in ihrem Schaukelstuhl und blickte ihre Tochter etwas scheu an. In ihren Augen lag ein ungewohnter, flehender Ausdruck. »Joan, ich muß dir etwas sagen. Ich habe bis jetzt damit gewartet, um dir die Abschiedsfeier und die Heimkehr nicht zu verderben. Aber heute muß ich es tun, weil ich mich nicht wohl genug fühle, heute nachmittag an der Missionsversammlung teilzunehmen. Miß Kinney hält einen Vortrag über Afrika, und ich möchte, daß du statt meiner hingingst.«

»O Mutter!« Joan ließ sich erstaunt auf das frischgemachte Bett fallen. Ihre Mutter krank? Das war ja noch nie vorgekommen! Forschend blickte sie ihr ins Gesicht. Ja, sie war vielleicht etas dünner — »Warum hast du uns das nicht gesagt?«

»Ich wollte mir vor euch Kindern nichts anmerken lassen«, sagte ihre Mutter abgespannt. »Frau Sorge kommt früh genug. Kinder sollten nicht den Kummer ihrer Eltern teilen.«

Joan schaute ihre Mutter sprachlos an. »Ich wußte gar nicht, daß du Kummer hast«, sagte sie mit leiser Stimme.

»Das solltest du auch nicht wissen. Ich hätte es dir auch jetzt nicht gesagt. Aber ich habe heftige Schmerzen, und du bist nun ein erwachsener Mensch, vor dem ich meine Sorgen nicht länger verbergen kann.«

Joan vermochte nichts darauf zu erwidern. Das war nicht ihre Mutter, diese Frau, die da so schlapp und lustlos in dem alten krummen Schaukelstuhl saß und aussah, als hätte sie nie im Leben gelächelt. Joan hatte plötzlich ein wenig Angst vor ihr.

»Ich werde natürlich alles tun, um dir zu helfen«, sagte sie unsicher. Kaum faßbar, daß sie noch vor zehn Minuten draußen im sonnigen Garten gewesen war.

»Bei mir stimmt etwas nicht«, sagte ihre Mutter vage. »Seit Francis' Geburt hat es mit meiner Gesundheit gehapert.« Sie hielt verlegen inne, und es kostete sie Mühe, fortzufahren. »Er war ein so großes Baby. Ich muß wohl eine innere Verletzung erlitten haben.« Bei diesen Worten blickte sie nicht Joan an, sondern starrte zum Fenster hinaus. Sie konnte nicht ganz vergessen, daß sie dieses große junge Mädchen ebenfalls geboren hatte. Ein leises Gefühl gegenseitiger Abstoßung vibrierte zwischen ihnen. Joan fühlte sich in etwas hineingezogen, was sie nicht verstand, fühlte sich in körperlich abstoßender Weise mit ihrem Vater, mit ihrer Mutter, ja mit Rose und Francis verbunden. Die Vorstellung widerte sie an, und sie erhob sich rastlos vom Bett.

»Bist du beim Arzt gewesen?« fragte sie. Sie trat von ihrer Mutter weg ans andere Fenster und sah hinaus. Warum hatte sie diese Frage so nüchtern gestellt? Warum war sie jetzt so kalt zu ihrer Mutter? Sie fürchtete sich vor irgend etwas. Sie wollte ihre Mutter in dieser Verfassung nicht nahe an sich heranlassen. Sie sollte wieder so sein, wie sie immer gewesen war: heiter, selbstsicher und eine warme, angenehme Atmosphäre ausstrahlend.

»Ja, ich bin bei Dr. Crabbe gewesen«, gab die Mutter zu.

»Dr. Crabbe!« wiederholte Joan ein wenig geringschätzig. »Das ist doch nur ein alter Landarzt.«

»Er war bei der Geburt aller meiner Kinder dabei und kennt mich genau«, lautete die schlichte Antwort.

Joan wurde von einem plötzlichen Gefühl des Ekels erfaßt. Sie kannte die groben, rauhen Hände des alten Dr. Crabbe. Oft genug hatten sich die dicken, plumpen Finger in ihren Mund geschoben, um einen lockeren Zahn zu fühlen oder die Zunge hinunterzudrücken, wenn sie Halsschmerzen hatte. Mit Gruseln erinnerte sie sich noch dieser Augenblicke, wenn sein rotes, schlechtrasiertes, mit Narben besätes Gesicht immer näher kam und riesengroß schien; wenn sie die nikotingefärbten Zähne in seinem offenen Mund sah, wenn sie den schweren Atem spürte, der aus den behaarten Nasenlöchern strömte. Seine gelben Augenbrauen waren so dick wie Bärte, und dicke Haarbüschel quollen ihm aus den Ohren. Seine Gestalt war kurz und gedrungen wie ein gekappter Baum.

»Du solltest zu einem anderen Arzt gehen«, schlug sie vor und blickte unverwandt aus dem Fenster. »Was sagt Vater dazu?«

Es kam keine Antwort. Joan wandte sich um und sah, wie aus den Augen ihrer Mutter langsam die Tränen quollen. »Mutter!« rief sie bestürzt. Sie eilte zu ihr hin, kniete neben ihr nieder und schlang die Arme um sie. Seltsam zu spüren, wie sie sich in ihren Armen entspannte. Das Gefühl des Abscheus war verschwunden. Joan preßte den Kopf auf die Schulter der Mutter. »Mutter — Mutter —« murmelte sie immer wieder.

»Es hat keinen Zweck, deinem Vater etwas zu sagen«, flüsterte die Mutter mit erstickter Stimme. »Er versteht nichts — hat nie etwas verstanden.«

Joan dachte an die geschlossene Tür und die gedämpften, leidenschaftlichen Stimmen dahinter. Bedeutete das etwa . . . Doch ehe sie die Frage äußern konnte, hatte sich ihre Mutter aufgerichtet und wischte sich die Tränen ab.

»Ich bin eine schlechte Frau«, sagte sie plötzlich. »Ich weiß nicht, was über mich gekommen ist. So etwas zu sagen! Dein Vater ist ein prächtiger, guter Mensch. Ich habe allen Grund, dankbar zu sein.« Mit diesen Worten schob sie Joan beiseite, stand auf und nahm die Haarnadeln aus ihrem langen Haar. Sie trat an den Ankleidetisch und begann sich zu kämmen. »Ich habe keinen Grund zu klagen«, sagte sie. »Viele Frauen in meinem Alter haben allerlei Beschwerden.«

Joan fragte zögernd: »Was soll ich heute nachmittag tun, Mutter? Ich möchte helfen.«

»Geh nur für mich zu dieser Versammlung, liebes Kind«, erwiderte sie gelassen und steckte sich rasch das Haar auf. »Mach ein paar Bemerkungen über Miß Kinney — du kennst sie ja. Rose kann mitgehen. Das hat sie schon immer gewollt. Ich möchte mich heute gut ausruhen. Danach wird's mir wieder besser gehen.«

Joan betrachtete das Gesicht ihrer Mutter im Spiegel. In der grellen Beleuchtung wirkte es bleicher und müder als sonst. »Natürlich werde ich hingehen«, versprach sie. An der Tür blieb sie noch einmal stehen. Schließlich war diese halbe Stunde nicht spurlos an ihr vorübergegangen. »Trotzdem solltest du dich an einen anderen Arzt wenden«, sagte sie zögernd.

»Vielleicht — nächstens einmal«, war die ruhige Antwort.

Ehe Joan zur Versammlung ging, schlich sie auf Zehenspitzen in das Zimmer ihrer Mutter. Sie lag schlafend mit leichtgeöffnetem Mund auf dem Bett, aschfahle Schatten um Mund und Nase. Joan konnte es kaum fassen, daß es dasselbe Gesicht war, das sie bei Tisch heimlich beobachtet hatte. Denn beim Mittagessen schien ihre Mutter wieder die alte zu sein, vielleicht etwas stiller als sonst. Aber an diese gelegentlichen Perioden der Schweigsamkeit waren sie gewöhnt, wenn sie auch ihr heiteres Lachen mehr schätzten. Als sie alle noch klein waren, hatten sie sich vor dieser plötzlichen Schweigsamkeit gefürchtet und gebettelt: »Mutter, sei doch bitte wieder lustig und lache einmal!« Manchmal hatte sie sich aufgerafft, aber manchmal hatte sie sie mit ihren dunklen Augen ernst angeschaut und gesagt: »Darf ich denn nicht hin und wieder in meinem Leben auch mal stille sein?«

Während Joan jetzt auf das schlafende Gesicht hinabsah, spürte sie wieder, wie sehr sie immer noch von der Stimmung ihrer Mutter abhing. Die Welt war wie umgewandelt. Beängstigt wandte sie sich ab und verließ leise das Zimmer. Die Versammlung empfand sie auf einmal als eine schwere Last. Sie hörte nicht gern diese traurigen Geschichten von fernen Heiden. Ihre Mutter hatte auch immer ein Grauen vor dieser Versammlung gehabt. Immerhin, sie zu besuchen gehörte zu ihren Aufgaben, und wenn sie vorbei war, kam sie lachend und erleichtert nach Hause und rief: »Kinder, nun habe ich einen Monat Ruhe vor den Heiden!«

Unten an der Tür wartete Rose bereits auf sie in einem weißen Leinenkleid, einen breitrandigen Strohhut auf dem Kopf, und sie gingen miteinander über den Rasen zur Kirche. Neuerdings war das Verhältnis zwischen Rose und ihr stets ein wenig gezwungen. In den letzten Jahren hatte sie nicht viel an Rose gedacht. Ihre eigene Entwicklung hatte sie zu sehr in Anspruch genommen. Inzwischen war aber Rose nun auch herangewachsen, und am Ende des Sommers würde sie das Elternhaus verlassen, um auf die Universität zu gehen.

Aus einer Seitentür der Kirche kam ihnen Miß Kinney ganz aufgeregt entgegen. »Vor einem Vortrag bin ich immer nervös«, begann sie atemlos. »Aber dann verleiht mir Gott irgendwie die nötige Kraft. Ich vermisse eure liebe Mutter. Sie hat mich jedesmal so angespornt, weil sie interessiert schien —«

Unter dem Arm trug sie eine Mappe mit Bildern, die sie schon unzählige Male gezeigt hatte. Immerhin waren es Bilder von Afrika, und sie war wirklich dort gewesen. Ja, sie war unter Urwaldbäumen und hängenden Schlangen gegangen, sie hatte tropische Sommernächte erlebt und kannte den erregenden Rhythmus dumpfer Trommelschläge. Für fünf Jahre ihres Lebens war sie diesem Dorf und ihren Eltern entronnen. Gott hatte sie gerufen, wie sie sich ausdrückte. Nichts anderes — nicht einmal die Liebe — hätte sie weglocken können. Aber im Alter von dreiunddreißig Jahren (»noch nicht zu alt, um die Sprache zu erlernen«, versicherte sie immer wieder) gehorchte sie dem Ruf Gottes und wurde Missionarin.

Mr. und Mrs. Kinney waren entsetzt. Sie schoben ihre Abreise Jahr für Jahr hinaus (»Sarah ist immer so stürmisch — sie entschließt sich immer so rasch«, sagten sie), wie sie auch die beiden jungen Männer, die sich in Sarahs kindlich leuchtende Augen verliebten, hingehalten hatte, bis sie schließlich die Geduld verloren. Doch Gott konnten die Eltern nicht vertreiben. »Ich bin berufen«, wiederholte sie mit einer Festigkeit, die sie nie zuvor gezeigt hatte.

Nach ein paar Jahren des Wartens wurde sie ganz ungestüm in ihrer Forderung, so daß Dr. Crabbe brummte: »Lassen Sie doch Ihrer Tochter endlich einmal ihren Willen. Sonst können Sie sie ins Irrenhaus bringen.«

Diesmal nahm Sarah keine Rücksicht und reiste ab. Bei ihrer Ankunft auf der Missionsstation im fernen Urwald stürzte sie sich sofort intensiv in die Arbeit, die ihrer harrte. Mühsal und Beschwerden machten ihr nichts aus, und sie kannte keinerlei Furcht.

Als sie nach fünfjähriger Abwesenheit auf Urlaub kam, jammerten die beiden Alten über ihr Alter, ihre Gebrechlichkeit. »Du bist jung und stark, und wir werden bald sterben. Bleibe bei uns. Es kann höchstens noch ein Jahr dauern.«

Sarah wartete ein Jahr ums andere. Es waren bereits sechs Jahre vergangen, als ihr Vater starb. Dann flehte ihre Mutter, die nun am ganzen Körper zitterte und so dünn geworden war wie ein welkes Blatt: »Sarah, kannst du es übers Herz bringen, mich hier allein zurückzulassen? Bleibe noch. Ich werde das Jahr nicht überdauern.«

Also wartete Sarah Kinney weiter: ein Jahr, zwei Jahre, fünf Jahre, sieben Jahre, und die alte Frau lebte unentwegt weiter. Obwohl sie wie ein kleines Kind gefüttert und angezogen werden mußte, rückte der Tod keinen Tag näher. Natürlich pflegte Miß Kinney ihre Mutter aufopfernd und liebevoll, und selbst in ihren geheimsten Gedanken erhoffte sie sich nichts anderes als die Gesundheit ihrer Mutter. Ihr einziger Lichtblick waren die fünf Jahre ihres selbständigen Lebens in Afrika und ihre einzige Leidenschaft die Erinnerung daran.

Und jetzt stand sie wieder einmal — eine lange, spindeldürre alte Jungfer mit schlohweißem, widerspenstigem Haar — vor den Dorfbewohnern und konnte in diesen Erinnerungen schwelgen. »Fünf gesegnete Jahre lang, liebe Freunde«, begann sie, »habe ich Gottes Werk unter den Heiden getan . . .«

Unruhig wanderte ihr Blick von einem Gesicht zum anderen, ruhte einen Augenblick auf Rose, die mit niedergeschlagenen Augen und im Schoß gefalteten Händen vor ihr saß und verzückt ihren Worten lauschte, und fiel dann auf Joan. In diesem Augenblick ging eine Veränderung mit der weißhaarigen Frau vor sich. Es war, als sei sie plötzlich von dem Verlangen beseelt, Joan klarzumachen, was sie da unten so fern der Heimat gefunden hatte. Die Sätze überstürzten sich, aber außer Joan verstand niemand, was sie eigentlich sagen wollte.

Mrs. Parsons raunte ihrer Nachbarin, Mrs. Winters, zu: »Die arme Sarah Kinney!« Doch Mrs. Winter stand kurz entschlossen auf und rief mit lauter Stimme: »Joan, ich glaube, wir sollten jetzt wohl an die Kollekte denken und die Versammlung schließen. Ich erwarte Gäste zum Abendessen.«

Joan fuhr schuldbewußt zusammen. Sie hätte die Versammlung besser leiten sollen. Rasch erhob sie sich und sagte im klagenden Ton ihrer Mutter: »Nach der Kollekte für die Mission in Banpu — Rose, willst du wohl den Teller herumreichen? — wollen wir das Lied singen: ›Rüstet euch, ihr Christenleute‹, und damit hebe ich diese Versammlung auf.«

Die Frauen sangen das Lied mit kräftiger Stimme und in raschem Tempo. Joan betrachtete voller Wärme ihre gütigen, alternden Gesichter und war froh, daß sie wieder in ihrer Mitte weilte. Es war so rührend von ihnen, daß sie ihre Groschen für ein Kinderkrankenhaus in Banpu gaben, owbohl in Middlehope keins existierte und ihre Babys auch oft krank waren. Aber sie waren nun einmal so herzensgut. Die Leiden ganz fremder Menschen, die sie niemals sehen würden, lockten ihnen das Geld aus der Tasche.

Sie liebte sie alle mit ganzer Seele. Obwohl sie es eilig hatten, sprachen sie doch alle ein paar mitfühlende Worte mit ihr. »Joan, es tut mir so leid wegen deiner Mutter. Ich werde sie morgen besuchen.« Sie versprachen, ihr allerlei Leckerbissen zu schicken, und Joan fühlte sich getröstet. Erst als sie alle fort waren, dachte sie wieder an Miß Kinney, die allein mit Rose zurückgeblieben war, und wandte sich ihr zu.

»Oh, Miß Kinney, vielen Dank für den Vortrag. Es ist immer so interessant, von Ihren Erlebnissen in Afrika zu hören. Ich werde Mutter berichten, daß die Versammlung anregend war.«

»Meinst du wirklich, Joan?« Ihre Stimme klang sehnsuchtsvoll. »Manchmal denke ich, ich rede zuviel. Aber sieh mal an, es ist das einzige wirkliche Erlebnis, das ich je hatte. Ich hoffe immer noch, dorthin zurückkehren zu können – eines Tages, wenn meine liebe Mutter droben im Himmel geborgen ist. Sie wird zweiundachtzig in diesem Jahr. Ich kann sie natürlich nicht verlassen. Aber ich übe die Banpu-Wörter jeden Tag, damit ich gleich wieder da anfangen kann, wo ich aufgehört habe.«

Rose, die bisher schweigsam hinter ihrer Schwester gestanden hatte, sagte jetzt mit sanfter Stimme: »Ihr Vortrag war sehr anschaulich. Nach Ihrer Schilderung habe ich mir alles deutlich vorstellen können.«

Miß Kinney schien von dieser Anerkennung ganz überwältigt zu sein. »Nein, so was – so was – du liebes Kind!« rief sie mit tränenerstickter Stimme. Dann drückte sie Rose fest die Hand und eilte davon. Joan und Rose gingen über den Rasen zum Pfarrhaus zurück und Rose, wieder in sanften Tönen, sagte: »Wie wunderbar muß es doch sein, wenn man dem Herrn *so* gedient hat wie sie!«

Joans Herz lehnte sich plötzlich auf. Es rebellierte gegen den süßlichen Tonfall ihrer Schwester. Auf einmal haßte sie alles Süßliche, haßte Roses sich ewig gleichbleibende, tugendhafte Sanftmut.

»Mir wäre es ein Greuel«, erwiderte sie schroff.

»Aber Joan, würdest du nicht hingehen – wenn Gott dich riefe?«

Joan sah im Geist verschwommene Bilder. Sie spürte die Gluthitze, die eine so üppige, unheimliche Vegetation im Urwald schuf. Sie sah die weißen Augenbälle der Schwarzen aus dem Dunkel des Waldes leuchten.

»Nein«, versetzte sie kurz und bündig und lief rasch ins Haus, das ihr Wärme, Licht und Sicherheit bot. Sie zog es vor, unter ihren eigenen Leuten zu leben.

Wenn Joan später an diesen Sommer zurückdachte, erschien er ihr wie ein einziger Ferientag. Ihre Mutter sprach nicht mehr von ihrer Krankheit und stand jeden Morgen zur gewohnten Stunde auf. Als Joan sich nach einigen Tagen scheu nach ihrem Befinden erkundigte, antwortete sie mit ihrer früheren Heiterkeit: »Es geht mir jedenfalls nicht schlechter. Mach dir keine Gedanken, Kind. Genieße diesen Sommer. Es wird schon alles gut werden.«

Und Joan glaubte es, weil sie das Gegenteil nicht wahrhaben wollte. Sie ging ihrem Vergnügen nach, und alle stützten sich mehr denn je auf die Mutter. Das Haus hallte vom Frohsinn der Kinder wider. Kräftige Burschen stolperten die Holzstufen der Veranda empor, riefen laut nach Francis und nahmen ihn lärmend und tobend mit zum Fischen oder Schwimmen. Junge Männer erschienen und fragten schüchtern nach Joan. Nach Rose verlangte nur einer, und das war Rob Winters, ein großer blonder Theologiestudent, der einzige Sohn seiner Eltern, sehr ernst und gemessen und stets ängstlich darauf bedacht, richtig zu handeln.

Während Rose mit ihrem Freund stets allein ausging, hatte Joan keine Lust, mit einem ihrer Verehrer allein zu sein. Ihre warme Freundschaft galt allen. Sie war lebenshungrig und lebenslustig. Mit ganzer Seele gab sie sich den kleinsten Freuden hin. War auch nur ein kleines Picknick geplant, so wachte sie morgens bereits mit einem Lied auf den Lippen auf, und das Herz klopfte ihr vor lauter Freude.

In diesem kurzen, wunderschönen Sommer lebte sie nur für sich, ohne sich viel um die anderen zu kümmern. Ihr Vater war gleichsam ein Geist für sie. Im Vorbeigehen rief sie ihm ein paar muntere Worte zu, weil es ihr Spaß machte, allen eine Freude zu bereiten, und dann verschwand er aus ihren Gedanken. Wenn sie Rose begegnete, tätschelte sie ihr leicht die Wange, und Francis war für sie nur jemand, mit dem sie Scherze und Neckereien austauschte.

Aus ihrem Wesen hätte man schließen können, daß sie verliebt sei. Doch das stimmte nicht. Sie liebte keinen einzelnen, sie liebte die ganze Welt. Sie liebte den Morgen und die Sonne, den Regen und den Mond. Aber sie ließ sich nicht von einer leidenschaftlichen jungen Stimme betören, die ihr bei Mondenschein ewige Liebe schwor.

Ned Parsons, der unter den Glyzinien auf seiner Gitarre herumklimperte und sie mit liebeskranken Augen ansah, zauberte bei ihr nur ein Lächeln hervor. Sie konnte Ned nicht lieben, mit dem sie als Kind gerungen und den sie manchesmal bezwungen hatte; der arme Ned, der die törichte romantische Phantasie seiner Mutter geerbt hatte. Selbst im Mondlicht konnte sie sehen, daß seine hellgrauen Augen ein wenig vorstanden, und bei seinen Serenaden hörte sie jeden falschen Ton, den er mit seinen klobigen Fingern hervorbrachte. Nein, sie ließ sich nicht von ihm betören. Aber in seiner Stimme hörte sie eine andere. Während er sie ansang, blickte sie über den Rasen und dachte: irgendwo auf dieser schönen Welt werde ich ein neues, ein gewaltiges Lied hören. Weil er diesen Traum in ihr weckte, war sie ihm zugetan, wie sie auch Jackie Weeks zugetan war, der noch auf der Oberschule war.

Und dann war sie stets von der gleichmäßig liebevollen Atmosphäre ihres Hauses umgeben. Sie war jedesmal dankbar, wenn ihr die Mutter zulächelte, und schob den unangenehmen Eindruck beiseite, daß ihre Mutter immer dünner und immer müder wurde. Gegen Ende des Sommers erwachte sie eines Nachts und hörte wieder die gedämpften Stimmen nebenan. Zankten sich die Eltern? Sie wußte es nicht und wollte es auch nicht wissen. Sie wickelte sich ihren Zopf um die Ohren, drückte den Kopf an das weiche Kissen und sank wieder in tiefen Schlaf.

Plötzlich war der Sommer zu Ende. Eines Tages sagte ihre Mutter: »Nun ist Rose an der Reihe. Ich muß sie durch die vier Jahre ihrer Universitätszeit hindurchbringen — und dann Francis. Wenn ihr alle bereit seid, euer eigenes Leben zu beginnen, werde ich mich ausruhen. Nicht nur bei einem kurzen Mittagsschläfchen, sondern gründlich. Ich werde dann für eine lange Weile in erster Linie an mich selbst denken.«

Auf einmal war das Haus leer — ohne Rose. Bisher war sie, Joan, immer diejenige gewesen, die am Ende des Sommers hinausgezogen war in ein neues Leben mit neuen Gesichtern; sie, die bei ihrer Rückkehr die Familie wieder vollständig gemacht hatte. Nun stand sie mit Vater und Mutter auf dem Bahnsteig und sah bestürzt Roses Gesicht am Fenster des Zuges in der Ferne verschwinden.

Als sie im Sonnenschein des frühen Septembermorgens gemeinsam nach Hause gingen, war ihr sehr ernst zumute. Ihre Ferien waren jetzt zu Ende. Trotz der Gegenwart dieser beiden Menschen, die ihr immer Zuflucht und Sicherheit geboten hatten, fühlte sie sich nicht mehr so geborgen. Sie mußte sich bald in die Welt hinauswagen und ihr eigenes Leben beginnen, wenn sie es voll auskosten wollte. Aber gleichzeitig fürchtete sie sich vor dieser Unabhängigkeit. So sehr sie sich auch nach Selbständigkeit sehnte, abends wollte sie doch diese warme Häuslichkeit um sich spüren.

Ihre Mutter sah sie lächelnd an. »Ich kam mir immer ganz verlassen vor, wenn du wegfuhrst. Ich habe mich nie an das Abschiednehmen gewöhnen können. Nach deiner ersten Abreise bin ich nach Hause gegangen und habe sogar geweint.«

»Wirklich, Mutter?« fragte Joan erstaunt. Der Gedanke war ihr noch nie gekommen. Als sie an jenem Morgen fortgefahren war, voller Spannung, was das neue Leben ihr bringen würde, war ihre starke, heitere Mutter nach Hause gegangen und hatte geweint, weil das Haus so leer ohne sie war! Joan war gerührt und fühlte sich getröstet. Es war gut, geliebt zu werden. Wohin sie auch gehen mochte, bei ihrer Rückkehr würde diese Liebe auf sie warten. Sie streckte die Hand aus und strich ihrer Mutter über das graue Haar, das unter dem braunen Samthut hervorquoll. Einen Augenblick lang waren sie fest miteinander verbunden, bis sie dann beide scheu die Blicke abwandten.

Als sie wieder zu Hause waren, suchte Joan ihr Zimmer auf und setzte sich ans Fenster. Sie kam sich recht einsam vor, nicht so sehr deswegen, weil Rose nun fort und Francis wieder in der Schule war — nein, es lag ihr schwer auf der Seele, daß sie hier so müßig herumsaß, während die anderen alle beschäftigt waren. Sie mußte natürlich auch bald daran denken, sich ihren Lebensunterhalt zu verdienen. Zwar hatte ihre Mutter gesagt: »Bleibe ein Jahr zu Hause, liebes Kind. Lasse dir Zeit.« Doch jetzt, wo der Sommer vorüber war, packte sie eine rastlose Ungeduld. Es drängte sie, Neues zu erleben. Und plötzlich erschien ihr das Haus zu eng, die Einrichtung alt und schäbig. Das Dorf, das sie so geliebt hatte, war auf einmal lächerlich klein: ein halbes Dutzend Straßen, eine Handvoll bescheidener Häuser, ein paar langweilige Menschen. Es war ihr nicht genug.

Ich verlange etwas mehr vom Leben, dachte sie entschlossen. Ich muß das finden, was mir einen wirklichen Lebensinhalt gibt ... Vielleicht meine Musik ...

Aber tief in ihrem Herzen wußte sie, wonach sie sich sehnte. Sie wollte einen Mann lieben, ihm ein sauberes, behagliches Heim bereiten und seine Kinder zur Welt bringen. Aber wie konnte die Liebe sie hier finden, hier in diesem versteckten kleinen Landpfarrhaus?

Und eines Nachts kam der Herbst ins Land. Als Joan am Morgen die Augen aufschlug, war ihre Bettdecke mit trockenen, raschelnden Blättern übersät, die der Wind von dem alten Ahornbaum vor ihrem Fenster hereingeweht hatte. Sie sprang auf, um das Fenster zu schließen, und sah voller Staunen, daß das Gras schon mit Rauhreif überzogen war. Die scharfe, kühle Morgenluft vertrieb ihr den Schlaf, und sie legte sich nicht wieder ins Bett, sondern nahm sich vor, sofort nach dem Frühstück an dem Präludium zu arbeiten, das sie im Frühjahr begonnen, aber nicht zu Ende gebracht hatte. Sie wollte zur Kirche hinüber und es dort auf der Orgel spielen. Sie zog sich rasch und energisch an und frühstückte dann so hastig, daß ihre Mutter besorgt zu ihr sagte: »Aber Kind, du hast ja nicht genug gegessen.« Ungestüm erwiderte sie: »Ich spüre einen großen Arbeitsdrang, Mutter – ich habe neue Ideen für mein Präludium.«

Ihre Noten unter dem Arm, ging sie in die Kirche, stieg zur Orgel empor, schlug den Deckel auf und fing an, die von ihr aufgezeichnete Musik zu spielen – langsam und kritisch –, bis sie an die Stelle kam, wo sie abgebrochen hatte. Dann summte sie immer einige Takte vor sich hin, probierte sie auf der Orgel aus und schrieb sie auf. Doch der Schluß gefiel ihr noch nicht recht. Sie änderte einige Noten und spielte das Ganze noch einmal.

»So ist's besser«, ertönte plötzlich eine Stimme von unten. Sie sprang auf und blickte hinunter. In der ersten Reihe vor der Kanzel saß Martin Bradley, eine Notenrolle in der Hand. In diesem Augenblick fiel ihr ein, daß es Freitag morgen war – natürlich, der Vormittag, an dem Martin Bradley immer übte. Wie hatte sie das nur vergessen können, wo sie doch ihr Leben lang an diesem Morgen den aus der Kirche dringenden Orgelklängen gelauscht hatte?

»Oh, verzeihen Sie mir bitte«, rief sie zerknirscht.

»Warum?« fragte er schlicht und erhob sich lächelnd. »Es war ein Genuß, Ihnen zuzuhören. Das war ein bezauberndes kleines Stück. Von wem stammt es?«

»Ich habe es selbst gemacht«, erwiderte sie schüchtern.

Wenn sie ihn so von oben betrachtete, hatte er ein ganz anderes Gesicht — ein schmales, feines Gesicht — und sah trotz seines leicht ergrauten Haares gar nicht so alt aus.

»Ich weiß nicht recht, wo ich die Quinte einfügen soll«, sagte sie mit impulsivem Zutrauen.

»Wollen mal sehen.« Beschwingt stieg er die Stufen empor und setzte sich an die Orgel. Klar und exakt begann er ihr Präludium zu spielen. Seltsam, ihre eigene Musik von seinen Händen gespielt zu hören! Sie war sich seiner Gegenwart intensiv bewußt. Plötzlich begann er einige Stellen zu variieren. »Wie wäre dies — oder so —« Er modulierte sanft. »Ist es immer noch Ihre Idee?«

»O ja, so ist es wunderbar. Warum bin ich nicht selbst darauf gekommen?«

Er spielte weiter. Beim Zuhören betrachtete sie ihn in Muße: den braunen Hals, den glatten Haaransatz, die leichtergrauten Schläfen, die elegante Gestalt. »Und so in Moll zu Ende«, sagte er. Dann wandte er sich ihr lächelnd zu.

»Vielen Dank«, rief sie begeistert, und wieder huschte ein flüchtiges Lächeln über seine Züge. Dann fühlte sie sich plötzlich scheu und begann ihre Notenblätter zusammenzuraffen.

»Oh, gehen Sie noch nicht«, bat er.

»Doch, es ist höchste Zeit«, erwiderte sie und wunderte sich selbst über ihre Hast. Sie brauchte nicht zu gehen. Sie konnte so lange bleiben, wie sie wollte. Niemand würde sie vermissen. Dennoch trieb es sie fort. Worüber sollte sie auch mit ihm reden? Denn jetzt sah sie in ihm nicht mehr Mrs. Bradleys Sohn, sondern einen rätselhaften Mann, der in der Großstadt sein eigenes Dasein führte und hier im Dorf nur schlief. Gewiß kannte er viele Frauen, schöne und kluge Frauen, und sie war nur ein junges Ding, das gerade flügge geworden war. Neben seiner Feinheit und Eleganz kam sie sich viel zu derbe vor. Doch ein Blick in seine lächelnden, ruhigen Augen verriet ihr, daß er anders darüber dachte, daß er sie sogar für hübsch hielt. Sie war erleichtert, und der Schalk erwachte in ihr.

»Ich muß meiner Mutter helfen. Sie macht ein Kleid für Rose.«

»Sie sind wie ein großer hübscher Junge, und ein Junge näht nicht!«

Er hänselte sie und brachte sie zum Lachen. »Ich kann kochen, nähen, fegen, Betten machen, Missionarsversammlungen leiten, tanzen und schwimmen —«

»Na, unter so vielen Talenten findet sich ja wohl etwas, was wir gemeinsam machen können, wie?«

Sie spürte, wie ihr das Blut heiß durch die Adern strömte. Es war das erstemal, daß ein erwachsener Mann sich für sie interessierte! Geringschätzig tat sie all die jungen Dachse, die sie bisher gekannt hatte, in Acht und Bann.

»Machen Sie auch manchmal einen Spaziergang?« fuhr er fort. »Sonntags vielleicht?«

»Möglich«, erwiderte sie ernst.

»Wie wär's dann mit Sonntag gegen vier Uhr, wenn ich Sie jetzt gehen lasse?«

»Gut, um vier Uhr«, versprach sie strahlend.

Er nickte ihr zum Abschied lächelnd zu, kehrte sich wieder zur Orgel und begann rasche Läufe zu spielen. Leise ging sie davon, und die Musik folgte ihr über den Rasen bis ins Haus. Sie zog sich sofort in ihr Zimmer zurück und öffnete ein Fenster. Auch hier drang die Musik zu ihr — ein wenig gedämpft, aber immer noch klar. Er spielte jetzt hinreißend, frohlockend. Wie im Siegestaumel quollen die gewaltigen, sich steigernden Akkorde unter seinen Händen hervor. Gebannt saß sie da und horchte.

»Aber ich kann nicht verstehen, was du an dem alten Mann findest!« sagte ihre Mutter entsetzt zu ihr.

»Er ist nicht alt!« protestierte Joan.

Sie standen im Schlafzimmer der Eltern, und ihre Mutter hatte die Tür zugemacht, um mit der Tochter unter vier Augen zu reden. Sie setzte sich in ihren Schaukelstuhl und begann ungestüm hin und her zu schaukeln, die Arme eng verschlungen, wie immer, wenn sie außer sich war. Joan blieb rebellisch am Fenster stehen, wütend, daß ihre Mutter sie immer noch wie ein Kind behandelte.

»Er ist mindestens fünfundvierzig Jahre alt! Und du bist zweiundzwanzig! Lieber Himmel, er könnte dein Vater sein. Halte dich an deine Generation — Ned Parsons zum Beispiel —« Beschwörend sah sie Joan an.

»Ned Parsons — dieser sterbenslangweilige Mensch!«

»Im Sommer hattest du ihn doch ganz gern, wie mir schien —«

»Nur zum Zeitvertreib.«

»Du brichst mir noch das Herz — jedes von euch Kindern auf seine besondere Art.«

»Nun willst du mich zwingen, indem du an mein Mitleid appellierst, und das ist nicht schön von dir«, erwiderte Joan barsch und war im selben Augenblick erschrocken über ihre Härte.

Tiefes Schweigen folgte diesen Worten. Nur das Knarren des Schaukelstuhls war zu hören. Joan sah unverwandt in den grauen Novembertag hinaus. Die Bäume hatten bereits ihr Laub verloren, und die rote Backsteinkirche ragte kahl und starr in den Himmel. Doch ihre Gedanken weilten woanders. In knapp zehn Minuten würde Martins Zug einlaufen, und sie würde ihn vom Bahnhof abholen. Sie würde seine Stimme hören — darauf hatte sie schon den ganzen Tag gewartet. Er hatte eine schöne Stimme, nicht sehr tief, eher hell und weich, wie eine Frauenstimme.

»Hat er dir einen Heiratsantrag gemacht?« erkundigte sich ihre Mutter mit leiser Ironie.

»Nein«, versetzte sie kühl.

»Er wird dich auch nie heiraten — wenigstens ein Trost«, sagte ihre Mutter verbittert. »Er ist ein richtiger Schürzenjäger. Einem Mädchen nach dem anderen hat er den Hof gemacht. Martins Mädchen — darüber lacht jeder im Dorf. Und niemand weiß, wie er es in der Stadt treibt. Doch er wird keine seiner Flammen heiraten. Selbst wenn er es wollte, würde es seine Mutter nicht zulassen. Aber er hat auch gar nicht das Verlangen. Es gehen so allerlei Gerüchte über ihn um — aber darüber kann ich mit dir nicht reden —« Sie hielt einen Augenblick inne und fuhr stockend fort: »Ich kann mir nicht helfen, aber ich habe das deutliche Gefühl, daß da irgend etwas nicht stimmt.«

Joan schwieg hartnäckig. Was machte sie sich schon daraus, was dieses närrische kleine Dorf dachte! Sie kannten Martin überhaupt nicht. Außerdem war er ihr gegenüber durchaus ehrlich gewesen. Erst gestern noch hatte er zu ihr gesagt: »Ich will nicht behaupten, daß du meine erste Liebe bist. Aber, mein reizendes Kind, du bist mir gerade dann begegnet, als ich glaubte, daß alles zu Ende sei. Wie ein später Frühling tratest du in mein Leben. Keine der Frauen, die ich gekannt habe, reicht an dich heran. Du bist alles, wonach ich mich sehnte — ein reizender Knabe, eine schöne Frau —«

»Ich weiß Bescheid über ihn«, sagte Joan schließlich mit sehr ruhiger, klarer Stimme.

»Joan — Joan —« rief ihre Mutter ratlos. »Du bist ja nur ein ganz törichtes Kind. Spürst du denn nicht, wie du dich blamierst? Alle reden über dich. Und dein Vater ist der Pfarrer! Meine Güte, sogar Mrs. Winter —«

»Mutter«, unterbrach sie Joan, »wir wollen uns später darüber unterhalten. Ich habe eine Verabredung und muß mich beeilen.« Sie ging in den Flur, fuhr hastig in ihren Mantel und rannte in die Dämmerung hinaus.

Doch die Worte ihrer Mutter hallten in ihr nach. Sie mochte rebellieren und davonlaufen, sie mochte sich immer wieder sagen: ich will meinen eigenen Weg gehen, mein eigenes Leben führen — im Grunde war sie unlösbar an ihre Mutter gebunden.

Vor dem Bahnhof traf sie Martin. Leidenschaftlich wollte sie sich ihm in die Arme werfen und ihn küssen. Doch er wich zurück, obwohl niemand sie im Dunkeln sehen konnte.

»Warte einen Moment«, flüsterte er. »Nach mir ist jemand aus dem Zug gestiegen.«

Ein junges Mädchen tauchte auf und ging in einiger Entfernung an ihnen vorüber.

»Kannst du sie erkennen?« fragte er leise.

»Nein«, erwiderte sie laut und etwas schroff. Das Wesen ihrer Mutter, das in ihr steckte, trieb sie dazu, gegen ihren Willen fortzufahren: »Warum sollte es uns kümmern? Ich hasse all diese Heimlichtuerei.«

Er antwortete sehr sanft. »Es ist keine Heimlichtuerei, Liebes. Wir wollen doch nur diskret sein.« Schmeichelnd hakte er sich bei ihr ein, und sie fand keine Erwiderung. Eng aneinandergepreßt wanderten sie auf einem Umweg, den Feldern entlang, zum anderen Ende des Dorfes, wo er wohnte. Leidenschaftlich sehnte sie sich danach, von ihm umarmt zu werden. Sie hungerte förmlich nach einer Zärtlichkeit. Sie wollte ihn nicht zornig machen. Wenn er zornig war, verschwand sein Lächeln. Er wurde dann schweigsam und stieß sie von sich, ja brachte es sogar fertig, sie plötzlich wortlos zu verlassen. Doch das Wesen ihrer Mutter in ihr ließ ihr keine Ruhe.

»Warum müssen wir diskret sein? Wir haben nichts zu verbergen.«

»Liebling ...« begann er und zog ihre Hand unter seinen Mantel, an seine Brust. Sie bebte vor Freude. Und trotzdem blieb sie unerbittlich. Sie hatte nicht auf die Worte ihrer Mutter hören wollen, aber sie hatte sie vernommen, und nun sprudelten sie aus ihr heraus.

»Wohin soll dies alles eigentlich führen? Martin, sollen wir es den anderen niemals sagen?«

Nun blieb er stehen. Auf der einsamen, dunklen Straße nahm er sie in den Arm und küßte sie. Unter seinen Küssen rang sich jedoch die Stimme ihrer Mutter noch einmal durch. »Was wird aus unserer Liebe, Martin? Wir sind nie zur Erfüllung gekommen? Sollen wir sie ewig geheimhalten?« Er gab ihr keine Antwort, nur seine Küsse. Er preßte sie an seinen schlanken, heißen Körper und küßte sie unaufhörlich. Es waren die leidenschaftlichen Küsse eines erfahrenen Mannes, die unerträglich auf ihren jungen, unschuldigen Lippen brannten. Der brausende Tumult ihres Blutes hieß die Stimme der Mutter schweigen. Joan schmiegte sich zitternd an ihn.

Ihre Mutter sprach nicht mehr davon. Sie ging wie immer ihren Pflichten im Haushalt nach, und wenn sie sich in Schweigen hüllte, vermied es Joan, nach der Ursache zu fragen, denn sie wollte sich in ihrer Liebe nicht beirren lassen. Jeden Tag verbrachte sie lange Stunden allein in ihrem Zimmer, um an ihren Kompositionen zu arbeiten, oder in der leeren Kirche. Doch sie fühlte sich jetzt niemals einsam. Angeregt durch die Liebe zu Martin, schwebte ihr der Gedanke an eine Liebessequenz vor — vorläufig waren es freilich nur vereinzelte Melodien, die ihr im Kopf herumschwirrten.

Sie ging völlig in ihrer heimlichen Liebe auf, die sie so plötzlich überwältigt hatte.

Und doch war in ihr immer noch der Wunsch rege, von der Liebe der Familie umgeben zu sein. Daher wandte sie sich jetzt eifrig ihrem Vater zu, dankbar, daß er in seiner Ahnungslosigkeit nichts von alledem wußte, was um ihn herum vorging. Ihre Mutter — war ihr klar — hatte dem Vater nichts erzählt — wozu auch einem Manne etwas sagen, der nur die göttlichen Geheimnisse verstand? Daher begleitete sie tagsüber hin und wieder ihren Vater, wenn er aufs Land hinausfuhr, um seine Besuche in der Gemeinde zu machen. Sie schwieg, wenn er schwieg, und hörte ihm zu, wenn er von seinen weitschweifenden Gedanken und Plänen sprach.

Er redete laut vor sich hin, nicht mit ihr, sondern mit sich selbst oder mit Gott. »Ich muß die Kapelle in South End ausbauen. Es ist mein ewiger Kummer, daß es in diesem Dorf mit mehreren hundert Seelen keine Kirche gibt. Die Menschen leben wie Barbaren in wilder Ehe zusammen, und ihre Kinder werden nicht getauft. Wenn sie auch schwarz sind, so haben sie doch eine unsterbliche Seele. Aber ich brauche Hilfe, und die Leute in Middlehope helfen mir nicht —«

Schwarze Seelen — bei diesen Worten horchte Joan auf und dachte an Miß Kinney und Afrika. South End war auch ein kleines Afrika. Aber auf den Missionsversammlungen sprach keiner von South End. Seit ihrer Kindheit wußte sie, daß man abends diese Gegend mied. Seitdem die Fabrik stillgelegt wurde, hatte sich die Lage ständig verschlimmert. Die Familien lagen miteinander im Streit. Peter Weeks erklärte dauernd, daß er die Fabrik wieder eröffnen wolle. Doch inzwischen wurden die Schlägereien und Trinkgelage fortgesetzt.

Die sanfte, ruhige Stimme ihres Vaters fuhr fort:

»Wenn meine Gemeinde auch nicht mit mir einig ist, so sage ich doch mit Christus: ›Ich habe noch andere Schafe, die sind nicht aus diesem Stalle.‹«

Sie ließ ihren Vater reden und enthielt sich jeder Äußerung. Auf dem Heimweg lenkte er seinen kleinen alten Wagen nach South End und fuhr langsam an der Kapelle vorbei, den Kopf voller Pläne.

»Ein häßlicher Ort«, bemerkte Joan, als ihr Blick auf die schmutzige Straße fiel, auf die schäbigen Leute, die aus den Häusern torkelten.

»Er ist häßlich, weil er ein Sündenpfuhl ist«, erwiderte Vater gelassen.

Doch jetzt hatte sie keine Lust mehr, ihm zuzuhören. Sie wollte fort von South End und nach Hause, denn es war schon spät am

Nachmittag, und sie mußte rechtzeitig dort sein, um Martin zu treffen.

Ihr Wesen war jedoch auch vom Vater beeinflußt. Tag für Tag, jahraus, jahrein hatte er durch seine Gegenwart, durch seine Worte auf sie eingewirkt. Von ihrer Mutter hatte sie dunkle Leidenschaft, unbändige Kraft und einen gesunden Menschenverstand geerbt. »Er wird dich nie heiraten«, rief die Mutter in ihr fortwährend. Doch der Vater lebte ebenso stark in ihr wie die Mutter. Aber er hatte ihre Seele geweckt. Seine Worte lauteten: »Der Ort ist häßlich, weil er ein Sündenpfuhl ist«, und sie hatte ihn verstanden.

Sie konnte daher nicht für immer mit Martin nur in der Sinnen-Welt leben. Ihre Seele verspürte auch Hunger. Und sie verlangte nach einem Gedankenaustausch mit Martin, um mit seiner Seele Fühlung zu bekommen. Aber er sprach nicht viel mit ihr. Wenn sie redete, hörte er lächelnd zu, nachsichtig wie bei einem Kinde, und dann schloß er sie in die Arme und küßte sie endlos, maßlos. Das war seine einzige Antwort, und es beschlich sie eine dumpfe Ahnung, daß ihr das nach einer Weile nicht genügen würde.

Doch vorläufig reichte es noch — oder beinahe — zum Glücklichsein. Die Kraft, diese dunkle, erdgebundene Kraft, die sie von der Mutter geerbt hatte, ließ sie nach Freude und Glück begehren, und sie war bisher außer Martin keinem anderen Menschen begegnet, der dieses Begehren befriedigen konnte. Im Grunde war er für sie nur Mittel zum Zweck. Durch ihn konnte sie ihrer Lebenslust frönen. Sie war in Ekstase, wenn er sie küßte, wenn er sie liebkoste, wenn er zart ihre Brust berührte. Diese Lippen, diese Hände, dieses Männliche, das sie aufreizte, war für sie Martin. Daß er sie auch durch seine Musik hinreißen konnte, ließ ihr seine Persönlichkeit nicht klarer erscheinen. Er beherrschte sie durch die Sinne.

Und doch blieb es bei Küssen und Liebkosungen, wenn sie allein waren — nie ging er einen Schritt weiter. Er war sehr vorsichtig. Sie baute sich ihr Glück aus kärglichem Material: ein paar kurze Augenblicke, wenn sie ihn vom Bahnhof abholte, ein gelegentlicher Spaziergang, freitags eine halbe Stunde allein in der Kirche. An der Orgel stand sie über ihn gebeugt, die Wange zärtlich an seinen Kopf gelehnt, und beobachtete das Spiel seiner schlanken, geschmeidigen Hände auf den Tasten. Manchmal wartete sie auch unten im Kirchenschiff auf ihn, geduldig auf einer Bank sitzend, währen der einen Satz, der ihm nicht gefiel, immer wieder spielte.

In den letzten Monaten hatte er sich immer mehr wie eine launische Frau benommen, während sie sich in ihrer schlichten, ehrlichen, unverfälschten Art stets gleichblieb. Diesen Launen stand sie ratlos gegenüber. Bald war er leidenschaftlich, bald kalt, manchmal ängstlich darauf bedacht, sie bei sich zu behalten, ein andermal, sie recht bald zu verlassen. Die Kirche, erklärte er, sei viel zu nahe an ihrem Elternhaus. Er befürchte, daß ihre Mutter sie entdecken könnte. Manchmal kam er spät zum Üben, und wenn er sie wartend vorfand, sagte er nur ganz kühl und steif: »Guten Morgen, Joan«, als wäre sie ein kleines Kind, als hätte er sie nie geküßt. Dann stieg er gleich zur Orgel empor und begann zu spielen. Im Frühling hatte sie einmal, wutentbrannt und aufs tiefste verletzt, die Kirche geräuschvoll verlassen und war auf ihr Zimmer geeilt, wo sie zitternd am offenen Fenster saß, um trotzdem sein Spiel zu hören. Als er schließlich abbrach, schloß sie das Fenster ... nun würde er sie vermissen, dachte sie, nun würde er unter irgendeinem Vorwand an der Tür des Pfarrhauses erscheinen und nach ihr fragen ...

Aber nein. Sie sah, wie er gelassen die Straße hinunterging, die zum Hause seiner Mutter führte. An diesem und am nächsten Tage ging sie nicht zu ihrem Stelldichein. Er rief sie nicht an, und sie zwang sich ebenfalls zum Schweigen. Am Sonntag morgen erschien er wie immer vor der Gemeinde in der Kirche, aber er würdigte sie keines Blickes. Mittlerweile winselte sie innerlich wie ein verprügelter Hund. Sie wußte, daß sie ihn um ihrer selbst willen nicht mehr sehen durfte, und schwor sich, an diesem Nachmittag nicht zu ihrem geheimen Treffpunkt zu gehen, der in einem engen Tal zwischen zwei steilen Hügeln auf halbem Wege nach South End lag.

Aber sie ging dennoch hin. Er war bereits vor ihr da. Ohne ein Wort zu verlieren, begann er sie zu küssen und mit seinen geschmeidigen, geübten Händen zu liebkosen. Und sie besaß nicht den Mut, ihn zu fragen, warum er vor zwei Tagen einfach weggelaufen war. Sie verstand ihn nicht, diesen seltsamen Menschen. Nach einem endlosen Schweigen fragte sie nur traurig: »Warum liebst du mich eigentlich?«

»Warum ich dich liebe?« wiederholte er. Er sah sie bewundernd an, und seine Augen füllten sich wieder mit leidenschaftlicher Glut. »Ich liebe dich, weil du so bezaubernd bist — und so jungenhaft — du hast den Kopf eines Jungen und den Mund eines Jungen. Und dann deine Hände —« Er spreizte die Finger ihrer kräftigen, mageren Hand. »Selbst deine Hände sind richtige Jungenhände! Ich wollte, du schnittest dein langes Haar ab.«

In dem grellen Sonnenschein sah sie, wie runzlig die trockene braune Haut seines Gesichts war, und zum erstenmal schien er ihr alt. Für einen Augenblick sah sie ihn als den Martin Bradley, der immer im Dorf gelebt hatte. Irgend etwas wirkte abstoßend auf sie. War es ein Geruch, der von ihm ausging? Ja, ein süßlicher, etwas widerwärtiger Geruch — wie schales Parfüm.

»Wir werden nie heiraten«, sagte sie unvermittelt.

»Liebling —«, begann er.

»Du wirst nie jemanden heiraten«, fuhr sie fort.

»Liebling«, begann er abermals und wollte sie an sich ziehen.

Doch jetzt empfand sie einen heftigen Widerwillen gegen ihn.

»Nein«, stieß sie schroff hervor. »Ich gehe jetzt nach South End, um meinen Vater von der Kapelle abzuholen.« Es fiel ihr ein, daß ihr Vater an Sonntagnachmittagen dort Gottesdienst abhielt. Sie sehnte sich nach ihrem Vater und war froh, daß sie zu ihm gehen konnte.

Sie ließ Martin stehen und ging mit raschen Schritten davon, kerzengerade, ohne sich noch einmal umzusehen. Aber in ihrem Herzen weinte sie bitterlich und wünschte brennend, es wäre ein anderer gewesen, der sie zum erstenmal geküßt hätte. Doch sie zwang sich weiterzugehen und stand bald vor der Kapellentür.

Sie betrat den kleinen kahlen Raum und setzte sich ganz hinten auf eine Bank. Die Kapelle war angefüllt mit Schwarzen und Mischlingen. Auf den jungen Gesichtern lag ein störrischer Ausdruck, aber die alten waren friedlich, jenseits von Gut und Böse, so unbewegt wie die redlichen Gesichter von Mr. Parker oder Mrs. Parsons. Alle blickten zu ihrem Vater empor, der hoch über ihnen stand.

Auch sie sah zu ihm auf und fühlte sich plötzlich geborgen. Man konnte sich ihm anvertrauen; weil er so schlicht und gut war.

Doch ihre betrogenen, unbefriedigten Sinne ließen sich nicht so leicht beschwichtigen.

Nach einer Weile spürte sie, daß sie das unirdische Wesen ihres Vaters im Moment nicht länger ertragen konnte. Während er den Segen über diese rastlose, halbgezähmte Menge sprach, schlüpfte sie leise aus der Kapelle und machte sich auf den Heimweg. Sie war froh, daß die Dämmerung hereingebrochen war. Sie warf keinen Blick mehr zu dem Tal hinüber, wo sie Martin nun nicht mehr treffen würde. Endlich war sie von ihm frei. Schluß mit seinen Küssen! Ihre Eltern hatten sie nun wieder. Morgen würde sie demütig vor ihre Mutter hintreten und sagen: »Ich war verblendet.«

An der Gartenpforte des Pfarrhauses lehnte eine Gestalt, die offenbar auf sie wartete. Es war aber kein Mann – nicht Martin. Es war eine Frauengestalt. Eine zitternde Hand streckte sich ihr entgegen, und sie wußte, wer es war.

»Meine Güte, Netta Weeks!« rief sie und bemühte sich, ihrer Stimme einen herzlichen Ton zu geben. Die arme Netta, für die sie nie Zeit fand!

»Ich mußte kommen, Joan – mußte mit dir sprechen –«

»Ja, was ist denn, Netta?«

»Alle sagen sie –« Die Stimme erstickte, und die zuckende Hand wollte sich befreien.

Doch Joan hielt sie fest. »Was sagen sie alle?«

»Du und Martin – und ich habe euch auch gesehen – als ich aus dem Zug stieg – O Joan, ich habe noch niemandem etwas davon gesagt, aber wir sind miteinander gegangen, und ich habe immer geglaubt, wenn er überhaupt jemanden heiratet, würde ich es sein!«

Eine gewaltige Kraft durchflutete Joan, eine Kraft aus Stolz und Hohn. Oh, wie konnte sie sich jemals von seinen Küssen säubern?

»So?« Ihre Stimme klang kalt und klar. »Ich bin überzeugt, daß er es gemeint hat. Martin Bradley und ich haben nichts miteinander.«

»O Joan!« Im Dunkeln spürte sie, wie Netta den Kopf an ihre Schulter lehnte, und hörte sie schluchzen. Eine Hand tastete wieder nach der ihren. »O Joan, ich bin ja so erleichtert!«

Joan machte sich von dem Mädchen los. Sie wollte nicht berührt werden — von keinem. »Nichts — aber auch gar nichts«, wiederholte sie freundlich. »Gute Nacht, Netta.« Damit ging sie rasch auf das Haus zu.

Doch sie legte ihrer Mutter niemals ein Geständnis ab. Denn am selben Abend konnte sie nicht davon sprechen. Die Enttäuschung brannte noch zu tief in ihr. Fieberhaft sagte sie sich immer wieder: ich will ihn nicht mehr wiedersehen — wirklich nicht. Wenn er zurückkommt, muß ich an diesen Nachmittag denken, an dem ich ihn haßte. Ich muß mich an diesen Haß klammern, weil er mich nie richtig geliebt, nie den Wunsch geäußert hat, mich zu heiraten. Ich liebte ihn leidenschaftlich, und er hat mit mir nur — gespielt.

Als sie am Abend mit ihrer Familie am Kaminfeuer saß, fühte sie sich unendlich einsam. Sie sah die anderen kaum und hörte ihre Stimme wie aus weiter Ferne. Ihr Vater sagte: »Die Kapelle war heute gut besucht, Mary. Ich glaube, der göttliche Geist wirkt unter diesen Leuten.«

Ihre Mutter las einen Brief von Rose vor, aber sie nahm die Worte nicht auf. Alles schien von ihr abgerückt zu sein. Sie kauerte zusammengesunken in einem Sessel und starrte unverwandt ins Feuer, ein offenes Buch ungelesen auf den Knien. Sie kam sich durch Martins Küsse besudelt vor. »Wie kann ich mich je wieder sauber fühlen?« fragte sie sich, und dann ließ sich zu ihrem Entsetzen eine andere innere Stimme vernehmmen: »Was soll ich nur anfangen, wenn er mich nie wieder küßt?« Sie zitterte wie Espenlaub. Warum wärmte sie das Feuer nicht? Warum waren ihr die anderen so fern? Die Mutter fing den Blick ihrer Tochter auf. Ein Instinkt regte sich in ihr wie bei einem Vogel, der den ersten Hauch eines drohenden Sturmes spürt.

»Joan, du bist ja krank!«

»Nein«, erwiderte Joan rasch. »Nein, nicht krank, nur müde. Ich gehe jetzt zu Bett. Mit fehlt weiter nichts.«

Sie flüchtete vor ihnen auf ihr Zimmer. Nein, heute abend konnte sie nicht davon sprechen; nicht, wenn zwei Stimmen in ihrem Innern tobten. Wie konnte sie nur eine zum Schweigen bringen — wie verheimlichen, was sie nicht zu sagen wünschte? Sie mußte warten, bis ihre Gefühle klarer wurden, bis sie wirklich froh war, daß Martin sie nicht mehr berühren würde. Als sie im Bett lag, begann sie plötzlich zu schluchzen, das Gesicht in die Kissen gepreßt. Da öffnete sich die Tür. Joan wartete mit angehaltenem Atem. Es war ihre Mutter, die, von Unruhe getrieben, an ihr Bett trat.

»Bist du ganz sicher, daß dir nichts fehlt, Kind?«

Joan schluckte ein paarmal und antwortete in ruhigem Ton: »Ganz sicher, Mutter — ich bin nur schläfrig.«

Ihre Mutter beugte sich über sie und wollte ihr einen Kuß geben — etwas, was selten geschah. Aber Joan kehrte sich ab, und der Kuß streifte nur ihr Haar. Ihre Mutter lachte. »Dann also — gute Nacht, Liebling!« Sie klopfte beruhigend auf die Decke und wartete noch ein wenig. Doch ihre Tochter antwortete mit unveränderter Stimme: »Gute Nacht, Mutter.« Dann weinte sie so lange, bis sie vor Ermattung einschlief.

Ein sanftes, unsicheres Klopfen weckte sie am nächsten Morgen. Es war ein Klopfen, das sie nicht kannte. Schlaftrunken rief sie: »Ja, bitte?« Die Tür öffnete sich langsam, und ihr Vater stand auf der Schwelle in seinem alten grauen Bademantel, riesengroß und hager, und sein Kopf mit der hohen weißen Stirn schien für den dürren, langen Hals viel zu groß zu sein.

»Joan, ich möchte dich bitten aufzustehen«, sagte er. »Deine Mutter ist krank.«

Diese Worte scheuchten sie vollends aus dem Schlaf auf. »Ich komme sofort«, erwiderte sie. Hastig fuhr sie in ihren Morgenmantel und die Pantoffeln und eilte den Flur hinab. Vor der Schlafzimmertür zögerte sie ein wenig, von einer unbestimmten Angst ergriffen.

Ihre Furcht wuchs, als ihr Blick auf das Gesicht ihrer Mutter fiel, das erwartungsvoll zur Tür gekehrt war. Sie hatte sich die Decken bis dicht an den Hals hinaufgezogen, und die Umrisse ihres schmalen Körpers waren kaum darunter zu erkennen. In dem hellen Morgenlicht hatte das Gesicht eine seltsam gelbliche Tönung, aber die großen, dunklen, verzweifelten Augen machten es lebendig.

»Ich muß leider im Bett bleiben, Joan«, sagte sie. »Meine Beine wollen mich nicht mehr tragen. Ich stand auf, um mein Bad zu nehmen, aber ich sackte zusammen.«

Joan sah auf ihre Mutter hinab, entsetzt über die Veränderung, die mit ihr vorgegangen war. So hatte ihr Gesicht gestern doch bestimmt nicht ausgesehen! »Was kann ich für dich tun, Mutter?« fragte sie.

»Gehe für mich nach unten, sobald du angezogen bist.« Ihre Mutter traf wieder Entscheidungen, und Joan fand darin einen gewissen Trost. »Sorge dafür, daß das Frühstück auf den Tisch kommt. Warte mal — heute ist Montag. Hannah soll nicht viel Fleisch kaufen. Es ist noch genug von gestern übrig. Morgen könnt ihr gebackene Bohnen essen — Francis' Leibspeise. Achte darauf, daß Vater seine zwei Tasen Kaffee bekommt. Ich habe einen Brief an Rose angefangen. Er liegt auf meinem Schreibtisch. Füge ein paar Zeilen hinzu. Kannst ja erwähnen, daß ich mich nicht ganz wohl fühle, morgen aber wieder aufstehe. Trage den Brief zur Post, damit sie ihn morgen bekommt.«

»Ja, Mutter.« Joan fühlte sich etwas erleichtert durch diese mit fester Stimme erteilten Anordnungen. Ihre Mutter drehte sich um und schloß die großen, umschatteten Augen. Jetzt sah sie wieder so aus wie sonst.

»Möchtest du nicht etwas essen?« fragte Joan.

»Nein«, erwiderte ihre Mutter schlaftrunken. »Ich möchte nur ruhen. Morgen bin ich wieder auf den Beinen. Wie gut, daß du mir eine Stütze sein kannst —«

Ihre Stimme verlor sich in einem Geflüster, und Joan schickte sich an zu gehen. Doch als sie an der Tür war, begann die Mutter noch einmal zu sprechen, und zwar klar und deutlich: »Wenn Hannah gekochte Eier auf den Frühstückstisch bringt, schlag bitte Francis' Eier auf. Er kann nichts Heißes anfassen — seine Haut ist so empfindlich.« Die Augen schlossen sich erst wieder, als sie versprochen hatte: »Ja, das werde ich tun, Mutter.«

Mit seltsamen Gefühlen nahm Joan den Platz ihrer Mutter am Frühstückstisch ein. Alles erschien merkwürdig ohne sie. Sie war es, die alle zu einem Ganzen zusammenfügte, und wenn sie nicht da war, war jedes ein Wesen für sich, unstet und kritisch.

»Du hast meinen Kaffee zu süß gemacht«, sagte ihr Vater erstaunt und mit leisem Tadel.

»Oh, das tut mir aber leid«, erwiderte sie, ebenfalls überrascht. Er aß also doch nicht, wie sie angenommen hatte, alles, was er vorgesetzt bekam. Offenbar wußte ihre Mutter genau, was er gern mochte. Die Eier wurden gekocht serviert, und sie schlug für Francis zwei in ein Glas. Ein leichter Groll stieg in ihr auf, als sie sich die Finger dabei verbrannte. Warum durfte er sich nicht die Finger verbrennen? Wie üblich hatte er sich wieder verspätet. Jetzt fiel ihr ein, daß ihre Mutter ihn jeden Tag mehrmals geweckt hatte, und sie hatte es an diesem Morgen überhaupt nicht getan. Sie wollte gerade aufstehen, um das Versäumte nachzuholen, da erschien er bereits an der Tür.

»Warum hat man mich nicht geweckt?« fragte er empört. Er brach ab, als sein erstaunter Blick auf Joan fiel. »Sag mal, wo ist Mutter eigentlich?«

»Sie ist krank«, erwiderte Joan kühl. Aber als sie sein erregtes Gesicht sah, wurden mütterliche Gefühle in ihr wach, und sie fuhr in milderem Ton fort: »Ich habe vergessen, daß sie dich immer weckte. Beeil dich — es ist schon spät.«

Jetzt fielen ihr alle die kleinen Liebesdienste ein, die ihre Mutter Francis jeden Morgen erwies und auf die sie immer ein wenig eifersüchtig war. Doch an diesem Morgen folgte sie halb gegen ihren Willen dem Beispiel ihrer Mutter. Sie bestrich seinen Toast mit Butter, goß Sahne in den Kaffee und schob ihm die Marmelade zu. Selbst ihre Stimme nahm im Augenblick die Klangfarbe ihrer Mutter an. »Hannah, bringen Sie bitte frischen Toast für Francis — Frank, gib mir Vaters Tasse.«

Dann auf einmal machte ihr alles wider Erwarten Spaß. Sie war froh darüber, daß sie etwas zu tun hatte. Gestern abend hatte sie sich in den Schlaf geweint — gestern hatte sie Martin im Tal getroffen, wo sie ihn nie wieder treffen würde. Aber heute morgen begann ein anderes Leben für sie. Allerlei Pflichten warteten nun auf sie — das Haus, die Familie, die Pflege einer kranken Frau. Als Francis nach dem Frühstück die Treppe hinaufgerannt war, um sich vor der Schule von seiner Mutter zu verabschieden, als ihr Vater seine Serviette, säuberlich gefaltet, in den alten Silberring gesteckt und sich wie üblich in sein Studierzimmer verzogen hatte, fand sie es angenehm, noch eine Weile auf dem Platz ihrer Mutter sitzen zu bleiben. Sie war stolz, Hannah Anweisungen zu geben, als stammten sie von ihr selbst.

»Miß Joan, am besten gehe ich wohl jetzt gleich zum Schlachter.«

»Ich glaube, Sie brauchen heute kein Fleisch zu kaufen, Hannah. Aus den Resten von gestern können wir Haschee machen, und morgen gibt's gebackene Bohnen — Francis ißt sie gern.«

»Ganz wie Sie wünschen.« Hannah war so fügsam wie nie zuvor. Klappernd stellte sie das Geschirr auf das Tablett und ging wieder in die Küche.

Vom Platz ihrer Mutter aus gesehen, nahm das Zimmer allmählich eine ganz andere Gestalt an. Es wirkte fast wie ein fremder Raum. Auch der Garten schien verändert. Jetzt sah sie den nördlichen Winkel des Rasens mit den beiden großen Ahornbäumen und die Kirche mit einem Teil des Turmes. Das ganze Haus schien sich seltsamerweise um sie zu sammeln. Gestern war ihre Mutter der Mittelpunkt gewesen, heute war sie es.

Im Laufe des Vormittags nahm das Haus für sie einen immer seltsameren und zugleich wirklicheren Charakter an. Hin und wieder schlich sie auf Zehenspitzen zu ihrer Mutter, die jedoch jedesmal in tiefem Schlaf lag. Bisher hatte nur ihr eigenes Zimmer eine tatsächliche Bedeutung für sie gehabt. Hier hatte sie alle Möbel sorgfältig arrangiert, hier die Wirkung jedes Bildes, jedes Gegenstandes genau studiert. Der Rest des Hauses war für sie neutrales Gebiet gewesen, eine Stätte, die man mit den anderen teilte. Verschiedene Bilder schätzte sie nicht sehr. Bei ihrer Rückkehr von der Universität hatte sie heimlich gewünscht, ihre Mutter möchte sie von der Wand nehmen, und oftmals gedacht: wenn sich mir jemals die Gelegenheit bietet, lasse ich sie verschwinden. Nun betrachtete sie die Bilder mit unsicherer Miene: Christi Einzug in Jerusalem — Samuel im Tempel. Aber nein — ihre Mutter würde morgen wieder auf sein, und schließlich war ihre Mutter Herrin des Hauses.

Der Morgen kam, doch die Mutter war noch nicht wieder auf. Als Joan das Zimmer betrat, erschien es ihr schon nicht mehr so seltsam, die Mutter im Bett liegen zu sehen. Aber heute lag Furcht in ihren dunklen Augen. »Bitte, laß Dr. Crabbe kommen, Joan«, bat sie und fügte hinzu: »Ich kann einfach nicht aufstehen, um mich zu waschen. Bring mir ein Waschbecken ans Bett, liebes Kind.«

Das war kein einfacher Erschöpfungszustand, dachte Joan, als sie bekümmert zusah, wie ihre Mutter sich langsam wusch und häufig innehalten mußte, um sich auszuruhen. Die Haut ihres Gesichts und der Hände war gelblich. Als sie sich in die Kissen zurücklehnte und die Augen schloß, lagen die Lider wie Schatten auf dem Gesicht. Joan schlich sich mit den Waschsachen aus dem Zimmer und rannte zu ihrem Vater.

Zu dieser Stunde lag er seit dreißig Jahren in seinem Studierzimmer auf den Knien. Heftig pochte Joan an die Tür. Sie hätte es nie gewagt, ohne Klopfen einzutreten. Selbst ihre Mutter nicht. Nun klopfte sie noch einmal — ungeduldig und voller Angst. Dann stieß sie, ohne eine Antwort abzuwarten, die Tür auf. Ihr Vater kniete vor dem alten braunen Ledersessel, den Kopf auf die Hände gestützt. Als er sie hineinkommen hörte, blickte er auf.

»Vater«, rief sie. »Vater, Mutter ist jetzt wirklich krank — du mußt sofort Dr. Crabbe holen!«

Verwirrt sah er sie an. Der Wechsel war zu plötzlich für ihn. Eben noch war er vom Strahlenglanz Gottes umflutet gewesen, und jetzt fand er sich wieder in diesem schäbigen Raum. »Die ganze Nacht hindurch schien sie ruhig zu schlafen«, wandte er milde ein. »Sie hat sich kaum gerührt. Als ich heute morgen aufstand, schlief sie immer noch friedlich.«

Er war so verstört, daß er ganz vergaß, sich von den Knien zu erheben.

In Joans Augen gab er eine lächerliche Figur ab, wie er da auf den Knien lag und kindisch zu ihr emporblickte. Sie wiederholte in barschem Ton: »Aber jetzt ist sie sehr krank — du oder Francis, einer von euch beiden muß Dr. Crabbe holen ... Am besten ist es wohl, wenn ich Francis schicke«, fuhr sie rasch fort. Francis war natürlich flinker als dieser alte Mann. Zum erstenmal hatte sie erkannt, daß er wirklich alt war.

»Frank – Frank!« rief sie, rannte die Treppe hinauf und stürmte in sein Zimmer. Er lag noch in tiefstem Schlaf. Die Sonne schien auf sein Bett und in sein Gesicht, und er hatte die Stirn mit den pechschwarzen Augenbrauen gerunzelt, um das starke Licht abzuwehren. Er ist voller Jugend und Wildheit im Schlaf, dachte Joan. Sie schüttelte ihn an der Schulter, bis er sich regte.

»Frank, steh auf! Zieh dich rasch an und hole Dr. Crabbe mit unserem Wagen.«

Dicht vor ihm stehend, entdeckte sie in dem grellen Sonnenlicht die ersten schwachen Stoppeln auf Lippe und Kinn. Francis rasierte sich also schon und hatte nichts davon gesagt! Von allen unbemerkt, war er zum Mann herangewachsen. Vielleicht wußte seine Mutter davon.

»Was sagst du da?« rief er. Er schlug die Augen auf und war sofort bei klarem Bewußtsein.

»Mutter braucht rasch einen Arzt.«

»Mach, daß du 'rauskommst!« fuhr er sie an. »Wie kann ich mich anziehen, wenn du im Zimmer stehst!«

Getröstet und ermutigt ging sie hinaus. Sein Ungestüm verlieh ihr Kraft. Für sie war er bisher immer nur ein Kind, ein jüngerer Bruder gewesen. Nun war das auf einmal anders. Jetzt war er der einzige Mensch, an den sie sich wenden konnte. Er war aus dem Bett gesprungen – groß und stark wie ein Mann. Dasselbe Blut kreiste in ihren Adern ...

Vor dem Zimmer ihrer Mutter blieb sie stehen und horchte. Sie hörte sein Getrampel und eine Sekunde später das Aufheulen des Motors. Als sie an das Flurfenster trat, konnte sie gerade noch sehen, wie er in einer Rauchwolke über den knirschenden Kies davonsauste.

Unten im Wohnzimmer legte Dr. Crabbe Joan die Last der Sorge um das Leben ihrer Mutter auf die jungen Schultern. Das unangetastete Frühstück stand erkaltend auf dem Tisch im Eßzimmer, und Hannah lehnte schluchzend an der Tür. Ihr Vater war auch da, mit ernster Miene, einen abgeklärten Ausdruck in den Augen. Auf seinen Lippen lag der strenge Friede seines unablässigen Gebets: »Ist dies dein Wille, o Gott? Dein Wille geschehe.« Francis stand, von allen abgewendet, die Hände tief in die Taschen vergraben, am Fenster und starrte in den winterlichen Sonnenschein hinaus. Aber Dr. Crabbe richtete das Wort in erster Linie an Joan. Er sprach mit lauter, nachdrücklicher Stimme. »Sie hätte es mir längst sagen müssen, Joan. Ich kann jetzt nicht die Verantwortung übernehmen. Du mußt einen zweiten Arzt hinzuziehen. Man stelle sich nur vor: da hat sie sich in Todesqualen dahingeschleppt, ohne ein Wort zu sagen!«

In Todesqualen! Diese Worte waren eine Anklage und schnitten Joan tief ins Herz. Während sie in ihrer törichten Liebe aufgegangen war, während sie nur Martins Stimme gehört, nur Martins Gesicht gesehen, nur von ihm geträumt hatte und für nichts anderes gelebt, hatte ihre Mutter Todesqualen ausgestanden. Sie fragte mit erstickter Stimme: »Wie lange hat sie wohl schon gelitten?«

»Monate — vielleicht sogar ein ganzes Jahr«, erwiderte er schroff. »Ich kann die Wahrheit nicht aus ihr herausbekommen. Ewig diese verdammte heitere Miene, die sie den anderen zeigt! So war sie immer. Du warst noch nicht eine Stunde auf der Welt, Joan, als sie schon zwitscherte: ›Ich muß sobald wie möglich aufstehen, Herr Doktor. Paul kann nicht allein fertig werden.‹ Und obwohl sie bei der Geburt des großen Burschen da am Fenster beinahe gestorben wäre, war es dasselbe Lied. Meiner Ansicht nach, Joan, wird es diesmal eine gute Weile dauern, bis sie wieder aufstehen kann. Zunächst einmal müssen wir feststellen, ob sie die Operation aushalten kann oder ob es nicht überhaupt schon zu spät ist, etwas zu unternehmen.«

Francis brach das düstere Schweigen, das diesen Worten folgte. Seine Stimme war schrill und gebrochen: »Nun holt doch endlich den Facharzt! Wozu sitzt ihr hier denn noch herum? Sitzen und reden —« Das Gesicht hatte er zu einer Grimasse verzogen, um nicht zu weinen. Er blickte rasch wieder fort.

Dr. Crabbe sprach weiter, als hätte er nichts gehört oder gesehen. »Ich werde mich sofort mit dem Spezialisten in der Stadt in Verbindung setzen — er kann heute nachmittag oder morgen hier sein. Auf eins mußt du dich gefaßt machen, Joan. Sie muß unter Umständen jahrelang gepflegt werden. Selbst in hoffnungslosen Fällen zieht sich diese Sache oft lange hin — sie hat eine kräftige Konstitution — es sei den, man entschließt sich zu einer Operation, und sie mißlingt nicht.«

Jahrelange Pflege — Joan starrte mit leerem Blick in das behaarte Gesicht des alten Arztes. Sie sah ihre Jahre verrinnen — eines nach dem anderen, und jedes Jahr bedeutete: Tag für Tag für Tag. Impulsiv entschloß sie sich, dieses Opfer zu bringen. »Ich werde die Pflege selbst übernehmen«, erklärte sie.

Dr. Crabbe erhob sich. »Gut, daß wir dich zu Hause haben, mein Mädchen — gut, daß du groß und stark bist! Ich werde mich jetzt um den anderen Arzt bemühen. Nun, Kopf hoch, alle drei! Wir werden alles tun, was in unseren Kräften steht.«

Er strich Joan leicht über die Wange, klopfte Francis auf die gebeugte Schulter und nickte dem Pfarrer zu. Dann war er im Nu verschwunden.

Nun waren sie drei allein. Jeder von ihnen war allein, weil die Mutter, die sie vereinigt hatte, nicht da war. Sie kämpfte jetzt um ihr Leben. Im gemeinsamen Opfer für die Mutter mußten sie diese

Zusammengehörigkeit wieder finden. Joan sah, wie ihr Vater mit einer verstörten Geste die Hand an den Kopf legte, die Augen ausdruckslos auf den Boden geheftet. »Ja ... ja ...«, flüsterte er, seine Umwelt völlig vergessend. »Ja, o Gott!« Er stand hastig auf und verließ den Raum. Sie hörten, wie sich die Tür des Studierzimmers schloß. Er war an seiner Zufluchtsstätte.

Francis erklärte: »Ich kann heute nicht zur Schule gehen — kann nicht dort sitzen — wie an jedem anderen Tag —« Er verharrte immer noch in der gleichen Stellung.

Joan war von einer melancholischen Gelassenheit erfüllt. Sie blickte zu Francis hinüber, und die Mutter in ihr fand tröstende Worte für ihn. Dann ging sie langsam nach oben und stellte sich auf das ein, was vor ihr lag, auf alles, was ihre Zukunftsträume nicht eingeschlossen hatten.

Von jetzt an beherrschte die Mutter das Leben ihrer Kinder — durch ihre Schwäche und durch ihre gelegentlichen heiteren Launen. Obwohl Joan zwanzigmal am Tag die Tür öffnete, wußte sie nie, was für einen Menschen sie vor sich haben würde. Als sie an diesem Morgen das Zimmer betrat, saß ihre Mutter frisch und aufgeräumt im Bett. Während sie alle unten saßen und Dr. Crabbe seine düstere Prognose aussprach, hatte sie eigensinnig alle ihre Kräfte zusammengenommen und war plötzlich aufgestanden, um die besten Leinenlaken hervorzuholen und sich das orchideenfarbene Bettjäckchen anzuziehen, das Joan ihr einmal zu Weihnachten geschenkt hatte. Sie hatte es bisher nie getragen, weil ihr das zarte Seiden- und Spitzengebilde viel zu schade war. Aber sie hielt es hoch in Ehren. Zwei Jahre lang hatte es zuoberst in ihrer Schublade gelegen, um die alten, ausgebesserten Wäschestücke zu verdecken. Jedesmal, wenn sie die Schublade aufzog, freute sie sich daran.

Nun lehnte sie etwas erschöpft, aber triumphierend in den Kissen. »Morgen stehe ich wieder auf«, sagte sie ein wenig keuchend. »Heute will ich mich noch ausruhen. Das kannst du Dr. Crabbe bestellen. Achte darauf, daß Francis zur Schule geht. Und kein Wort an Rose. Ehe sie die Nachricht erhält, bin ich längst wieder auf den Beinen. Hannah soll mein Frühstück bringen. Sehe ich nicht bezaubernd aus? Jetzt habe ich endlich die Gelegenheit, das Bettjäckchen zu tragen.«

Und Joan ließ sich gern ein wenig täuschen. Das orchideenfarbene Bettjäckchen, die lächelnden, glänzenden dunklen Augen, das schönfrisierte weiße Haar, die kräftigen braunen Hände auf der Bettdecke mochten wohl Gesundheit vortäuschen. Sie lief nach unten und sagte Hannah Bescheid. Dann eilte sie in den Garten, um eine Handvoll kurzstieliger Veilchen zu pflücken, die sie auf das Tablett legte. Das Tablett trug sie selbst hinauf.

Die Augen ihrer Mutter leuchteten warm auf, als sie die Veilchen sah. »Du bist die einzige, die an so etwas denkt«, sagte sie. »Nur wenige Menschen wissen, daß alles soviel besser schmeckt, wenn eine Blume auf dem Tablett liegt. Und ich habe es dir nie zu sagen brauchen. Du weißt es instinktiv. Rose würde alles sorgfältig herrichten, aber die Blumen würde sie vergessen — und Männer denken natürlich nicht an so etwas.«

Glücklich und zufrieden begann sie zu frühstücken. »Was hat Dr. Crabbe gesagt?« fragte sie. »Meint er, ich brauchte nur ein wenig Ruhe? Setz dich doch, Kind. Es ist so schön, wenn man ein wenig plaudern kann.« In dieser morgendlichen Beleuchtung übte der ganze Raum, erfüllt von der energischen Stimme ihrer Mutter, eine wohltuende Wirkung aus.

Doch als Joan ihr Gesicht aus der Nähe betrachtete, verlor sie alle Illusionen. Wenn die Augen auch nur für eine Sekunde aufhörten zu funkeln, waren sie krank und trübe. Unter Aufbietung aller Willenskraft konnte die Mutter ihren Augen wohl Glanz geben. Doch dieser Impuls ließ rasch nach, und dann verschleierten sie sich wie bei einem kranken Vogel. Plötzlich fragte Joan: »Mutter, warum hast du uns nicht gesagt, daß du immer Schmerzen hattest? Warum hast du es geduldet, daß wir uns weiterhin auf dich stützten?«

Ihre Mutter legte das Stückchen Toast, das sie in der Hand hielt, auf den Teller. »Hat Dr. Crabbe von Schmerzen gesprochen?« fragte sie.

»Ja.«

»Es stimmt«, erwiderte ihre Mutter langsam. »Ich habe oft furchtbare Schmerzen. Aber ich werde nie davon befreit werden. Daher habe ich gelernt, sie zu ertragen.«

»Aber du kannst vielleicht doch geheilt werden«, rief Joan leidenschaftlich. »Dr. Crabbe zieht einen Arzt aus der Stadt hinzu, der dich heute nachmittag untersuchen wird.«

Entsetzt sah ihre Mutter sie an und schob das Tablett beiseite. »Ich will ihn nicht sehen«, erklärte sie entschlossen. »Hörst du, Joan, ich lasse mich nicht von einem Fremden untersuchen. Bei Dr. Crabbe ist es etwas anderes. Er hat mich betreut, als alle die Kinder kamen. Außerdem kenne ich mich selbst. Ich weiß —« Ihre Unterlippe begann zu zittern, und sie blickte Joan kläglich an. Ihr Gesicht schien zu schrumpfen und wurde aschfahl. »Laßt mich nicht sterben«, bettelte sie flüsternd.

»Nein — nein — nein —«, versicherte ihr Joan. Sie preßte die Zähne aufeinander und spürte, wie ihr die Tränen unter den Lidern brannten.

Aber am Spätnachmittag erwachte in ihrer Mutter wieder der Eigensinn, und sie lehnte sich gegen den Besuch des neuen Arztes auf. Joan sah, wie diese Halsstarrigkeit sie stark machte. Sie saß störrisch in den Kissen, mit geglättetem Haar, den Blick auf die Tür geheftet. Als die Ärzte dann ins Zimmer traten, richtete sie auf den neuen Arzt einen Blick, in dem Stärke und Lebenskraft lag.

»Mary, dies ist Dr. Beam – Mrs. Richards«, sagte Dr. Crabbe.

»Guten Tag«, sagte Dr. Beam in gleichgültigem Ton, während er beharrlich ihr Gesicht und ihre Hände musterte.

»Mir fehlt eigentlich gar nichts«, hörte Joan ihre Mutter mit heller Stimme sagen. »Ich verstehe nicht, warum man Sie herbemüht hat.« Mit einer lebhaften Bewegung zupfte sie die Decken zurecht und sah auf einmal wieder wohl aus.

»Ja, ja«, murmelte Dr. Beam. Mit einer unerwartet lebhaften Bewegung stand er auf. »Wollen Sie bitte Ihren Unterleib freimachen«, verlangte er. Seine Gleichgültigkeit war mit einem Male wie weggeblasen. Er schien jetzt versessen darauf, alles über sie zu erfahren. Nein, nicht über sie – was bedeutete sie ihm schon? Nur das Gewächs in ihrem Körper interessierte ihn, und sie existierte für ihn nur als Trägerin dieses boshaften Gewächses, das ihren Körper verzehrte. Mit seinen langen, dünnen, sensitiven Fingern tastete er ihren Leib ab. Er kniff die schwarzen, wißbegierigen Augen zusammen, und die Haut um seine Mundwinkel straffte sich. Das, was er unter seinen Händen fühlte, schien ihn zu erregen.

»Hm – hm –« murmelte er unablässig vor sich hin.

Endlich wußte er alles. Er deckte ihren erschöpften Körper rasch wieder zu und wandte sich an Joan. »Wo kann ich mir die Hände waschen? Crabbe, ich werde unten mit Ihnen sprechen.«

Unten wartete Joan dann gemeinsam mit Dr. Crabbe, der von allen möglichen Dingen redete, um Joan etwas abzulenken. »Miß Kinney liegt wieder im Bett mit diesem eigenartigen Fieber, das sie aus Afrika mitgebracht hat. Ihre Mutter dagegen ist kerngesund – die wird uns noch alle überleben. Wo steckt dein Vater eigentlich?« fragte er unvermittelt.

»Er hält wie üblich an diesem Nachmittag seinen Gottesdienst für die Schwarzen in South End ab.«

Dr. Crabbe mußte plötzlich husten, trat auf die Veranda und spie in den Rosenstrauch unter dem Fenster.

»Nun . . . ja«, sagte er, als er wieder eintrat und sich auf einen Stuhl setzte, »du kannst ihm ja berichten, wenn er zurückkommt. Ah, hier ist Dr. Beam.«

Auf der Schwelle stand Dr. Beam, höflich, aber offenbar in großer Eile. »Ich brauche nicht länger hier zu bleiben, Crabbe«, sagte er. »Mein Auto wartet auf mich. Sie haben durchaus recht gehabt – völlig zwecklos – das ganze Organ ist verhärtet, und alles ist hoffnungslos in Mitleidenschaft gezogen. Wenn Sie mitkommen wollen, können wir unterwegs darüber sprechen.«

»Komme später noch einmal wieder, Joan«, sagte Dr. Crabbe.

Joan stand am Fenster und blickte ihnen nach, als sie über den Gartenpfad zur Straße gingen: die hohe, schlanke, etwas gebeugte Gestalt des Facharztes und Dr. Crabbe, kurz und gedrungen, mit dem schlingernden Gang eines Matrosen. Sie waren in ein erregtes Gespräch vertieft. Dann sah sie Dr. Beams Gesicht, als er in den Wagen stieg. Es war lebhaft und animiert. Er fuchtelte mit dem Zeigefinger in der Luft herum, und Dr. Crabbe spreizte seine kurzen, breiten Hände. Sie schleuderten das Leben ihrer Mutter wie einen Fußball hin und her. Joan ließ sich auf einen Stuhl sinken und weinte bitterlich.

Doch sie konnte sich nicht lange ihrem Schmerz hingeben. Das Haus brauchte sie, wie es ihre Mutter gebraucht hatte. Beim Anblick von Hannah, die von der Küche hereinpolterte, versiegten ihre Tränen. »Was möchte Ihr Vater wohl gern zu Abend essen, Miß Joan?« fragte sie mit wehleidiger Miene.

Joan riß sich von ihren qualvollen Gedanken los. Ihr Vater existierte ja auch noch, das durfte sie nicht vergessen.

»Er wird müde sein, wenn er heimkommt ... vielleicht eine Milchsuppe und Pfannkuchen – die ißt er ja gern –«

»Es ist auch noch etwas vom Huhn übrig – Frank mag Hühnerfleisch«, schlug Hannah vor.

Ja, Frank war auch noch da.

»Und Ihre Mutter –« begann Hannah von neuem.

»Ich will mal hinaufgehen und sie fragen«, erwiderte Joan. Mit schleppenden Schritten stieg sie die Stufen empor.

Sie legte die Hand auf den Türknopf und schluckte ein paarmal. Ihr Mund war wie ausgedörrt. Sie fürchtete sich vor den Augen ihrer Mutter.

Doch als sie eintrat, lag der Raum schon im Dämmerlicht – die Sonne war inzwischen untergegangen. Die Gestalt ihrer Mutter schien zusammengeschrumpft – sie lag wie ein kleines Häufchen im Bett. Das Gesicht war nicht zu erkennen.

»Mutter!« rief Joan und eilte zu ihr hin.

»Ja?« antwortete sie, und ihre Stimme klang schwach und müde.

»Oh, ich hatte solche Angst«, rief Joan erleichtert. »Ich konnte dich nicht sehen. Was möchtest du gern zu Abend essen, liebe Mutter?«

»Joan«, sagte ihre Mutter leise, »könntest du mir wohl einen Gefallen tun – nur einen einzigen Gefallen?«

»Aber selbstverständlich, Mutter«, erwiderte sie überrascht und voller Zärtlichkeit. Sie tastete nach ihrer Hand und hielt sie. Ihre Mutter hob den Kopf aus den Kissen, plötzlich von einem starken Gefühl bewegt. Ihre Augen sahen Joan flehend an. »Laß ihn heute abend nicht zu mir herein – richte ihm das Bett im Gastzimmer her. Ich bin ... zu müde ...«

Joan ließ die steife Hand fallen. »Meinst du – *Vater*?«

»Ja.« Ihre Mutter sank wieder in die Kissen und schloß die Augen.

»Sage ihm – ich bin – müde«, wiederholte ihre Mutter mit schwacher, aber eindringlicher Stimme.

Joan, die sich auf den Bettrand gesetzt hatte, stand rasch auf. Wieder spürte sie diese geheime Abscheu; jener gedämpfte nächtliche Wortwechsel – ging es etwa darum? Sie mochte nicht daran denken.

»Selbstverständlich«, sagte sie resolut und wandte sich zur Tür. Aber ihre Mutter war noch nicht ganz beruhigt.

»Er soll überhaupt nicht ins Zimmer kommen – jedenfalls heute nicht mehr. Sage ihm, ich schliefe – sage ihm –«

»Ich werd's ihm sagen«, versprach Joan und machte die Tür hinter sich zu. Sie wollte nichts mehr hören. Dies war nicht für ihre Ohren bestimmt.

Immerhin mußte er es wissen. Aber wie konnte sie es ihm nur beibringen? fragte sie sich, während ihre Hände emsig beschäftigt waren, seine einsame Lagerstatt herzurichten. Wie konnte sie einem Mann, der dreißig Jahre lang neben seiner Frau geschlafen hatte, sagen, daß er ihr Lager nun nicht mehr teilen könne? Ehe sie sich darüber im klaren war, hörte sie seine leisen Schritte auf der Treppe. Sie verließ das Zimmer, um ihn abzufangen.

»Was hat der Facharzt gesagt?« fragte er.

»Dr. Crabbe kommt noch einmal vorbei«, antwortete sie ausweichend.

Er blieb noch einen Augenblick stehen und machte dann Anstalten, ins Schlafzimmer zu gehen. Nun mußte sie sprechen – sofort. Sie stellte sich klopfenden Herzens vor ihn hin. »Vater, bitte nicht – du darfst nicht hinein!«

»Ich darf nicht hinein – in mein eigenes Zimmer?« fragte er erstaunt.

»Nein, Vater – laß mich erklären –«

»Haben die Ärzte etwa –«

»Nein, Vater – sie selbst – sie möchte nicht, daß du hereinkommst – sie möchte schlafen – allein sein. Ich habe das andere Bett für dich hergerichtet. Sie ist sehr, sehr müde.«

Die Tochter sah dem Vater in die Augen, als würde sie ihm zurufen: »Was hast du nur getan, um sie so müde zu machen?« Der Vater antwortete mit seinem ruhigen Blick, der besagte: »Ich habe nichts getan, was nicht mein gutes Recht war.«

Aber sie war stärker als er. Wortlos wandte er sich um und ging nach unten.

Sie war jetzt nicht mehr die alte Joan, das junge Mädchen, das erwartungsvoll von der Universität heimgekehrt war. Nach außen bestand ihr Dasein darin, daß sie alle Pflichten im Haushalt erfüllte, wie ihre Mutter es immer getan hatte. Aber gleichzeitig führte sie ein geheimes, intensives Leben oben bei ihrer Mutter, die einsam in ihrem Bett lag. Dieses Leben richtete eine Mauer um sie herum auf und ließ alles andere unwirklich erscheinen. Die einzige Wirklichkeit für sie war jetzt diese Frau, deren Körper langsam dahinsiechte, während ihr Geist voll Leben war.

Diese Wirklichkeit schaltete sogar die Erinnerung an Martin aus. Manchmal hörte sie wie ein fernes Echo die Orgelklänge, die aus der Kirche drangen. Doch sie lenkten sie nicht mehr von ihrer augenblicklichen Aufgabe ab. Sie öffnete kein Fenster, um jeden Klang zu erhaschen. Auch hörte sie seinen Namen nicht mehr. Ihre Mutter hatte vergessen, daß sie sich einst seinetwegen gestritten hatten, und sie brauchte auch nicht mehr daran zu denken, denn sie hatte ihr Kind ja wieder. Und in ihrem eigenen Herzen lebte der Name nicht mehr, und die schwach tönende Musik weckte ihn auch nicht.

Eines Morgens klingelte es. Sie öffnete die Tür, und da stand Martin auf der Schwelle mit seinem schwachen, schwermütigen Lächeln, das ihr für eine Sekunde so vertraut war, als sähe sie ihr eigenes Gesicht in einem Spiegel. Er sagte: »Ich habe gewartet — habe immer gedacht, du würdest mir gewiß ein Zeichen geben. Ich habe fest geglaubt, du würdest zu mir zurückkehren —«

Seiner Stimme hatte sie einst verzückt und mit schmerzlichem Verlangen gelauscht. Jetzt war es für sie nur eine Stimme, die sie einst gekannt hatte, aber nicht mehr zu hören wünschte. Er lehnte sich mit beiden Händen auf seinen Stock, den Hut in der Hand, die Notenrolle unter dem Arm. Sie betrachtete sein schmales, alterndes Gesicht, seine ergrauten Schläfen, seine traurigen haselnußbraunen Augen, seinen schmalen, schönen Mund.

»Willst du nicht zu mir zurückkommen, Joan? Ich habe mich nicht geändert — werde mich auch nie ändern.« Er sah ihr tief in die Augen.

Merkwürdig — sein Gesicht war für sie nicht mehr als das Gesicht auf einer beiseite gelegten Fotografie. Ja, er hatte sich nicht geändert. Er würde sich nie ändern. Also genügte er ihr nicht.

»Ich habe jetzt meine Mutter zu pflegen. Sie ist sehr krank.« Sie wartete eine Weile. Ihre Antwort hatte ein wenig schroff geklungen, wie die eines Kindes, und sie hätte gern ein paar freundliche Worte hinzugefügt. Aber es wollte ihr nichts einfallen. Sie blickte über seine Schultern hinweg in den Garten und sah mit Erstaunen, daß es ein milder, sonniger Frühlingsmorgen war. Dann schloß sie sanft die Tür, ohne jegliche Regung von Zorn. Sie hatte sogar Gewissensbisse, weil ihm ihr Benehmen vielleicht ein wenig grob erschienen war. Sie empfand jetzt nicht einmal mehr so viel für ihn, daß sie das Verlangen gehabt hätte, ihn durch Grobheit zu verletzen.

Dann ging sie nach oben.

Anfangs strömten die Dorfbewohner in Scharen herbei, um ihrer Mutter kleine Liebesdienste zu erweisen. Miß Kinney stand oft mit einem Blumenstrauß vor der Tür. »Ein paar Blumen, liebe Joan, und wenn ich dich mal ablösen kann, damit du ausgehen kannst –«

Mrs. Bradley brachte Kalbsfußsülze. »Sehr schmackhaft, meine Liebe. Martin ißt sie sehr gern. Wie geht es ihr, Joan?«

Joan blickte in die störrischen, kleinen grauen Augen. »Besten Dank, Mrs. Bradley.« Doch die Kalbsfußsülze gab sie ihrer Mutter nicht. Die ließ sie einfach in den Mülleimer wandern.

Diese alten Leute, die ihre Mutter vermißten, kamen an die Tür und erkundigten sich nach ihr. Alle wollten sie an ihrem Bett sitzen und plaudern. Zu Anfang ließ Joan das auch geschehen. Mrs. Winter war besonders hartnäckig, und da sie die Missionsgesellschaft und den Frauenverein übernommen hatte, konnte sie es ihr nicht gut abschlagen.

»Ich bin sicher, liebe Joan, daß deine Mutter gern wissen möchte, wie es in der Versammlung zuging. Ich bleibe auch nur eine Minute.«

Doch Joan merkte, daß ihre Mutter kein Interesse mehr an der Missionsversammlung hatte, auch kein Verlangen, sich Mrs. Winters Bericht anzuhören. Ihre Gedanken waren zum erstenmal auf ihr eigenes Leben gerichtet. Mit trübem, leerem Blick starrte sie Mrs. Winters an. »Ja, sehr schön«, sagte sie mit schwacher Stimme. »Ich bin Ihnen ja so dankbar – Joan, ich habe kalte Füße.«

»Sie müssen recht bald wieder gesund werden, liebe Mrs. Richards«, sagte Mrs. Winter aufmunternd und beugte sich über die kranke Frau, um sie zu küssen.

Als sie fort war, sah Joan, wie ihre Mutter verwundert auf die Wand starrte. »Mit all diesen Dingen bin ich fertig«, flüsterte sie. »Alles, was ich zu tun pflegte, ist weit von mir abgerückt. Ich existiere nur noch in diesem Körper, der hier nutzlos im Bett liegt.«

Nach einer Weile hielt Joan alle Besucher von ihr fern, und diese vergaßen sehr schnell. Sie gingen ihre eigenen Wege und erkundigten sich nur gelegentlich nach dem Befinden der Mutter. An Sonntagen, wenn gute Werke gewissermaßen auf der Tagesordnung standen, schrieben sie ihr wohl manchmal kleine Botschaften: »Wir gedenken Ihrer in unseren Gebeten, teure Freundin.«

Allmählich schliefen die öffentlichen Gebete ein. Es war so ermüdend, für eine Frau zu beten, die ständig schwächer wurde. Man empfand das Beten schließlich als eine Auflehnung gegen den Willen Gottes. Selbst der Vater betete zuletzt nur noch: »Dein Wille geschehe, o Gott.« Oder: »Mache uns bereit, das Leid zu ertragen.«

So glitt die Mutter nach und nach aus dem Leben und den Gedanken der Menschen. Sie war noch nicht tot. Aber da man nichts von ihr sah oder hörte und sie ihren Kampf allein führte, hatte sie nichts mehr mit ihnen zu tun. Nur Miß Kinney brachte noch getreulich Blumen an die Tür. »Ein kleines Sträußchen für deine liebe Mutter, Joan. Ich habe sie so gern. Sie verstand mich immer so gut, wenn ich von Afrika sprach.«

Und so verging der Frühling, und der Sommer zog ins Land. Dann war auf einmal der Herbst wieder da mit seinen düsteren Tagen. Joan schien es, als habe ihre Mutter immer so hilflos und pflegebedürftig dagelegen, als habe sie selbst ihre Mutter seit Jahren im Haus vertreten. Rose kam für die Sommerferien nach Haus und fuhr im Herbst wieder fort.

Und abermals lebte Joan mit ihrer Mutter allein. Wenn der Vater oder Francis oder gar Dr. Crabbe ihre Mutter besuchen wollten, war Joan gleichsam das Tor, durch das sie passieren mußten. Ihr Vater war nicht mehr der Mann ihrer Mutter. Joan stand zwischen diesen beiden, anfangs ein wenig scheu, da sie glaubte, es müsse ein geheimes Leben zwischen ihnen existieren, das sie störte. Bald merkte sie jedoch, daß eine solche innere Verbundenheit nicht bestand. Die beiden fühlten keine Wärme, keine Zärtlichkeit füreinander.

Zweimal am Tag fragte ihr Vater: »Wünscht mich deine Mutter zu sehen?« Wenn Joan dann fragte, schien ihre Mutter immer erst zu überlegen. Manchmal, wenn sie vorher auch heiter gewesen war, antwortete sie gereizt: »Nein, ich möchte schlafen.« Oder ein wenig mißtrauisch: »Was will er denn eigentlich?« Hin und wieder aber kam die Antwort: »Ja, vielleicht für eine kleine Weile«, wobei sie unbewußt einen tiefen Seufzer ausstieß. Dann ging ihr Vater hinein, und sie unterhielten sich. »Nun, Mary, wie geht's dir heute?« — »Danke, Paul, wie immer.« — »Soll ich dir etwas vorlesen?« — »Nein, danke, Paul, das besorgt Joan schon.« Er suchte dann verzweifelt nach einem anderen Gesprächsstoff und begann von neuem: »Es wird dich sicher freuen, daß ich in der Kapelle in South End verschiedene Taufen hatte —«

»Ja, lieber Paul.« Und ihre Augen schlossen sich. Nach einer Weile schlich er sich dann auf Zehenspitzen aus dem Zimmer und suchte Joan auf. »Sie schläft jetzt. Sie scheint sehr viel zu schlafen. Vielleicht ist es auch am besten.« Verwirrt und unbeholfen stand er da.

»Ja, es ist am besten«, versicherte sie ihm, voller Mitleid mit diesem weltfremden Mann.

Abends nach dem Essen stand Francis rasch vom Tisch auf. »Ist Mutti empfangsbereit?« Joan nickte. Sie kam stets erst dann zum Essen, wenn sie ihre Mutter für Francis' Besuch hergerichtet hatte. Sie bürstete ihr das Haar, zog ihr ein frisches Bettjäckchen an und legte ihr etwas Wangenrot auf. Ihre Mutter hatte nämlich eines Abends um einen Spiegel gebeten. »Ich möchte wissen, wie ich aussehe«, sagte sie. »Mein Sohn soll mich nicht häßlich in Erinnerung haben. Aber ich sehe ja entsetzlich aus —« Trübselig betrachtete sie ihr Ebenbild.

Joan meinte im Scherz: »Ich könnte dich mit Wangenrot etwas herausputzen.« Ihre Mutter hatte nie Make-up verwendet. Jetzt blickte sie Joan an, und plötzlich tanzte wie früher ein Kobold in ihren Augen. »Warum nicht?« meinte sie. »Was macht's schon noch aus? Ein bißchen Wangenrot hier und da kann auch nicht allzu schwer in die Waagschale meiner Sünden fallen.«

Sie lachten ein wenig traurig und machten sich ans Werk. Joan holte ihr Rougetöpfchen herbei und betupfte die hageren Wangen, während ihre Mutter den Spiegel hielt. »Nicht übel«, sagte ihre Mutter. »Ich glaube gar, ich bin selbst jetzt noch etwas hübsch.« Zaghaft blickte sie zu Joan auf, der die Tränen in die Augen schossen. Joan beugte sich rasch zu ihr hinab, um sie zu küssen, und fing dabei einen Hauch von ihrem Verwesungsgeruch auf, den keine parfümierte Seife, kein duftendes Toilettenwasser verbergen konnte. Aber ihre Mutter wußte nichts von dem Geruch, da sie ihn ständig einatmete. Im Augenblick war sie recht munter.

»Nicht aus der Schule plappern«, mahnte sie fröhlich.

Von jetzt an wurde ihr jeden Morgen Rouge auf die bleichen Wangen gezaubert, und abends noch einmal, um ihren Sohn zu erfreuen.

Joan überredete Francis. »Sag Mutter doch, wie hübsch sie aussieht, Frank — erzähle es ihr immer wieder.«

»O sicher, wenn es ihr Freude macht«, rief er und sprang mit großen Sätzen die Treppe hinauf. Zehn Minuten später streckte er den Kopf in die Küche. »Meine Güte, das hat ihr aber Spaß gemacht«, berichtete er Joan. »Sah aus wie ein Kind, als ich es ihr sagte — die Backen ganz rot vor Freude.« Er brach ab, und Joan sah die Tränen in seinen Augen. Würgend stieß er hervor: »War auch keine Lüge, was ich ihr gesagt habe«, und knallte die Tür zu.

Und Dr. Crabbe kam morgens ins Haus gestürmt mit dem Ruf: »Joan, hast du sie für mich fertig?« Hinterher sprach er dann mit Joan, die auf dem Flur wartete, und zwang seine Stimme zu einem heiseren Flüsterton. »Kann jetzt nicht mehr lange dauern — gib ihr alles, wonach sie verlangt — Hauptsache ist, man macht ihr etwas Freude.«

»Wie lange, Dr. Crabbe?«

»Einen Monat — zwei — vielleicht auch sechs — sie hat ja eine ziemliche Vitalität — sag ihr aber nichts —« und im Handumdrehen war er verschwunden.

Joan, die mit Wein, Brühe und Milchsuppen treppauf, treppab rannte, schwor sich, alle ihre Kräfte einzusetzen, um ihre Mutter so lange wie möglich am Leben zu erhalten. Unermüdlich wusch sie sie und rieb die schwindenden Muskeln mit Olivenöl ein. Sie schob das Bett ans Fenster, damit die warme Mittagssonne auf den entblößten Körper ihrer Mutter herabströmen und der Wind ihr frische Luft zufächeln konnte. Gutes Essen, Sonne, frische Luft und ihr stets heiteres Wesen sollten der Mutter helfen, den Tod zu bekämpfen. Aber das todbringende Ungeheuer in ihrem Leibe gedieh bei allem, was sie für sie tat.

Doch nachts schien die Sonne nicht, und das Lachen verstummte. Dann lagen alle im Schlaf, jeder für sich, das Haus war still, und sie war in der Dunkelheit allein mit ihrer Mutter. Jenseits der schattenhaften Wände wartete die endlose Leere des Weltalls. Bald würde ihr die Mutter entrinnen und in jene unermeßlichen Räume entschwinden. Joan lag auf ihrem kleinen Feldbett neben der Kranken, horchend und beobachtend, stets dieses Augenblicks gewärtig. Die geringste Bewegung ihrer Mutter weckte sie sofort, selbst aus dem tiefen Schlaf der Erschöpfung. Sie hörte sie flüstern: »Joan, muß ich sterben?«

Leidenschaftlich, mit lauter, fester Stimme rief sie: »Ich lasse dich nicht sterben!«

»Fasse mich an — laß mich deine Nähe fühlen —«

Joan ergriff ihre Hand und streichelte sie. Auch diese Hand strömte den üblen Geruch aus. Wie aus weiter Ferne ertönte die zaghafte Stimme ihrer Mutter: »Ich bin immer halb im Schlaf — laß mich nicht im Schlaf entgleiten —«

»Nein — nein —« beruhigte sie Joan. »Ich halte dich fest —«

Immer wieder kämpfte ihre Mutter gegen diesen heimtückischen, todesähnlichen Schlaf, dem sie ständig verfiel. Sie riß krampfhaft die Augen auf und erinnerte sich stirnrunzelnd, daß sie sich etwas vorgenommen hatte. Wiederholt ließ sie ihren Mann kommen. »Ich habe etwas auf dem Herzen, was ich ihm sagen möchte.«

Joan rief dann ihren Vater ins Zimmer, der angesichts dieses herannahenden Todes sehr zaghaft war. An vielen Krankenbetten hatte er triumphierend gestanden, um eine Seele zu Gottes Thron zu geleiten. Doch über die Seele dieses Menschen, der ihn kannte, besaß er keine Macht. Und das bekümmerte ihn sehr. Manchmal sagte er dann wohl: »Mary, sollten wir nicht über religiöse Dinge reden? Bedenke, ich bin nicht nur dein Mann, sondern auch dein Seelsorger. Ich bin vor Gott für dich verantwortlich.« Doch jetzt, wo sie sich von allem gelöst hatte, besaß sie keinen Respekt mehr vor ihm. Sie sah in ihm nicht einmal mehr den Vater ihrer Kinder, sondern nur einen Mann, gegen den sie einen abgrundtiefen Groll hegte. »Schweig still!« herrschte sie ihn an mit ihrer jetzt so seltsamen, schroff gewordenen Stimme. »Ich habe dir etwas zu sagen —«

Doch meistens senkte sich der Schlaf auf sie herab, ehe sie die Worte hervorbringen konnte.

Aber eines Tages gelang es ihr. »Paul — da sind hundert Dollar —«

Er sah sie verwundert an. Hundert Dollar! Sie träumte wohl. »Hundert Dollar? Wovon redest du eigentlich?«

Die Mutter strengte sich an, die Augen offenzuhalten. »Hundert Dollar — oben in der Mansarde — in der alten Truhe — für Joan und Rose —«

»Hundert Dollar — in der Mansarde!« wiederholte er. »Woher hast du das Geld?« Er vergaß, daß sie krank war. Einhundert Dollar! Dabei hatte er doch so dringend Geld für die Kapelle in South End benötigt.

»Ich habe gespart — Haushaltsgeld — Dollar für Dollar — Joan und Rose —«

Sie wehrte sich gegen den Schlaf, der sie fast wieder übermannte. Der ihr die Lippen versteifte und die Augenlider zupreßte. Dann half er ihr. »Du hast es gestohlen!« brüllte er sie an.

Auf einmal war sie hellwach, weil sie zornig war. Immer noch vermochte er ihren Zorn zu erregen. »Ich das Geld gestohlen? Ich, die ich mich für dich und deine Kirche all diese Jahre hindurch abgeplagt habe? Ich, die ich mir nie etwas gegönnt habe — nicht das geringste?« Jämmerlich weinend wandte sie sich an Joan. »Joan, er sagt — er sagt —«

Joan nahm sie rasch in die Arme und versuchte, sie mit sanften Worten zu beruhigen. Aber jetzt war der unerbittliche Schlaf wieder da, der glücklicherweise allen Tumult zum Schweigen brachte. Über das noch von Tränen benetzte Gesicht der Mutter hinweg warf Joan einen haßerfüllten Blick auf ihren Vater. Er ging bereits auf die Tür zu. Sie hörte, wie er hastig die Bodentreppe hinaufstieg.

... Morgens — wenn es nicht gerade Sonntag war — verspürte der Pfarrer immer ziemlichen Hunger, nachdem er eine Stunde lang in seinem Studierzimmer auf den Knien gelegen hatte. Sobald seine Seele erfrischt war, erhielten alle seine physischen Kräfte einen neuen Antrieb, und ein köstliches Wohlbehagen durchströmte ihn. Es war so angenehm, sich in dem freundlichen Eßzimmer an den gedeckten Tisch zu setzen und im Kreis seiner Angehörigen zu frühstücken. Doch dieses Behagen wurde grausam von Joan gestört, die ihm bittere Vorwürfe machte. Entsetzt über den barschen Ton, blickte er auf, denn er war von Joan keine Härte gewöhnt.

Von Mary hatte er ja seltsame, unbegreifliche Zornausbrüche über sich ergehen lassen müssen. Aber er war damit zu Gott geflüchtet, und Gott hatte gesagt: »Nimm dein Kreuz auf dich.« Also hatte er sein Kreuz auf sich genommen und schließlich auch den Lohn geerntet, denn mit zunehmendem Alter hatten ihre Ausbrüche und stürmischen Forderungen nachgelassen.

Aber in ihrer Jugend hatte Mary ziemlich viel von ihm verlangt. Nachts hatte er sie oft weinen hören, weil sie irgendwie unbefriedigt war. »Was hast du denn, Mary?« hatte er immer wieder mit großer Geduld gefragt, und sie hatte stets geantwortet: »Ich habe eigentlich etwas mehr erwartet.« »Ich verstehe dich nicht«, hatte er mit gleichbleibender Geduld erwidert. In vieler Hinsicht war sie ja eine gute Frau für einen Pfarrer, denn die Leute liebten sie, und in ihrer fröhlichen, angenehmen Art verstand sie gut mit ihnen umzugehen. Aber wenn sie als Mann und Frau allein waren, wie verändert und kapriziös war sie dann gewesen!

Jetzt wandte er sich bedächtig an Joan: »Du verstehst nicht, worum es geht. Deine Mutter wußte, daß ich seit einem Jahr in großer Geldverlegenheit steckte und überall versuchte, Geld für die Kapelle in South End aufzutreiben. Sie wußte, daß meine Arbeit gerade Früchte zu tragen begann und daß alles verloren war, wenn ich sie jetzt aufgeben mußte. Selbst abends, wenn sie mit mir vor Gott auf den Knien lag und mich um Geld beten hörte, erwähnte sie mit keiner Silbe, daß dieses Geld ungenutzt im Haus lag — Geld, das in Wirklichkeit mir gehörte!«

Auch er fühlte sich also gekränkt. Joan senkte unsicher den Blick und stieß einen leisen Seufzer aus. Voller Eifer fuhr er fort, die blauen Augen flehentlich auf sie gerichtet: »Und was will sie jetzt damit anfangen? Sie hat doch alles, was sie braucht —«

Er schien völlig vergessen zu haben, was ihre Mutter, mühsam gegen den Schlaf ankämpfend, wiederholt gesagt hatte: Joan und Rose. Und sie konnte ihn nicht daran erinnern. Schweigend goß sie ihm eine frische Tasse Kaffee ein und ließ ihm seinen Willen. Schließlich nahm er das Geld ja nicht für sich, sondern für Gott. Aber irgendwie schien es jetzt dasselbe zu sein.

Fast jeden Tag hatte ihre Mutter den Wunsch geäußert: »Schreibt Rose nichts über meinen Zustand — sie soll sich meinetwegen keine Sorgen machen.« Doch jetzt konnten sie nicht länger warten, obwohl es nur noch knapp vier Wochen bis Weihnachten waren. Dr. Crabbe sprach mit Joan unter vier Augen: »Ich rate dir, laß Rose nach Hause kommen. Ich kann die Verantwortung nicht länger übernehmen. Deine Mutter kann jeden Tag einschlafen, wenn es sich auch noch einen Monat hinziehen mag. Ihr Körper steckt voller Gift — alles zerfällt mit einemmal. Rose soll kommen. Der Mutter könnt ihr ja sagen, die Ferien hätten schon begonnen. Sie kennt sich sowieso in den Tagen nicht mehr aus.«

Sie nickte unglücklich und schleppte sich matt nach oben. Es war gewiß gut, wenn Rose kam. Dann konnte sie einmal die Nachtwache übernehmen. Joan ging in ihr Zimmer und setzte sich an den kleinen Schreibtisch, um Rose ein paar Zeilen zu schreiben. Sie dachte sorgfältig darüber nach, wie sie Rose am schonendsten auf die Veränderung vorbereiten könne, die der unerbittlich nahende Tod in ihrer Mutter hervorgerufen hatte.

Erst am Abend, als sie den Brief in den Kasten gesteckt hatte, sagte sie es den anderen. Ihr Vater blickte von seinem Buch auf, und ein tiefer Ernst war in seinen Zügen. »Ich hatte auch den Eindruck, daß es ihr schlechter ginge.« Damit versenkte er sich wieder in sein Buch. Aber er stieß einen Seufzer nach dem anderen aus, klappte schließlich das Buch zu und ging hinaus.

»Erwartet Dr. Crabbe, daß sie – daß sie bald stirbt?« fragte Francis, sobald sein Vater fort war. Bis dahin war er schweigsam und rastlos im Zimmer umhergeirrt. Doch ehe Joan die Frage beantworten konnte, sprudelte er hervor: »Sag es mir lieber nicht – ich will es nicht hören –« und brach in lautes Schluchzen aus, das er rasch durch Husten zu verdecken suchte. Blindlings nahm er sich ein Buch aus dem Schrank und starrte mit leerem Blick hinein. »Rose müßte Donnerstag abend hier sein«, meinte er nach einer Weile. »Ich werde sie vom Bahnhof abholen. Du brauchst dich nicht darum zu kümmern.«

»Nett von dir, Francis«, sagte Joan dankbar. Sie sehnte sich danach, seine Hand zu ergreifen, sich ein wenig auf ihn zu stützen. Aber sie spürte deutlich, daß er wünschte, in Ruhe gelassen zu werden. Er war so eigenartig in letzter Zeit: verbissen, launisch, rasch zornig. Aber sie hatte jetzt keine Zeit, sich mit ihm zu befassen. Also ging sie schweigend an ihm vorbei und wieder zurück zur Mutter.

Als Rose ankam, fühlte sich Joan sehr erleichtert. Sie schloß die Schwester in die Arme und preßte das Gesicht an ihren Pelzkragen. Rose ließ diese Umarmung standhaft und gelassen über sich ergehen. Oh, es war gut, die Familie wieder vollzählig beieinander zu haben.

»Hier ist dein Koffer, Kleine«, sagte Francis, der gerade das Gepäck aus dem Wagen geholt hatte. Einen Augenblick lang blickten sich die drei Geschwister schweigend an und fühlten sich durch ein neues Gefühl der Zusammengehörigkeit verbunden: sie waren jetzt eine Gemeinschaft ohne die Eltern, eine Gemeinschaft der Starken, Gesunden, die die beiden Alten, Kranken beschützen mußten. Die Tür des Studierzimmers öffnete sich, und der Vater trat heraus. Er hatte auf der Couch geschlafen, und sein weißes Haar stand wirr in die Höhe.

»Vater«, sagte Rose ruhig. »Wie geht es dir?« Sie ging zu ihm hin, stellte sich auf die Zehenspitzen und küßte ihn auf den Mund. Er stand bei solchen Gelegenheiten immer recht hölzern da, als hätte er das Küssen soeben erst gelernt, als fiele es ihm noch recht schwer.

»Mutter geht es sehr schlecht«, sagte er ohne Umschweife.

»Ja, ich weiß«, erwiderte sie und knöpfte sich den Mantel auf.

»Ich bringe dir eben den Koffer nach oben«, erbot sich Francis hastig.

»Na«, meinte Rose, »der hat sich aber geändert. Früher hätte er nicht im Traum daran gedacht, einen Koffer für uns nach oben zu tragen.«

»Ja, er ist jetzt sehr erwachsen«, bestätigte Joan, »er schlägt sich sogar seine Frühstückseier selber auf.«

Sie versuchte zu lachen, aber es wollte nicht so recht gelingen. Langsam stieg sie mit Rose die Treppe hinauf. Ihr graute vor dem Augenblick, wo sie Rose schonend auf den Anblick der Mutter vorbereiten mußte. Aber sie konnte ihn nicht länger hinausschieben.

»Wir wollen zuerst in mein Zimmer gehen«, schlug sie vor.

Rose war ein seltsamer Mensch — so ganz anders, als Joan vermutet hatte. Trotz ihres schmächtigen Aussehens, ihrer leisen, sanften Stimme und ihrer milden, langsamen Art brauchte sie nicht beschirmt zu werden. Sie blickte Joan ruhig und fest an, während sie ihr zuhörte. Zuletzt war es Joan, die zusammenbrach, nicht Rose. Joan warf sich aufs Bett und jammerte: »Sie muß sterben, und ich habe ihr immer wieder versprochen, sie nicht sterben zu lassen!« Sie fühlte, wie Rose sie mit ihrer glatten, weichen Hand gelassen streichelte. Sie wirkte beruhigend, diese Liebkosung, aber sie war ohne Wärme. Sie richtete sich hastig auf und strich sich das zerzauste Haar aus der Stirn. »Ich bin vielleicht übermüdet.«

»Ja, natürlich«, sagte Rose. »Aber jetzt bin ich hier, um dir zu helfen.« Ihr Gesicht hatte einen ernsten, sanften Ausdruck, aber ihre Augen waren tränenleer. »Sollen wir jetzt zu ihr gehen?« fragte sie.

Also gingen sie in das Zimmer der Mutter, und Rose trat sofort an ihr Bett. Joan hatte der Mutter ein frisches Bettjäckchen angezogen. Ihre Mutter besaß jetzt eine ganze Reihe hübscher Bettjäckchen, die ihr die Frauen im Dorf auf Joans Vorschlag hin gemacht hatten.

»Für Rose das neue, rosafarbene«, hatte ihre Mutter in kindlicher Freude verlangt. Sie hatte sich sogar fünfzehn Minuten lang wachgehalten, während Joan sie anzog.

Doch der Schlaf hatte sie inzwischen wieder überwältigt, und die beiden Töchter blickten auf sie hinab. Joan warf einen verstohlenen Blick auf Rose. Doch Rose war nichts anzumerken. Unbewegt betrachtete sie das Gesicht der Mutter, unbewegt atmete sie den widerwärtigen Geruch ein. Plötzlich schlug die Mutter die Augen auf, und wie ein Licht durch tiefes, dunkles Wasser bricht, trat Erkennen in ihren Blick: »Rose —«

»Ja, liebe Mutter.« Rose beugte sich über sie und küßte sie auf die Stirn.

»Ich bin tüchtig herausgeputzt«, begann sie heiter. Aber schon schlossen sich die Augen wieder.

»So verschläft sie ihr Leben«, flüsterte Joan. »Aber Dr. Crabbe sagt: ›Lieber Schlaf als Schmerzen.‹ Nur scheint es sie jetzt schon sehr weit zu entführen.«

Rose nickte, ohne ein Wort zu sagen. Joan konnte dieses Schweigen nicht länger ertragen. Würde Rose niemals sprechen, würde sie nie weinen? Doch Rose blieb stumm und weinte nicht.

»Du willst sicher gern deine Sachen auspacken«, sagte Joan schließlich, und Rose verließ gefügig das Zimmer.

Wieder allein, setzte sich Joan in den alten Schaukelstuhl und schaukelte langsam hin und her. Sie sah in den späten Winternachmittag hinaus. Die Sonne war bereits untergegangen, und die schwarzen kahlen Äste hoben sich scharf von der Abendröte ab.

Und so waren sie doch immer noch allein, Joan und ihre Mutter. Rose, die sorgfältige, hilfreiche, sanfte Rose, konnte sich nicht zu ihnen gesellen. Sie kam und ging, sie holte, was verlangt wurde, und ersparte Joan manchen Gang. Aber am Ende mußte Joan doch immer bei ihrer Mutter schlafen, mußte ihr nahe sein.

Denn jetzt drang der erwachende Schmerz durch den Schlaf, und ihre Mutter schrie nach Joan. »Joan, wo bist du? Ich habe Schmerzen, Joan –«

Joan mußte jetzt immer bei ihr sein – bis zum Ende. Dr. Crabbe sagte: »Kinder, ihr müßt jetzt eine Krankenschwester haben. Das soll kein schlechtes Licht auf euch werfen. Aber es müssen jetzt andere Spritzen gegeben werden, und dazu bedarf es einer geschulten Kraft.«

Und so kam eine Krankenschwester ins Haus. Ihre Mutter war jetzt selten wach. Aber wie tief sie auch schlafen mochte, sie erwachte sofort, wenn der Vater hereinkam, und rief, von Unruhe gequält, mit ihrer heiseren, trockenen, lauten Stimme: »Wer ist da? Geh weg –«

»Ich bin's, Mary – Paul«, sagte er schüchtern. Alle konnten sie ihren Anblick ertragen, nur er nicht. Wenn er diese aufgedunsene, entstellte Gestalt ansah, brach ihm der Schweiß auf der weißen Stirn aus. Einmal zwang er sich dazu, ihre geschwollene Hand zu ergreifen. Da schrie sie laut auf, und er ließ sie wieder fallen. »Geh weg, Paul«, murmelte sie und schlug plötzlich die Augen auf. Betroffen ging er hinaus. Warum verabscheute sie ihn nur? Er war doch immer gut zu ihr gewesen, auch jetzt noch. Dann hielt er Zwiesprache mit Gott und vergab ihr.

»Mein Gott!« sagte die Krankenschwester und grinste Joan an.

»Die Liebe war aber nicht allzu groß zwischen diesen beiden, das kann man sehen!«

Joan würdigte sie keiner Antwort.

Keiner von ihnen mochte das Wort »Tod« aussprechen, obwohl der Tod im Hause war.

»Ich muß 'raus«, sagte Francis verzweifelt zu Joan. »Ich kann's einfach nicht mehr aushalten – dieses schreckliche Warten!«

Sie packte ihn am Arm und schüttelte ihn. »Du kannst aushalten, was wir alle aushalten müssen!« rief sie wütend. »Ich bin so zerschlagen, daß ich mich nicht hinsetzen kann, ohne einzuschlafen. Aber ich muß weitermachen – und du ebenfalls!«

Er stürzte an ihr vorbei und rannte aus dem Haus, die Tür hinter sich zuschlagend.

Joan war so müde, daß sie manchmal sogar Rose unwirsch behandelte, die willige, ernste Rose, deren hübsche weiße Hände so seltsam ungeschickt waren. Die sanften nußbraunen Augen weiteten sich dann ein wenig, aber sie sagte nichts. Nach einer Weile schlüpfte sie dann auf ihr Zimmer, um zu beten. Das wußte Joan, denn einmal war sie ihr reumütig gefolgt und hatte leise die Tür geöffnet. Und da kniete Rose am Bett, leise murmelnd, mit geschlossenen Augen. Joan hatte die Tür sofort wieder zugemacht. Rose brauchte ihre Reue nicht, sie hatte ihren Tröster.

»Sie meint es gut«, sagte die stupsnasige, muntere Krankenschwester. »Aber wie so manche wohlmeinende Leute hat sie zwei linke Hände.«

Am Ende war diese stämmige, etwas derbe Frau die einzige, auf die Joan sich etwas stützen konnte. Die Schwester gab ihr einen Klaps auf die Schulter: »Wenn Sie sich nicht entspannen, sind Sie meine nächste Patientin! Kopf hoch! Ins Unabänderliche muß man sich fügen.«

Diese heitere Fremde übte auf alle einen guten Einfluß aus. Gutmütig und geschickt verwehrte sie dem Vater den Zutritt, wenn sein Besuch nicht erwünscht war. Während die Mutter schlief, gab sie Joan im Flüsterton manch guten Ratschlag. »Wenn alles vorüber ist, würde ich an Ihrer Stelle den jungen Frank irgendwohin schicken, wo er sich mal einen anderen Wind um die Nase wehen lassen kann. Dies alles hat ihn sehr mitgenommen. Rose ist anders als er. Nichts kann sie aus der Fassung bringen, Ihren Vater auch nicht. Sie sind alle beide zu sehr mit sich selber beschäftigt. Ich verstehe es nicht ganz, aber ich habe schon häufiger beobachtet, daß die Religion die Menschen sehr egoistisch macht. Sie haben keine tiefen Gefühle, wenn sie in der Religion aufgehen. Verschaffen Sie dem Jungen etwas Abwechslung und machen Sie sich keine Sorgen um die beiden anderen. Denken Sie lieber etwas an sich selbst. Haben Sie keinen jungen Mann, der Sie ein wenig ablenken kann? Middlehope ist ein furchtbares Kaff. Können Sie nicht fort? An einen Ort, wo Ihnen etwas mehr geboten wird?«

Fort? Joan hatte ganz vergessen, daß es noch andere Orte in der Welt gab. Doch sie schüttelte den Kopf. »Ich weiß nicht recht – ich werde wohl für meinen Vater und die anderen sorgen müssen.«

Auf dieses Leben mußte sie ihren Blick richten und den Tod der Mutter tapfer ertragen.

Aber als das Ende kam, war sie nicht tapfer. Auch Francis nicht. Tapfer waren nur Rose und ihr Vater. Die Schwester hatte sie alle nach unten geschickt. »Es kann nun nicht mehr lange dauern. Ich rufe Sie, wenn es soweit ist.«

Doch sie konnten nicht lange beieinander bleiben. Das Warten wurde unerträglich. Der Vater schloß sich in sein Studierzimmer ein. Francis saß zusammengekauert in einem tiefen Sessel, den er sich ans Fenster gerückt hatte. Rose saß am Pult ihrer Mutter und schrieb in ihrem kleinen Tagebuch. Doch Joan ging hinaus in den Garten, der so viele Erinnerungen an ihre Mutter barg.

Als die Pflegerin rief, rannte Joan aufs Haus zu. Doch eine Stimme in ihrem angsterfüllten Herzen hielt sie zurück: »Nein – nein – ich möchte es nicht sehen –« Drinnen hörte sie, wie Rose zu Francis sagte: »Willst du nicht mit uns kommen, Francis?« Und Francis antwortete mit tränenerstickter Stimme: »Ich kann nicht dabei sein – Himmel – ich kann es nicht –« und brach in heftiges Schluchzen aus.

Joan eilte weiter. Oben an der Tür stieß sie mit ihrem Vater und Rose zusammen. Sie gingen an ihr vorbei und betraten gemeinsam das Sterbezimmer. Noch einen Augenblick wollte sie warten und ihnen dann folgen. Erschöpft lehnte sie am Türrahmen. Das Herz klopfte ihr zum Zerspringen. Es wurde ihr ganz dunkel vor den Augen.

Dann Roses Stimme: »Nun ist sie von uns geschieden – o Joan, warum bist du nicht hereingekommen?« Joan wandte sich um. Sie sah Tränen in Roses Augen und hörte den Vorwurf in ihrer Stimme. Doch Joan weinte nicht – jetzt nicht. Sie spürte nur unendliche Erleichterung. Jetzt brauchte sie nicht hineinzugehen – der Augenblick war vorbei, unwiderruflich vorbei. Rose fragte abermals: »Warum bist du nicht gekommen?« Sie tupfte sich sanft die Tränen ab. »Sie ist gar nicht mehr aufgewacht – hat bis zur letzten Sekunde geschlafen. Sie hat noch einmal gelächelt und geseufzt, und dann war es zu Ende. Joan, du hättest dieses Lächeln sehen sollen.«

»Ich bin froh, daß ich es nicht gesehen habe«, entgegnete Joan heftig und stürmte auf ihr Zimmer. Dort warf sie sich aufs Bett und murmelte immer wieder in ihre Kissen hinein: »Ich will sie nicht tot sehen – ich will sie nicht tot sehen!«

Doch es blieb ihr nicht erspart. Sie ließen es nicht zu, diese Frauen aus dem Dorf, die sich jetzt ins Haus drängten – freundlich, gütig, hilfsbereit, neugierig. Mrs. Winter in ihrem raschelnden schwarzen Taftkleid schob sie alle ins Wohnzimmer. »Sie brauchen sich um nichts zu kümmern. Wir werden alles besorgen.« Hinter ihr stand Mr. Blum, der Leichenbestatter.

So saßen sie wieder zusammen im Wohnzimmer. Es war kein anderer Raum für sie da. Selbst im Studierzimmer hatte man die Mäntel und Hüte der Frauen aufgestapelt. Blumen und Kränze wurden ins Haus getragen – und dann plötzlich der lange schwarze Sarg. Francis, der am Fenster stand, drehte sich um und rannte durch die Küche ins Freie, die Straße hinunter. Rose saß am Schreibtisch, vor sich ihr kleines Tagebuch. Still vor sich hin weinend, trug sie das Sterben ihrer Mutter ein. Dann löschte sie das Geschriebene sorgfältig und wandte sich an Joan. »Ich wollte, du hättest ihr letztes Lächeln sehen können –« Die Nachmittagssonne schien auf das welke Gesicht des Vaters, der in seinem Ledersessel saß, und ließ es alt und bleich erscheinen. Joan kauerte auf einem kleinen Schemel vor dem Holzfeuer, das Hannah angezündet hatte, und wärmte sich die Hände. Ihr war kalt. Oben wuschen sie die Mutter, die sie so lange gepflegt hatte. Fremde erwiesen ihr die letzten Dienste . . .

Dann stand Mrs. Winter in der Tür. »Kommt, liebe Kinder, seht sie euch noch einmal an. Sie sieht so friedlich aus. Ist Francis nicht hier? O wie schade, dann kommt er zu spät. In dieser letzten Stunde hätte er doch wirklich bei der Familie bleiben sollen!«

Sie drängte sie alle die Treppe hinauf: Rose, Joan und den Vater. Der Vater stolperte. Aber Mrs. Winter fing ihn auf und geleitete ihn mit fester Hand. »Herr Pastor, Sie sind natürlich aufs tiefste erschüttert, das kann man verstehen. Aber der Herr gibt es, und der Herr nimmt es. Joan, wir haben ihr das orchideenfarbene Bettjäckchen angezogen – es war nicht so einfach – aber das weiße Haar ist so schön und immer noch so lockig – und Mr. Blum hat ihr eine Spur Rot aufgelegt.«

»Oh, ich kann es einfach nicht«, stöhnte Joan.

»Aber Herzchen, sie sieht doch so lieblich aus – bedenke, deine eigene Mutter – du würdest es ewig bereuen –« Mit diesen Worten wurde Joan einfach ins Zimmer geschoben, das mit fremden Menschen angefüllt und ihr nicht mehr vertraut war. Mr. Blum stand da und trocknete sich die Hände mit einem steifleinenen Handtuch. »Eine Frage«, flüsterte er heiser, »richte ich immer an die Angehörigen: sollen wir den Trauring abnehmen?«

Unwillkürlich wanderten Joans Augen zur Mutter hin, und sie sah voller Grauen eine große, steife, angezogene Puppe in dem dunklen Sarg. Die kräftigen, wohlgeformten Hände lagen auf der Brust, und der Ring glänzte an ihrem Finger. In den letzten Tagen hätte man den Ring nicht entfernen können, selbst wenn man es gewollt hätte. Aber jetzt waren die häßlichen Schwellungen seltsamerweise verschwunden. Ihre Mutter sah wieder so aus wie sonst, aber leblos, die Hände gefaltet, wie nur die Hände der Toten gefaltet sind.

»Laßt sie in Ruhe!« stieß Joan hervor, und zu ihrem eigenen Entsetzen brach sie vor all diesen Fremden in lautes, kindliches Schluchzen aus.

Ehe man den Sarg in die Kirche trug, erschienen Mitglieder des Frauenvereins bei Joan und fragten, ob sie den weihnachtlichen Schmuck – all die Stechpalmen, die Tannenkränze und den silbernen Stern – aus der Kirche entfernen sollten. »Wir möchten nicht unehrerbietig erscheinen«, versicherten sie ihr mit ernster Miene, »aber es ist so schwer, alles abzunehmen und wieder aufzuhängen.«

»Oh, lassen Sie alles, wie es ist«, bat Joan. »Erinnern Sie sich nicht, wie sehr meine Mutter die geschmückte Kirche liebte, vor allem den Stern, den sie immer selbst aufhängte?«

Also stellten sie die Mutter unter den großen silbernen Stern, der über dem Chor leuchtete.

Am Tage der Beerdigung erschien es den Kindern merkwürdig, daß der Vater mit ihnen auf der Bank saß statt der Mutter, während der kleine, korpulente Methodistenpfarrer auf der Kanzel stand und die Tote pries – »Eine gute, treue Gattin ... ein Vorbild für die Gemeinde ...« Dem Vater war es peinlich, diese öffentlichen Lobreden über seine Frau zu hören. Er verschloß sich vor der Stimme.

Mary – seine Gedanken waren angefüllt mit Bildern: Mary, wie sie auf flinken Füßen durchs Haus lief; Mary, wie sie bei Tisch für alle sorgte; Mary – aber an ihr Gescht konnte er sich nicht so gut erinnern; er hatte kein Gedächtnis für Gesichter. Ihre Augen waren braun, das wußte er. Wenn sie nämlich abends allein waren und sie zuerst im Bett lag, ruhten ihre dunklen Augen so merkwürdig auf ihm – ein Blick, der ihm stets Unbehagen verursachte. Warum, das vermochte er nicht zu sagen. Sie war immer so sonderbar, wenn sie allein waren. Er wollte gern das Licht gelöscht wissen, weil sie ihm weniger seltsam schien, wenn er sie nicht sehen konnte. Ihr warmer, naher Körper war ihm vertraut. Doch sobald die Kerze brannte und er die geheimnisvollen dunklen Augen sah, verwandelte sie sich wieder in eine Fremde. Wegen der nächtlichen Kerzenbeleuchtung hatten sie manche Auseinandersetzung. »Laß mich doch die Kerze anzünden, Paul«, pflegte sie zu sagen. »Die Dunkelheit bedrückt mich so.«

Aber er antwortete nicht, sondern nahm sie in die Arme und befriedigte hastig sein Verlangen. Es war jedoch nicht nur ihr seltsamer Blick, der ihm unbehaglich war, nein, bei Licht schämte er sich auch seines Vorhabens. Tagsüber, wenn er im Studierzimmer an seiner Predigt arbeitete und die Bibel aufgeschlagen vor ihm lag, haderte er mit sich selbst. Warum sollte er sich eigentlich schämen, wo sie doch seine rechtmäßig angetraute Frau war? Warum hatte er dieses Bedürfnis, sich unter dem Mantel der Dunkelheit zu verbergen? Doch wenn sie ihren Willen durchsetzte — und manchmal geschah es —, dann erlosch jegliches Begehren in ihm; er fühlte sich hilflos und gekränkt. Aber er konnte nicht mit ihr darüber sprechen, denn es erschien ihm anstößig, solche Dinge beim Namen zu nennen ...

»Und so läßt der Herr diejenigen, die er liebhat, in die ewige Ruhe eingehen«, ertönte die salbungsvolle Stimme von der Kanzel.

Aber ihre Mutter verlangte gar nicht nach ewiger Ruhe, rebellierte eine innere Stimme in Joan. Sie wollte sich bewegen, leben, sie wollte arbeiten und lachen. Doch Gott hatte ihr nur ewigen Schlaf gegeben. Ein jäher Zorn stieg in Joan auf, Zorn gegen Gott. Gott erwachte für sie plötzlich zum Leben: er war eine entschlossene, unerbittliche, gewaltige Macht, der sie alle wehrlos ausgesetzt waren. Ihre Augen füllten sich mit Tränen der Wut. Ihr Vater, Rose und Francis — alle waren sie einsam und verlassen. Gott hatte sie beraubt. Ihr Vater war sehr bleich. Er hörte gar nicht auf den Prediger, sondern las einen Psalm im Gesangbuch. Die hübsche Rose, ihre kleine Schwester, saß still und ergeben mit gefalteten Händen da, hin und wieder die trockenen Lippen mit der Zunge netzend. Und Francis war der Liebling ihrer Mutter gewesen. Nun mußte sie die volle Verantwortung für ihn übernehmen. Um nicht zu weinen, hatte er das Gesicht in Falten gezogen. Er war der einzige von ihnen, der unentwegt auf den Sarg unter dem Weihnachtsstern starrte.

... Nun war sie doch gestorben, seine Mutter. Nun brauchte er es ihr niemals zu sagen. Nie würde der Augenblick kommen, wo er vor sie hintreten mußte mit dem Gefühl, daß sie um sein Geheimnis wisse. Denn nichts, was ihn anging, blieb ihr lange verborgen. Er war ihr hilflos ausgeliefert. Er liebte und haßte sie zugleich, weil sie so eng miteinander verbunden waren.

Jetzt, wo sie nicht mehr unter ihnen weilte, war auch er halb tot. Er wollte sie zurückhaben, wieder ihre Nähe spüren. Im Grunde genommen lebte er nur durch sie. Sobald dieser blöde Pfaffe ausgeredet hatte, würde er Fanny aufsuchen.

Nein, am Begräbnistag seiner Mutter konnte er unmöglich zu Fanny gehen. Es war schlimm genug, daß er zu ihr gelaufen war, als seine Mutter im Sterben lag. Aber Fanny war die einzige, bei der er vergessen konnte. Bei ihr konnte er sich ausweinen, ohne sich zu schämen. Als er den Kopf auf ihre Brust gelegt hatte mit dem Aufschrei: »Fanny, sie muß sterben!« hatte sie ihn in ihren Armen gewiegt und sanft zu ihm gesagt: »Weine dich nur ruhig aus, mein

Süßer, das ist keine Schande.« Er begann zu zittern, weil er die Tränen kaum noch zurückhalten konnte.

Joan sah, wie sich seine Hände verkrampften, und legte ihm beruhigend die Hand auf den Arm. Sie mußte jetzt für die Familie sorgen. Sie mußte sie lieben und trösten und gegen alles schützen, selbst gegen Gott.

Die Leute standen auf, und sie erhob sich mit ihnen. Die Orgel spielte leise: »Es ist bestimmt in Gottes Rat.« Es bedeutete ihr nichts mehr, daß Martin spielte. Sie war fest entschlossen, das Leben und das Werk ihrer Mutter fortzusetzen.

Die Leute boten ihr mit aufrichtigen Beileidsworten ihre Hilfe an. Sie spürte Mr. Billings' erregten Atem an ihrer Wange, als er ihr laut ins Ohr flüsterte: »Ihre Mutter war eine richtige Dame – hat nie gefeilscht – entweder gekauft oder liegengelassen – und nicht gemeckert wie so manche, die ich kenne. Ich werde Ihnen auch weiterhin den Sonntagsbraten schicken – diesmal ein schönes Stück vom Lamm.« Die Tränen traten ihm in die kleinen schwarzen Augen und rollten über die Wangen hinab. Joans Herz schlug ihm entgegen. »Oh, ich *danke* Ihnen«, rief sie, »besonders für die guten Worte über meine Mutter.« Zum erstenmal fühlte sie sich ein wenig getröstet.

Da Joan gewohnt war, häufig in der Nacht aufzustehen, empfand sie es zunächst merkwürdig, daß sie wieder ruhig in ihrem eigenen Bett liegen durfte – so merkwürdig, daß sie erst gar nicht einschlafen konnte. Nach kurzem, unruhigem Schlaf erwachte sie wieder. Sie hörte nebenan – im Zimmer ihrer Mutter – jemanden husten. Es war ihr Vater, der gleich wieder sein altes Bett aufgesucht hatte. Aber jetzt lag er allein. Mitleid regte sich in Joan.

Es war sehr kalt geworden in der Nacht, und sie fror. Sie kuschelte sich in ihr Bett und kam sich plötzlich recht verlassen vor. Das Mitleid, das sie für ihren Vater empfunden hatte, verwandelte sich in Selbstbemitleidung, und sie weinte und weinte, bis sie endlich wieder einschlief.

Am Morgen erwachte sie mit dem Gefühl, daß sie sich nun richtig ausgeweint hatte. Sie zog sich rasch an und ging nach unten, wo sie ein paar ermunternde Worte mit Hannah sprach, die mit geröteten Augen und ungekämmtem Haar umherschlich.

»Wir wollen versuchen, das Haus heute morgen etwas freundlich herzurichten, Hannah«, sagte Joan in aller Ruhe. »Das wäre im Sinne meiner Mutter.«

Sie legte ein neues Tischtuch auf und stellte einen Strauß roter Rosen auf den Tisch, die Miß Kinney gebracht und Mr. Blum nicht genommen hatte, weil er nur weiße Blumen verwenden wollte. Sie leuchteten in der Sonne, die heiter ins Zimmer schien. Selbst Hannah trocknete sich die Tränen mit ihrer Schürze ab und fragte: »Soll ich die Sachen Ihrer Mutter für Sie aussortieren?«

Ach ja, dachte Joan, diese traurige Aufgabe stand ihnen auch noch bevor. Aber nein, niemand anders sollte die Sachen ihrer Mutter anrühren. »Nein, Hannah«, erwiderte sie, »das müssen Rose und ich selbst besorgen.«

Dann erschien einer nach dem andern am Frühstückstisch: Rose, Francis und ihr Vater, der sorgfältig gekleidet war, denn es war sein Tag für Gemeindebesuche, und er dachte nicht daran, seine Pflichten zu vernachlässigen. Joan nahm den Platz ihrer Mutter ein und betreute sie alle, wie die Mutter es getan hatte.

Am nächsten Morgen machte sie sich mit Rose daran, die Schubladen und Schränke ihrer Mutter auszuräumen. Sie hatte nicht viel besessen – ein paar Alltagskleider, ein braunes Kostüm, ein besseres Kleid aus weinfarbener Seide, einen schwarzen, abgetragenen Wintermantel, den selbstgefertigten braunen Samthut. Und da waren die Handschuhe, die noch die Form ihrer Hände zeigten, und die vielfach ausgebesserten Schuhe!

Mr. Pegler, der alte Schuster, hatte ihre Schuhe geflickt, ohne einen Pfennig dafür zu nehmen. »Wohlgemerkt, nicht, weil Sie die Frau des Pfarrers sind. Ich tue es aus freien Stücken.« Und ihre Mutter, zu stolz, seine Dienste so hinzunehmen, hatte ihm hin und wieder einen Kuchen gebracht, denn seine Frau war schon lange tot, und er kochte für sich selbst. Ganz besonders liebte er ihre Schokoladenkuchen. »Ich kann alles kochen, nur nicht backen. Das liegt den Frauen besser.«

Beim Anblick all dieser Sachen fragte sie Rose mit leiser Stimme: »Was sollen wir nur damit machen? Am besten wäre es vielleicht gewesen, wenn wir sie mit ihr begraben hätten.«

Rose, die vor einer Schublade kniete, blickte auf. »Wir könnten sie ja der Mission in South End schenken«, schlug sie in ihrer vernünftigen, praktischen Art vor. »Dort könnte man sie gut gebrauchen.«

»Nein«, erwiderte Joan schroff, »der Gedanke, daß dieses Gesindel in ihren Sachen herumläuft, wäre mir unerträglich. Wir wollen sie einstweilen in die alte Truhe packen, die in der Mansarde steht.«

Sie nahm einen Armvoll und stieg damit traurig die Bodentreppe hinauf. Die Kleider strömten den Duft ihrer Mutter aus – kein Parfüm, denn ihre Mutter hatte nie Parfüm benutzt. Es war der frische Duft, der einst von ihrem gesunden Körper ausging und den sie als Kind schon so geliebt hatte, wenn sie auf ihrem Schoß saß.

Sie vergaß den Verwesungsgeruch des Krankenbettes und sah das jugendfrische Gesicht ihrer Mutter vor sich: die glatte weiße Stirn, die klaren, weit auseinanderstehenden dunklen Augen, die rötlich-braunen Wangen ...

Von dieser Vorstellung erfüllt, öffnete sie lächelnd die Mansardentür, und sie sah mit Staunen, daß die Truhe offen war und alle Babysachen in wirrem Durcheinander lagen. Dann fiel ihr ein, daß ihre Mutter ja ihren kleinen Geldvorrat hier aufbewahrt und ihr Vater ihn genommen hatte. Aber dieser Vorfall bedeutete ihr nichts mehr. Damit hatte sie sich abgefunden. Sie war nur froh, daß ihre Mutter nichts vom Schicksal ihres kleinen Hortes erfahren, daß sie geschlafen und nicht die eiligen Schritte ihres Mannes auf der Treppe gehört hatte. Joan legte die Kleider auf einen Stuhl und hob den Einsatz aus der Truhe. Als sie die Babysachen zu ordnen begann, fiel ihr ein Umschlag entgegen, der ihren Namen in der Handschrift ihrer Mutter trug: Joan Richards. Mit klopfendem Herzen riß sie ihn auf, und es war, als hörte sie die Stimme ihrer Mutter.

Liebe Joan — mein Kind,

diese Zeilen richte ich an Dich, weil Du die Älteste bist. Ich habe mir große Sorgen darüber gemacht, daß ich meinen Kindern nichts hinterlassen kann. Es ist so schwer, mit völlig leeren Händen ins Leben zu treten. Deshalb habe ich vor einigen Jahren begonnen, immer ein wenig vom Haushaltsgeld beiseite zu legen. Man kann stets Mittel und Wege finden, sich einzuschränken, wenn man ein gewisses Ziel vor Augen hat, und es hat mir viel Freude gemacht. Heute hast du nun Dein Studium beendet, und ich würde Dir sehr gerne mit einem Teil dieses Geldes — es sind jetzt fast hundert Dollar — ein hübsches Geschenk kaufen ... vielleicht eine goldene Damenuhr, wie ich sie mir immer wünschte. Aber ich habe das Gefühl, daß ich nicht sehr lange leben werde, denn mir geht es oft nicht gut. Und alles, was ich für meine geliebten Kinder habe, ist dieses kleine Häufchen Geld. Ich übergebe es Dir, Joan, damit Du es nach Deinem Ermessen für Dich selbst, für Rose und für Francis verwenden kannst. Auf Dich kann ich mich verlassen. Du bist stets ein liebes, ehrliches Kind gewesen. Ich werde Deinem Vater sagen, daß diese Summe für Dich bestimmt ist

Mutter

So sprach die Mutter zu ihr. Aber es war zu spät. Joan faltete den Brief zusammen und steckte ihn in ihren Ausschnitt. Rose kam mit einer neuen Ladung herauf. »Das ist der Rest«, sagte sie. »Sollen wir die Sachen unten in die Truhe legen?«

»Ja«, erwiderte Joan. »Falte sie schön zusammen und tue sie hinein.«

Sie nahm sich vor, weder Rose noch Frank etwas von dem Brief zu sagen. Frank würde vielleicht seinen Vater hassen — aber sie durften sich nicht gegenseitig hassen. Sie hatte Verständnis für den

Vater und würde schon einen Weg finden, um den anderen zu helfen, wenn es erforderlich war.

Als alle Sachen verstaut waren, schloß sie die Truhe und drehte den Schlüssel um. Ihre Babyzeit, ihre Kindheit, das Leben ihrer Mutter – alles lag nun abgeschlossen hinter ihnen. Flüchtig kam ihr der Gedanke, daß die Truhe nichts von ihrem Vater enthielt. Er war nur gekommen, hatte alles, was er brauchte, herausgenommen und nichts zurückgelassen.

Zweites Buch

Tag für Tag bemühte sich Joan nun, den Platz ihrer Mutter auszufüllen. Ohne sich dessen bewußt zu sein, verfiel sie allmählich sogar in deren Ausdrucksweise. Das Haus betrachtete sie jetzt nur mit den Augen der Mutter, und es kam ihr nicht in den Sinn, die Bilder, die sie einst so verachtet hatte, von der Wand zu nehmen. Familie und Haus machte sie sich nach und nach ganz zu eigen. Ängstlich auf das Wohl aller bedacht, wachte sie über jeden einzelnen. Sie führte überhaupt kein Eigenleben.

Ihr Vater gab ihr jede Woche die kleine Summe, die er ihrer Mutter ausgehändigt hatte, und daraus bestritt sie mit knapper Not die Kosten für Essen und Kleidung. Eines Abends, als sie wach in ihrem Bett lag, begann sie Pläne zu schmieden. Warum sollte sie es nicht so machen wie ihre Mutter? Auch sie konnte sparen. Bald stand ihr Entschluß fest: Pfennig für Pfennig wollte sie den kleinen Hort wieder zusammentragen, den ihre Mutter ihnen zugedacht hatte! Das war sie ihrer Mutter schuldig.

Am nächsten Tag holte sie die Schachtel aus Sandelholz hervor, in der die Mutter ihre Taschentücher aufzubewahren pflegte, legte ihren Brief hinein und obendrauf ein 25-Cent-Stück, das sie vom Haushaltsgeld nahm und in der nächsten Woche einsparen wollte.

Und so begann Joan an allen Ecken und Kanten zu sparen und legte jede Woche eine Kleinigkeit in das Kästlein, das sie oben in der alten Truhe verwahrte. Ihr Vater würde hier bestimmt nicht mehr nach neuen Schätzen suchen, da er glaubte, alles an sich genommen zu haben. Der Gedanke an diesen kleinen, ständig wachsenden Hort war für sie eine große Beruhigung.

Es war jedoch nicht so einfach, wie Joan es sich vorgestellt hatte, ihre Mutter zu ersetzen. Ihr fehlten Reife und Erfahrung. Sie war viel zu ungestüm in ihrem Bestreben, die Familie zu betreuen, und neigte dazu, mehr für die anderen zu tun, als ihnen lieb war. Sie räumte Francis Schubladen auf, und er brummte sie verärgert an: »Wenn du doch bloß meine Sachen in Ruhe lassen wolltest! Ich kann nichts wiederfinden.« Sie war über alle Maßen gekränkt. Wenn seine Mutter bei ihm Ordnung machte, hatte er doch nie Einspruch erhoben.

Und dann Rose mit ihrem merkwürdigen, sanften Eigensinn! Gegen Ende der langen Weihnachtsferien erklärte Joan energisch: »Rose, wir müssen jetzt allmählich an deine Abreise denken und mal überlegen, was du an neuen Sachen brauchst.« Befriedigt dachte sie an das Sandelholzkästchen.

»Ich gehe nicht wieder zur Universität, Joan.«

Sie waren allein und gerade damit beschäftigt, Francis' Bett zu machen. Joan hielt erstaunt inne. »Wie, du willst nicht weiterstudieren?« fragte sie verblüfft und sah Rose ungläubig an.

Doch Rose blickte gar nicht auf, sondern schlug mit gelassener Miene das Laken auf ihrer Seite sorgfältig ein.

»Nein«, erwidert sie seelenruhig. »Ich habe andere Pläne.«

»Davon hast du mir ja noch gar nichts gesagt, Rose«, versetzte Joan gekränkt und ein wenig vorwurfsvoll.

»Rob Winters und ich wollen im Juni heiraten«, sagte Rose in sanftem, aber entschiedenem Ton. »Dann ist er mit dem Studium fertig. Wir gehen als Missionare hinaus — er ist für den Dienst in China angenommen worden.«

Joan erstarrte. »Du hast nie davon gesprochen«, erklärte sie feindselig.

Rose richtete sich auf. Ihre Augen strahlten unschuldig. »Ich bin eben erst berufen worden, Joan. Erst gestern hörte ich Gottes Stimme: ›Gehet hin in alle Welt!‹ Ich saß gerade allein in meinem Zimmer und nähte. Dabei dachte ich an Rob und vernahm diese Worte. Da wußte ich, daß ich mit Rob hinausziehen sollte.«

»Aber heiratest du ihn etwa nur, um eine Missionarin zu sein? Du bist ja noch ein Kind — du weißt nicht —«

»Im September werde ich zwanzig«, bemerkte Rose. »Außerdem drückst du dich etwas merkwürdig aus. Du hast nie verstanden, wie ich über mein Leben denke. Ich möchte Gott gehorchen — möchte Seelen retten —« Nach einer kleinen Pause wiederholte sie leise: »›Geht hin in alle Welt.‹«

»Wünschst du dir wirklich, Rob zu heiraten, Rose?« fragte Joan. Sie dachte an Rob — groß, dünn, asketisch, mit brennenden Augen in seinem starren, bleichen jungen Gesicht.

»Ich richte mich nach Gottes Wünschen«, erwiderte Rose, und eine leichte Röte überflog ihre blassen Wangen.

Es war so schwer, mit Joan zu reden. Joan wollte immer etwas aus ihr herausholen, was sie niemandem erzählte, wollte Gefühle erforschen, die man nicht in Worte fassen konnte. Sie, Rose, konnte nicht mit Joan über dieses warme, köstliche Verlangen nach Hingabe sprechen. Sie wollte sich aufopfern. Sie hatte sich Jesus hingegeben und fühlte sich eins mit ihm. Mit Rob hatte sie darüber gesprochen. Rob verstand sie. Er hatte sie hinterher mit solcher Verehrung angesehen, daß sie am liebsten geweint hätte. »Du bist eine Heilige, Rose«, flüsterte er. »Ich wußte ja nicht, daß es ein Mädchen wie dich gibt, so rein, so ... so abgeklärt.« Als er ihre Hand ergriff, hatte sie wieder das vertraute, wunderbare Gefühl durchströmt, und sie wußte, daß es angemessen für sie war, ihn zu lieben. Sie hatten ihre Liebe so schön und unbefleckt erhalten. Als er sie zum erstenmal küßte, hatte sie zu ihm gesagt: »Unsere Liebe soll immer schön und rein bleiben.« Wenn er sie so keusch in den Armen hielt, konnte sie auch an Jesus denken bei der geheimnisvollen Wärme, die sie in sich spürte. Das gab ihr die Gewißheit, daß sie richtig handelte, wenn sie Rob heiratete.

Joan sagte barsch: »Das verstehe ich nicht — sehe nicht ein, was das mit Rob zu tun hat.«

Schweigend wandten sie sich wieder ihrer Arbeit zu. Doch Joan war innerlich aufgewühlt. Staunen und Unbehagen erfüllten sie. Warum dieses Unbehagen? Kam es daher, weil sie Rose vermissen würde? Nein — seltsamerweise hatte es nichts mit Rose zu tun. Martin war die Ursache. Plötzlich sah sie wieder Martins Gesicht vor sich, dachte an seine Küsse. Aber Martin und Heirat waren unvereinbar. Also begrub sie diese kurze Erinnerung wieder.

Die Familie gewöhnte sich allmählich an den Gedanken, daß Rose heiraten und nach China gehen würde. Der Vater nahm die Nachricht mit unerwarteter Freude auf. Abends, als sie um den Kamin herum saßen, erzählte er ihnen etwas, was sie nie gewußt hatten. »Als junger Mann«, begann er scheu, »hatte ich auch einmal die Absicht, in einem fremden Land zu wirken. Ich wurde dazu berufen, als ich ein Jahr verheiratet war und du, Joan, noch ein Säugling warst. Ich erinnere mich noch gut daran. Dr. Peter Davidson aus China sprach an jenem Sonntag abend von meiner Kanzel. Die Kirche war halb leer. Schon damals hatten die Leute kein Interesse daran, die Seelen der Heiden zu retten. Während ich mir ernste Gedanken darüber machte, erreichte mich Gottes Stimme durch den Prediger. Er beugte sich über die Kanzel — ich sehe ihn noch: ein großer, dünner, von der Sonne fast schwarzgebrannter Mann —, deutete mit dem Finger auf mich und sagte: ›Warum nicht auch du?‹ Und ich wußte, daß Gott zu mir gesprochen hatte. Ich kam nach Hause und sagte es eurer Mutter.« Bei diesen Worten sah sein Gesicht plötzlich alt und verwelkt aus. Mit gedämpfter Stimme setzte er hinzu: »Sie wollte nicht mitkommen und erklärte, sie habe keinen Ruf erhalten. Mein ganzes Leben lang habe ich es bedauert.«

Noch nie hatte er den Kindern soviel von sich erzählt, und sie wußten nicht recht, was sie darauf erwidern sollten. Francis blickte von seinem Buch auf. »Ich gehe zu Bett«, bemerkte er schroff und schlug die Tür hinter sich zu. Die anderen achteten nicht auf ihn. Joan saß am Nähtisch ihrer Mutter und besserte einen Haufen Wäsche aus, und Rose träumte am Kamin vor sich hin. Aber Joan fühlte sich verpflichtet, ihre Mutter zu verteidigen. »Sie hat wohl dabei an mich gedacht«, begann sie. Doch ihr Vater starrte nur in das glühende Feuer.

»In all diesen Jahren bin ich nachts wach geworden vom Stöhnen der Menschen jenseits des Meeres, deren Seelen ich nicht gerettet habe. Ich habe sie rufen hören.«

Joan blickte ihn über ihren Wäscheberg hinweg an. Solche Gedanken bewegten ihn also, wenn er einsam mit gefalteten Händen auf seinem Bett lag. Deshalb hatte er in all diesen Jahren nie gehört, was die anderen miteinander sprachen. Er hatte, wenn er den Kopf hob und den Blick in die Ferne richtete, immer auf Geisterstimmen gelauscht.

Es war Joan, als wäre Rose schon abgefahren. Obwohl sie noch im Haus umherging, obwohl ihre hübschen, ungeschickten Hände hier und da etwas halfen, war sie nicht mehr unter ihnen. Sie hatte sich in sich selbst zurückgezogen und lebte in ihren Gedanken nur noch in der Zukunft – ein Leben, das Joan sich nicht vorstellen konnte, so fern von Middlehope und all ihren Bekannten.

Gemeinsam überlegten sie, was Rose für ihre Hochzeit benötigte. »Sicherlich ein weißseidenes Hochzeitskleid«, meinte Joan. Doch Rose schüttelte den Kopf. »Was soll ich nachher wohl mit einem weißen Seidenkleid anfangen? Nein, Braun ist praktischer – ein braunes Kreppkleid –«

Joan ließ ihr also ihren Willen, obwohl eine Trauung ohne Weiß für sie undenkbar war.

»Ein dünnes dunkles Kleid für die Reise«, sagte Rose, »und ein paar Voilekleider für die Hitze –«

In Mr. Winters' Laden wählten sie zusammen einen schlichten, gestreiften Voile und den dunkelbraunen Seidenkrepp. Mr. Winters bediente sie in seiner umständlichen Art. »Ich hätte hier ein paar hübsche Neuigkeiten«, meinte er und riß einen Karton nach dem anderen auf. »Modeschmuck nennt man's. Sieht fast wie echt aus.«

»Nein, danke, Mr. Winters«, wehrte Rose ab. Sie redete Robs Eltern nicht mit »Mutter« und »Vater« an. Für die beiden empfand sie auch nicht mehr als für ihre übrige Umgebung.

Sie schnitten die Stoffe zu und stichelten sie zusammen. Joan hatte das Gefühl, als nähten sie unter einem grauen Himmel. Ihre Mutter hätte diese langweiligen Farben auch gehaßt. »Wo ist eigentlich das geblümte Batistkleid, das Mutter für dich geschneidert hatte?« fragte sie unvermittelt.

»Das habe ich noch«, erwiderte Rose. »Ich habe es aber nicht viel getragen. Es ist kein praktisches Kleid«, setzte sie nach einer Weile hinzu.

Joan gab keine Antwort darauf. Alles in ihr empörte sich gegen diese Hochzeit, gegen das Leben, das Rob gewählt hatte. Vor Zorn hatte sie ganz steife Hände. Plötzlich stand sie auf, und Stoff, Garn und Schere fielen zu Boden.

»Mir ist gerade eingefallen, daß ich etwas vergessen habe«, sagte sie abrupt, als Rose gelassen zu ihr aufsah, und eilte hinaus. Doch ehe sie ihr eigenes Zimmer erreicht hatte, hörte sie die Haustür aufgehen und eine laute Stimme rufen: »Wo ist Rose? Rose – Rose!«

Es war Mrs. Winters, die aufgeregt einen Brief in der Hand schwenkte. Obwohl Rose inzwischen auch erschienen war, wandte sich Mrs. Winters an Joan: »Joan, was sind das für Geschichten mit Rob und Rose? Ich habe nichts gegen ihre Heirat und habe auch kein Wort gesagt, als Rob Pfarrer werden wollte. Aber dieser Plan, nach China zu gehen – das ist etwas anderes! Ich glaube nicht, daß Rob selbst auf diese Idee gekommen wäre – da steckt Rose dahinter.« Ihre schrille Stimme drang bis in jeden Winkel des Hauses. Das Geklapper in der Küche, wo Hannah Geschirr spülte, brach plötzlich ab. Die Tür des Studierzimmers öffnete sich, und der Diener Gottes erschien, die Hände beschwichtigend erhoben. »Was soll das heißen?« fragte er. »Wollen Sie etwa nicht, daß Ihr Sohn seinem Ruf Folge leistet?«

Sein eiskalter Ton brachte die zornige Frau zum Schweigen. Doch sie war es nicht gewohnt, sich zu ducken. »Sie sind ja ein guter Mann«, entgegnete sie, »aber für so etwas haben Sie kein Verständnis. Rob ist mein einziger Sohn. Er läßt sich zu leicht hinreißen – genau wie sein Vater, der sein gutes Geschäft aufgeben wollte, um in Autos zu handeln. Beide wollen keine Vernunft annehmen.«

»Hüten Sie sich vor Heuchelei!« warnte der Diener Gottes. »Sie leiten die Missionsversammlungen in der Kirche, aber Sie weigern sich, ihren eigenen Sohn hinausziehen zu lassen, um den Heiden das Wort Gottes zu bringen.«

»O Vater, sprich nicht so«, rief Joan. »Bitte, gehen Sie ins Wohnzimmer, Mrs. Winters. Ich komme sofort – Rose, ich wußte gar nicht, daß Rob seiner Mutter nichts davon gesagt hat –«

»Er fürchtet sich vor ihr«, sagte Rose leise, »und hat sich nicht getraut.«

Mit einem vorwurfsvollen Blick auf Rose lief Joan die Treppe hinab. Ihr war es ein Greuel, jemanden verletzt zu sehen – selbst Mrs. Winters! Sie zog Mrs. Winters rasch in das leere Wohnzimmer, schob sie in einen Sessel und schloß die Tür.

»So, nun können wir in aller Ruhe darüber sprechen, ohne zu streiten – aller Zank ist mir verhaßt.«

»Du meine Güte«, rief Mrs. Winters atemlos, »nicht so stürmisch, Joan!« Dann sah sie Joans bekümmerte Miene und flüsterte zitternd: »Es ist furchtbar hart für mich. Natürlich glaube ich an die Mission. Ich bin doch schließlich als Christin erzogen. Aber ich hätte nie geglaubt, daß mir so etwas zustoßen könnte. Es war schwer genug für uns, Rob Pfarrer werden zu lassen – Pfarrer sind immer so arm und keine Hilfe im Laden. Aber im Grunde ist Rob ein vernünftiger Junge, und ich kann mir einfach nicht denken, daß er selber auf diesen Gedanken gekommen ist. Rose war ja immer etwas merkwürdig, und sie hat solchen Einfluß auf ihn.«

»Ich kann Sie gut verstehen, Mrs. Winters«, erwiderte Joan. »Auch für mich ist es schwer, Rose in ein so fernes Land gehen zu lassen.«

Mit ihrer lebhaften Phantasie malte sie sich den Tag der Abreise aus, sah den Zug, der die beiden auf Jahre hinaus forttrug, immer kleiner werden, bis er in der Ferne verschwand. »Mrs. Winters«, flüsterte sie, »Mutter hätte diesen Plan bestimmt nicht gebilligt.«

»Davon bin ich fest überzeugt«, erwiderte Mrs. Winters. »Joan, ich bin keine Heuchlerin. Ich habe immer aufrichtig gemeint, was ich in den Missionsversammlungen gesagt habe, obwohl mir die Chinesen immer unheimlich waren, wenn ich sie in New York sah. Aber es ist doch ein Unterschied, ob man etwas Geld spendet oder seinen einzigen Sohn hergibt.«

»Gewiß«, sagte Joan und legte die Arme um Mrs. Winters, die bitterlich weinte, den Kopf an ihre Schulter gelehnt.

»Seit dem Tod meiner kleinen Tochter habe ich mich nicht mehr so gehen lassen«, schluchzte sie.

Joan klopfte ihr sanft auf den Rücken. Wie konnte Rob sich nur vor seiner Mutter fürchten? Im Grunde war diese grobe, herrische Frau nichts weiter als ein Kind. Mit einem Seufzer richtete sich Mrs. Winters auf und wischte sich die Tränen aus den Augen.

»Wie konnte ich nur . . .« sagte sie mit schwacher Stimme.

»Macht nichts«, versicherte ihr Joan rasch. »Ich kann es gut verstehen.«

»Das spüre ich, obwohl du noch so jung bist. Aber ich werde mich gegen diesen Plan wehren, Joan, solange noch ein Funken Leben in mir steckt. Ich habe dem Herrn immer treu gedient, aber dies kann man nicht auch noch von mir verlangen.«

Mrs. Winters erhob sich aus ihrem Sessel. Energisch strich sie ihr Haar glatt. Man merkte ihr schon nicht mehr an, daß sie geweint hatte. »Nun, jetzt muß ich aber gehen — habe einen Kuchen im Ofen — weiß gar nicht, was über mich gekommen ist. Ich werde Rob einen Brief schreiben, der sich gewaschen hat, und du redest ein Wörtchen mit Rose. Sag ihr, wie deine Mutter darüber denken würde. Diese Kinney hat ihr sicher einen Floh ins Ohr gesetzt, darauf möchte ich wetten. Die war immer schon eine seltsame, unnatürliche Person.«

Sie ging auf die Tür zu und sah vorsichtig in den Flur. Joan spürte, daß Mrs. Winters sich ihrer Tränen schämte. Daher sagte sie sanft:

»Leben Sie wohl. Ich werde mit keinem Menschen darüber sprechen, wie Ihnen zumute war.«

Mrs. Winters war sichtlich erleichtert und drückte Joan zum Abschied einen Kuß auf die Wange. »Du bist ein gutes Mädchen«, sagte sie abrupt und verließ das Haus.

Aber ebensowenig wie Joan den Tod der Mutter verhindern konnte, gelang es ihr, Rose von ihrem Plan abzubringen. Der Frühling ging zu Ende, und die praktischen dunklen Kleider wurden gepackt. Eines Tages kniete Joan traurig im Flur vor dem Koffer, der sie und später Rose zur Universität begleitet hatte. Wie oft hatte sie ihre Mutter davor knien sehen! Nun packte sie für Rose. Sie nahm die Kleidungsstücke, die Rose auf ausgebreiteten Zeitungen neben ihr aufgestapelt hatte, und verstaute sie im Koffer. An welchem fernen Ort würden sie wohl wieder ausgepackt werden?

Als sie fertig war, rief Rose aus ihrem Zimmer: »Ist im Einsatz noch Platz für ein paar Bücher?«

»O ja, noch viel«, lautete die Antwort. Zuviel, dachte Joan — es lag erbärmlich wenig in dem Koffer. Vor einigen Tagen war sie in die Mansarde gestiegen und hatte die wenigen ersparten Dollar aus der Truhe genommen. »Rose, ich möchte dir ein hübsches Hochzeitsgeschenk kaufen«, hatte sie gebettelt. Doch Rose hatte es abgelehnt. »Ich danke dir vielmals, Joan, aber es wäre wirklich nicht angebracht.« Es war schwer, Rose etwas zu schenken — sie hatte keine Wünsche. Also hatte sie ihr schließlich das Geld in die Hand gedrückt. »Hier, Liebling, nimm es mit. Vielleicht kommt mal die Zeit, wo du es gebrauchen kannst — selbst für etwas Hübsches.«

Auf einmal stand ihr Vater neben ihr, ein in Leder gebundes Büchlein in der Hand. »Ist dafür wohl noch etwas Platz?« fragte er. »Ich habe extra eine dünne Ausgabe gekauft.« Joan nahm ihm das Buch ab und legte es in den Einsatz. »Darauf sollen sie ihr neues Leben aufbauen«, fuhr er ernst fort. »›Dein Wort ist meines Fußes Leuchte.‹«

Doch Joan sagte nichts darauf. Sie ließ ihn einfach stehen und rannte in ihr eigenes Zimmer. Mit zusammengeschnürter Kehle durchwühlte sie die unterste Schublade, in der sie ihre wenigen Kostbarkeiten aufbewahrte: Sachen, die sie nicht oft trug oder noch schonen wollte. Hier lag ein seidenes Nachthemd, das ihr eine Kommilitonin zum Abschied geschenkt hatte mit der scherzenden Bemerkung: »Trage es in deiner Hochzeitsnacht, Jo.« Jetzt nahm sie es, eilte damit zurück zum Koffer und schob es unter das praktische dunkle Reisekleid. Dann lief sie zurück an ihren Schreibtisch und kritzelte auf ein Stück Papier: *Trage es in deiner Hochzeitsnacht, liebe Rose.* Den Zettel steckte sie mit einer Nadel an den Spitzenausschnitt des Nachthemds.

Mein allerschönstes Stück, dachte sie und deckte es rasch mit dem Kleid zu. Im nächsten Augenblick entbehrte sie es schrecklich.

Die schlichte, ernste Trauung fand in der Kirche statt, die bis auf den letzten Platz gefüllt war. Die romantischen Umstände dieser

Hochzeit hatten die Leute angelockt. Alle wollten sie einen letzten Blick auf dieses junge Paar werfen, das sie von Jugend auf gekannt, aber bisher nie aufregend gefunden hatten.

Joan, die mit Rose zusammen die Kirche betrat, sah viele unbekannte Gesichter unter den Anwesenden. Ihr erster Blick fiel auf einen großen, stiernackigen, einfältigen jungen Mann mit einem wirren roten Haarschopf, der sie unverwandt mit kleinen, brennenden braunen Augen anstarrte. Sie preßte Roses Hand fest an ihre Seite. Jetzt durfte sie nicht weinen — erst dann, wenn alle fort waren. Sie entdeckte Mrs. Winters, die stämmig und steif dastand und aus dem Fenster sah. Ihr Blick verriet Joan, daß auch sie gegen die Tränen ankämpfte. Der Hochzeitsmarsch ertönte unter Martin Bradleys Fingern. Er spielte sorgfältig, aber ziemlich ausdruckslos. Joan blieb mit Rose vor ihrem Vater stehen. Rob Winters trennte sich von Francis, und Rose trennte sich von Joan. Rob und Rose traten gemeinsam vor ihren Vater, der feierlich vor ihnen stand. Sein ganzes Wesen schien von einer gewaltigen Ekstase erfaßt, die aus seinen silbrig-blauen Augen leuchtete: seine Stimme erhob sich hell und klar, während er den Blick fest auf das Brautpaar richtete. Es war, als zöge er die beiden ganz in seinen Bann, als wären die drei allein da.

Joans Blick weilte auf Rose, die so gesetzt, so selbstsicher dastand. Sie sah gar nicht aus wie eine Braut, dachte sie traurig. Es war Juni, aber Rose hatte keine Blumen in der Kirche gewünscht, nur die brennenden Kerzen, und in der Hand trug sie nur eine einzige Zitronenlilie, die Joan im letzten Augenblick für sie gepflückt hatte. Wenn ihre Mutter noch gelebt hätte, das spürte sie, wäre es keine so trostlose Feier gewesen, und sie dachte: ich bin froh, daß ich ihr mein seidenes Nachthemd gegeben habe — von Herzen froh.

Das schien ja eher eine Missionarsweihe als eine Trauung zu sein. Aber wenn sie heute abend allein waren und Rose sich das hübsche Gewand anzog, würde sie vielleicht wie eine Braut aussehen, und wenn Rob sie so sah, würde schließlich doch noch eine Hochzeit daraus werden.

Die Feier war bald vorbei. Sie verließen die Kirche, und die Menschen drängten sich um das junge Paar. Hier und da schob man ihnen etwas Geld zu. »Anstatt eines Hochzeitsgeschenks — auf eine so weite Reise könnt ihr doch nichts mitnehmen.« Miß Kinney bahnte sich einen Weg durch die Menge und drückte Rose ein großes Album in die Hand. »Es sind meine Bilder von Afrika — nicht alle, aber sehr, sehr viele. Ich wollte dir das geben, was ich am liebsten habe. Gott segne euch, meine Lieben! Ihr Glücklichen —« Sie küßte Rose auf den Mund, während ihr die Tränen über die Wangen strömten. Dann stellte sie sich auf die Zehenspitzen, gab auch Rob einen Kuß und stürmte davon.

In der Nacht erwachte Joan plötzlich. Wie spät war es wohl? Sicherlich nach Mitternacht, denn der Mond stand tief am Himmel. Jetzt würde Rose das Nachthemd gefunden und angezogen haben. Joan scheute ein wenig davor zurück, sich die beiden allein miteinander vorzustellen. Was würde sich dann zutragen? Eigentlich hätte sie mit Rose sprechen müssen. Aber was hätte sie ihr schon sagen können? Was für Erfahrungen hatte sie außer ein paar leidenschaftlichen, fruchtlosen Stunden mit Martin Bradley?

Sie, die das Leben bis zur Neige auskosten wollte, sie, die jetzt allein im Dorf zurückblieb — was für Ratschläge hätte sie Rose wohl geben können?

Aber sie hätte ihr vielleicht irgendein Buch kaufen sollen, dachte sie, sie hätte überhaupt viel, viel mehr für Rose tun müssen. Und der Gedanke an unerfüllte Pflichten lastete schmerzlich auf ihr.

Der alte, tief in ihr wurzelnde Familiensinn, das Bedürfnis, sich für die anderen aufzuopfern, erwachten von neuem in ihr. Jetzt mußte sie eben für Frank und den Vater alles tun, was in ihren Kräften stand, sagte sie sich, um sich aus dieser dunklen Stunde vor der Morgendämmerung über den Verlust der beiden Menschen hinwegzutrösten — der Mutter, die ihr der Tod, und der Schwester, die ihr das unerbittliche Leben geraubt hatte. Noch boten ihr die Wände dieses Hauses eine sichere Zufluchtsstätte.

Von den beiden Männern brauchte Francis sie gewiß am meisten. Ihr Vater hatte ja Gott, an den er sich wenden konnte. Wenn man ihm seine Lieblingsspeise vorsetzte — und er war kein Kostverächter, das stellte Joan sehr bald fest —, wenn niemand seine Papiere durcheinanderbrachte, wenn keiner ihn im Studierzimmer störte, wenn er alle seine Kleidungsstücke am richtigen Platz fand, dann war er wunschlos glücklich.

Er vermißte weder seine Frau noch seine Tochter. Mary war ihm jetzt viel näher als zu ihren Lebzeiten. Ihr Körper konnte ihn nun nicht mehr erregen und in Versuchung führen, nicht mehr diesen ewigen Kampf zwischen Verlangen und Verzicht in ihm heraufbeschwören. Als Mary noch lebte und neben ihm im Bett lag, hatte sie immer wieder von neuem diesen Zwiespalt in ihm geschürt. Jetzt, wo sie nicht mehr da war, konnte er an sie denken und glücklich dabei sein, weil ihn der innere Friede nicht verließ. Und seine Tochter Joan sorgte im Haus fast so gut für ihn, wie Mary es getan hatte. Nichts stand jetzt zwischen ihm und seiner Arbeit. Ungestört konnte er die Geheimnisse Gottes erforschen und, da die Kapelle in South End nun wiederhergestellt war, den unerlösten Seelen dort das Evangelium predigen. Die gute Mary — sie hatte mit dem Geld, das sie für ihn gespart hatte, mehr Gutes getan, als sie ahnte. Er hatte längst vergessen, daß es deswegen Streit gegeben hatte. Mary im Himmel verstand ihn besser als Mary auf Erden.

Hannah klagte ständig, daß Francis nicht satt zu bekommen sei. Aus allen Kleidern wuchs er schnell heraus. Als Joan ihm eines Tages Vorwürfe machte, weil er seine Sonntagshose in der Woche trug, erklärte er: »Ich wage es nicht, mich in meiner alten gestreiften Hose hinzusetzen, weil ich einfach aus den Nähten platze. Mein Gott, Joan, ich habe keinen neuen Anzug mehr bekommen seit —«

Er wollte nicht sagen »seit Mutters Tod«. Er vermied es, von seiner Mutter zu sprechen. Wenn jemand sie in seiner Gegenwart erwähnte, ging er weg.

Joan betrachtete ihn prüfend. Er war jetzt so groß wie sie, aber breiter in den Schultern. In diesem Jahr war er tatsächlich zu einem stattlichen jungen Mann herangewachsen, der seiner Mutter äußerlich sehr ähnlich sah. Aber im Gegensatz zu ihr war er recht zurückhaltend. Joan wäre gern an ihn herangekommen, denn sie fühlte sich einsam und sehnte sich nach einem Kameraden.

Aber sie kamen sich nicht näher, denn er war meistens fort. Sie konnte ihm nur kleine Dienste erweisen — sein Bett machen, seine Sachen ausbessern, weiter nichts. Wenn er wirklich einmal einen Abend zu Hause blieb, war er ruhelos, nahm sich ein Buch nach dem anderen aus dem Schrank und ging früh zu Bett. Nach und nach hatte er sich immer mehr Freiheit genommen und ging so oft aus, wie es ihm paßte. Sein Vater stellte ihn nicht zur Rede, weil er sonntags immer noch in die Kirche ging, wo er sich auf den Platz seiner Mutter setzte. Der Vater war fest überzeugt davon, daß die Seele seines Sohnes gerettet war.

Francis ging aber nicht zur Kirche, um das Wort Gottes aus dem Mund seines Vaters zu hören, sondern seiner Mutter wegen. Er versuchte oft, sich an ihre Wünsche zu erinnern, aber sie hatte nie etwas von ihm verlangt, nur, daß er sie zur Kirche begleite. Und in der Kirche schien er sie klarer zu sehen als woanders. Er konnte sich noch deutlich an das Veilchensträußchen erinnern, das sie manchmal an ihrem braunen Samthut trug. Fanny hatte sich auch einmal einen Strauß Veilchen ins Haar gesteckt. Aber er hatte den Anblick nicht ertragen können. Fanny hatte nichts mit seiner Mutter gemein. In der Kirche, wo seine Mutter ihm so nahe war, widerstrebte es ihm sogar, überhaupt an Fanny zu denken. Sein Leben war auf dem Leben seiner Mutter aufgebaut, und die Beziehungen zwischen ihm und Fanny waren anders als die zwischen ihm und seiner Mutter. Sie waren unwirklich, vergänglich.

Er wollte auch gar nicht, daß sie von Dauer seien. Im Gegenteil, er war leidenschaftlich darauf bedacht, sie von Fanny zu lösen. Wenn er doch nur etwas Geld hätte — aber er besaß nichts, nur sein Fahrrad, und wenn er das verkaufte, hatte er keine Möglichkeit, aus Middlehope herauszukommen. Ohne ein Wort zu sagen, wollte er davongehen. Er hatte Fanny nichts versprochen. Sie hatte einmal den Kopf in seinen Armen vergraben und geflüstert: »Süßer, du darfst mich niemals verlassen! Wenn du von mir gehst, werde ich dir nachstellen und dich in die Tiefe zerren. Versprich mir, daß du mich nie verläßt!« Er hatte ihren schwarzen Lockenkopf zwischen die Hände genommen und sie geküßt. Aber versprochen hatte er ihr nichts. Er mußte Middlehope unbedingt verlassen, weil er nicht mehr bei Fanny bleiben konnte.

An jenem Sonntag nachmittag, als er mit Jack Weeks nach South End gegangen war, hatte er es sich nicht träumen lassen, daß er jemals in eine solche Lage geraten würde. Er hatte nur etwas Ablenkung gesucht, um zu vergessen, daß seine Mutter im Sterben lag. Das Haus war so leer, wenn sie oben ans Bett gefesselt war. Er konnte es einfach nicht darin aushalten. Daher war er mitgegangen, als Jack nach dem Essen zu ihm sagte: »Menschenskind, da unten in South End ist ein ganz toller Laden.« Als sie das Lokal betraten, war sein Blick sofort auf Fanny gefallen. Sie tanzte gerade. Er konnte nicht mit Sicherheit sagen, ob sie weiß oder schwarz war. Ihre Haut war so hell wie seine eigene; wo die Sonne ihn gebräunt hatte, war er sogar dunkler. Er hatte sich nur ein wenig amüsieren wollen, aber Fanny war von Anfang an aufs Ganze gegangen. Sie begann sofort mit ihm zu kokettieren, so daß Jack ihn deswegen hänselte. Sie kam an seinen Tisch und beugte sich über ihn.

»Süßer, wie heißt du? Ich muß deinen Namen wissen.« Ihre Stimme hatte einen dunklen Klang. Keine Weiße hatte eine solche Stimme, so tief, so weich, so dunkel. Er konnte ihre Brüste sehen. Noch nie hatte er die Brüste einer Frau gesehen. Sie wollte, daß er sie sah. Sobald Jack in den Nebenraum gegangen war, um Billard zu spielen, hatte sie ihn am Arm gepackt und versucht, ihn mit sich fortzuziehen. Er wäre am liebsten zu Jack gegangen, aber er hatte kein Geld, um zu spielen, und sie war hier an seiner Seite . . . Aber er wußte genug, um nicht mit auf ihr Zimmer zu gehen. Er schüttelte den Kopf, als sie das vorschlug. »Dann laß uns einen kleinen Spaziergang machen, Süßer«, bettelte sie. »Schwärmst du nicht auch für den Wald und den Fluß? Ich kenne einen kleinen Weiher, so ruhig und hübsch —« Und so waren sie in den Wald gegangen . . .

Aber er hatte sie nie wirklich geliebt. Er liebte seine Mutter und wußte daher, daß sein Gefühl für Fanny keine Liebe war. Er begehrte sie und haßte sie. Und er sehnte sich danach, an einem Ort zu sein, wo er sie nicht finden konnte, wenn er nach ihr verlangte. Wenn er ihr entrinnen könnte, würde er sich wie ein Bach vorkommen, der klar aus einem schlammigen Pfuhl hervorsprudelte. Manchmal, wenn er im Wald lag und sie besaß, wünschte er, sich von der dunklen, dumpfen, schwülen Erde zu lösen und sich in den reinen Himmel hinaufzuschwingen, in die unendliche Weite, wo Riesenwolken aneinander vorbeisegelten, ohne sich zu berühren. Er konnte diesen Zwiespalt in sich nicht verstehen: einmal dieses Bedürfnis, nahe bei Fanny zu sein, sie zu berühren, von ihr berührt zu werden, sich völlig in ihr zu versenken, und dann dieser Abscheu vor ihr. Er wollte seine Mutter vergessen, wenn er bei Fanny lag, aber er vermochte es nicht. Plötzlich tauchte ihr Gesicht vor ihm auf, und dann wünschte er, meilenweit über allem zu schweben.

Joan lockte schließlich das Geheimnis aus ihm hervor. Sie ist immer am Planen, dachte Francis bei sich: jetzt, wo die Hochzeitsvorbereitungen für Rose hinter ihr lagen, würde sie gewiß bald Zukunftspläne für ihn schmieden. Sie müßte eigentlich sechs Kinder haben, um ihren Tätigkeitsdrang zu befriedigen. Eines Abends, als er nach Hause kam, saß sie auf der Veranda. Er war gerade bei Fanny gewesen und wollte sich noch ein wenig abkühlen, bevor er zu Bett ging. Obwohl er sich geschworen hatte, Fanny nicht mehr zu treffen, obwohl eine innere Stimme ihn warnte: ›Jetzt ist es noch Zeit aufzuhören, solange niemand etwas davon weiß!‹ war er doch wieder zu ihr gegangen. Sie übte eine geheimnisvolle Macht über ihn aus, und er fühlte sich unwiderstehlich zu ihr hingezogen. Nun war es vorüber. Er setzte sich auf die Verandastufe.

»Noch nicht im Bett?« fragte er Joan in absichtlich schroffem Ton. Wenn er recht schroff war, dachte er, würde sie vielleicht keine Fragen stellen. Diesen Trick hatte er bei seiner Mutter gelernt.

»Oben ist es noch zu heiß«, erwiderte Joan.

Und dann begann sie plötzlich zu sprechen, und ihre Stimme klang auf einmal genau wie die seiner Mutter. Merkwürdig, das war ihm bisher noch nie aufgefallen. Jetzt jagte ihm diese Stimme ein wenig Angst ein.

»Was für Pläne hast du eigentlich für deine Zukunft, Frank?«

Genau wie seine Mutter, richtete Joan eine offene, klare Frage an ihn. Fast konnte er die Worte seiner Mutter hören: »Was willst du werden, mein Sohn?« Seine Handflächen wurden plötzlich feucht. Mein Gott, dachte er, wenn es nun stimmte, was der Alte immer predigte: daß die Toten leben und alles wissen! Wieder hatte er dieses Verlangen, sich in die Höhe zu schwingen, weit, weit weg von allem zu sein.

»Es gibt nur einen Beruf, der mich interessiert«, antwortete er begeistert auf Joans Frage. »Ich möchte fliegen.«

»Fliegen?« wiederholte Joan erstaunt. »Aber wie sollen wir dich nur an die richtige Stelle bringen, wo du es lernen könntest?«

Zu seiner Erleichterung sprach sie jetzt wieder in ihrer eigenen Stimme. Seine Mutter hätte energisch geantwortet: »Unsinn, Frank!« Und wenn er darauf bestanden hätte, hätte sie gesagt: »Wo ein Wille ist, da ist ein Weg.«

Aber der Wunsch, Flieger zu werden, war eigentlich erst in diesem Augenblick geboren. Bisher hatte er nur davon geträumt, sich frei wie ein Vogel im kühlen Blau des Äthers zu bewegen. Jezt, wo ihm dieser praktische Gedanke gekommen war, begann er sofort und rasch zu planen.

»Wir könnten ja Martin Bradley fragen. Er war im Krieg bei der Luftwaffe und hat sogar Bomben abgeworfen.«

Joan schwieg betroffen. Als sie nach einer Weile antwortete, klang ihre Stimme wieder anders – diesmal zaghaft und ein wenig atemlos. »Martin Bradley möchte ich um nichts bitten.«

»Warum nicht? Ich dachte, du gehst mit ihm. Mein Gott, ich habe die Jungs in Winters' Laden darüber lachen hören.«

»Und du hast sie ruhig über mich lachen lassen?« fragte Joan zornig.

»Ich habe nicht dabeigestanden«, entgegnete er. »Aber ich habe das Kichern gehört. In einem solchen Nest verbreitet sich alles wie ein Lauffeuer.«

Sie erwiderte nichts darauf. Schließlich stand er, laut gähnend, auf und sagte in dem gekränkten Ton, den er seiner Mutter gegenüber manchmal gebraucht hatte: »Na, wenn du nicht willst, da kann man nichts machen.«

Er ging auf sein Zimmer und zog sich aus. Je länger er über seinen Plan nachdachte, desto klarer schien ihm, daß nur eine Person ihm helfen konnte – das war Martin Bradley. Und Joan wollte ihn nicht fragen – unberechenbar wie alle Frauen. Er dachte eine Weile nach über Frauen und ihre Wankelmütigkeit. Selbst seine Mutter war wankelmütig gewesen, und wenn er etwas von ihr wollte, hatte er sie immer genau beobachtet, um zu sehen, woher der Wind wehte. Nur Fanny blieb stets die gleiche, abends im Wald bei dem kleinen Weiher, bei dem umgestürzten Baum, dessen Zweige sich wie ein Zelt über sie breiteten. »Süßer, verlaß mich nie. Sonst spüre ich dich auf und ziehe dich zu mir herab.« Er hörte im Geist diese Stimme, immer vermischt mit dem Rauschen des Baches, diese weiche, belegte, singende Stimme, und der Schweiß brach ihm aus. Er warf sich mit dem Gesicht nach unten aufs Bett und hatte das Gefühl, in einen endlos tiefen, dunklen Abgrund zu sinken. Er war verraten und verkauft. Niemand konnte ihn retten, niemand ihm helfen, von hier wegzukommen.

Joan machte am nächsten Nachmittag ihren einsamen Spaziergang. Als sie an dem kleinen Steinhaus vorbeikam, in dem Mrs. Marks lebte, hörte sie ihren Namen rufen.

Dieses kleine, über hundert Jahre alte Steinhaus hatte ihr immer gut gefallen. Es stand etwas abseits vom Dorf und sah aus, als könne es noch manchen Sturm überdauern.

Joan bog in den mit Unkraut überwucherten Pfad ein, der zur Haustür führte. Es kam ihr rechtzeitig in den Sinn, daß Mrs. Marks keine Begrüßungsformeln duldete. »Halte nicht viel von bedeutungslosen Worten«, erklärte sie, wenn ihr jemand einen guten Morgen bot. »Sagt, was ihr zu sagen habt, und damit basta!«

Als Joan ins Zimmer trat, begann Mrs. Marks ohne Umschweife.

»Ich habe gewartet, um meiner Sache ganz sicher zu sein, aber jetzt weiß ich Bescheid. Dein Bruder, dieser Hüne von Mensch, ist seit einiger Zeit oft an meinem Hause vorbeigekommen, und ich habe vermutet, daß er sich mit einem Mädchen trifft. Aber das ging mich ja nichts an. Doch gestern abend habe ich sie zum erstenmal zusammen gesehen. Es war Mondschein, und da habe ich deutlich erkannt, daß es eine schwarze Nutte ist. Schwarz und Weiß soll sich nicht miteinander vermischen, sage ich immer. Ich halte auch nichts davon, daß dein Vater nach South End geht, um ihnen zu predigen. Vor allem bin ich aber dagegen, daß sein Sohn sich mit ihnen einläßt. Laßt die Hände davon!«

Joan fand keine Worte. Sie konnte Mrs. Marks nur fassungslos anstarren.

»Hat keinen Sinn, den Kopf in den Sand zu stecken«, fuhr die trockene, krächzende Stimme fort. »Es ist besser, wenn man weiß, was gespielt wird. Dann kann man dagegen ankämpfen. Ich habe viele hier vorbeigehen sehen – Richtung South End – Großvater, Vater und Sohn. Alle zieht es dorthin. South End ist ein Tummelplatz für Middlehope. Ich will keine Namen nennen, aber dein Bruder sollte nicht darunter sein. Ich habe viel für deine Mutter übrig gehabt. Sorge dafür, daß der Junge das Dorf verläßt. Du bist wie deine Mutter, nur eine ganze Portion größer. So große Frauen wie du haben es nicht leicht. Aber du kannst nichts dafür.«

»Sind Sie sicher, daß es Francis war?« brachte Joan schließlich hervor.

»Kannte ich ihn etwa nicht schon, als er noch ein kleines Kind war?« versetzte Mrs. Marks. »Jetzt aber fort mit dir.« Sie lehnte sich zurück und schloß die Augen. »Ha, diese Beine – bin bis zur Hüfte gelähmt – jedes Jahr stirbt ein Zoll ab – kann fast genau ausrechnen, wann es zu Ende geht!« Sie lachte bitter. Dann aber sagte sie in scharfem Ton: »Nun geh, Kind. Du hast allerlei vor dir, nicht wahr?«

»Ja«, erwiderte Joan.

Mit langen Schritten ging sie die Straße entlang. Die glühende Augustsonne prallte auf sie herab, aber sie achtete nicht darauf. Nur eine Frage bewegte sie: was konnte sie für Francis tun? Wie hätte ihre Mutter an ihrer Stelle gehandelt? Sie näherte sich dem Pfarrhaus, schlug dann aber eine andere Richtung ein. Noch konnte sie nicht mit Francis sprechen. Erst mußte sie einen Plan haben, wie sie ihm helfen konnte. Er mußte natürlich das Dorf verlassen. Flieger wollte er werden, und sie hatte ihm gesagt, daß sie Martin Bradley um nichts bitten könne.

Plötzlich stand sie am Bahnhof und bog in Richtung des Dorfes ab. Der Nachmittagszug war bereits eingelaufen und wieder abgefahren. Vor sich sah sie eine große, schlanke Gestalt; es war Martin Bradley. Mein Gott, dachte sie, was machte sie hier nur? Der Gedanke an Martin hatte ihre Schritte unwillkürlich zum alten Treffpunkt gelenkt. Nun, Francis hatte behauptet, nur Martin könne ihm helfen.

»Martin!« rief sie laut. »Martin!«

Er blieb stehen, drehte sich um und wartete auf sie. Wie immer wirkte er ruhig und elegant. Als sie ihn einholte, sah sie, daß er ein wenig lächelte, und sofort wurde ihr bewußt, daß sie erhitzt und staubig war. Aber was bedeutete es schon, wie sie aussah?

»Mein Bruder Francis«, begann sie entschlossen, »möchte einen Rat von dir. Er will Flieger werden und möchte gern wissen, ob du ihm sagen könntest, wie er am besten zur Fliegerei kommt.«

Sein Gesicht war erstaunt. »Man weiß nie, mit welchen Überraschungen du herausplatzt, Joan.« Seine Stimme klang kühl, nachsichtig, ein wenig verächtlich. Aber das machte ihr nichts aus.

»Es geht hier nicht um mich«, sagte sie beharrlich.

»Nicht um dich«, wiederholte er langsam. Sie spürte, wie Erinnerungen in ihm hochstiegen, und ihr wurde plötzlich übel. Aber sie wartete standhaft auf eine Antwort.

Er hatte schon beinahe vergessen, daß er einmal Flieger war, dachte er, während er Joan eingehend betrachtete. Das Fliegen selbst hatte ihn nie interessiert. Wenn er hoch über Feindesland in den Wolken schwebte, hatte ihn nur ein Gedanke beherrscht: die Bombe rechtzeitig auszuklingen und das gewählte Ziel zu treffen. Es war wie beim Orgelspiel: man schlug eine Note an, lauschte auf den richtigen Ton und ging zur nächsten über.

»... Fliegerei«, wiederholte er. »Zur Fliegerei habe ich jetzt gar keine Beziehungen mehr.«

»Du warst doch im Krieg«, drängte Joan. Die Vorstellung, daß sie diesen Mann, der jetzt so alt und abgezehrt vor ihr stand, einst geküßt hatte, konnte sie kaum ertragen. Aber es ging um Francis, und sie durfte nicht lockerlassen. »Da mußt du soch sicher einen Piloten kennen.«

Er überlegte. »Ich habe natürlich Bair gekannt. Roger Bair. Mit ihm bin ich geflogen, und soviel ich weiß, fliegt er immer noch. Aber wir haben die Verbindung nicht aufrechterhalten. Ich könnte natürlich —«

»Wo könnte Frank ihn finden?«

»Das kann ich nicht sagen.«

»Wo fliegt er?«

»Von einem Flugplatz bei New York.«

»Gib mir ein paar Zeilen an ihn — für Frank.« Rücksichtslos setzte sie sich über seine Zaghaftigkeit hinweg. Mit allen Mitteln, die ihr zu Gebote standen, suchte sie ihn zu bewegen: mit ihren Augen, mit ihrer eindringlichen Stimme, mit der ganzen Kraft ihrer stürmischen Persönlichkeit. »Er wird sich bestimmt noch an dich erinnern — so schnell vergißt man einen Kriegskameraden nicht.

Hast du eine Karte bei dir? Dann könntest du ein paar Worte an ihn schreiben – vielleicht: ›Mit diesen Zeilen stelle ich dir Francis Richards vor. Ich würde es dir hoch anrechnen, wenn du eingedenk alter Zeiten etwas für ihn tun könntest.‹«

Sie öffnete rasch ihre Handtasche und kramte einen abgekauten Bleistiftstummel hervor, der natürlich sofort Anstoß bei ihm erregte.

»Danke, ich habe einen Füller«, sagte er kühl und zog einen goldgefaßten Füllhalter aus der Brusttasche. Auf eine makellose kleine Geschäftskarte schrieb er in zierlicher Handschrift: *Mit diesen Zeilen stelle ich Francis Richards vor.* Zögernd hielt er inne. »Es widerstrebt mir, mich auf unsere alte Bekanntschaft zu berufen.«

Aber Joan war jetzt zu allem fähig. Noch nie hatte er ihr etwas geschenkt – jetzt sollte er ihr ruhig einmal etwas geben!

»Du kannst wenigstens hinzufügen, daß du ihn sehr empfiehlst, nicht wahr? Er ist mein Bruder und ein sehr aufgeweckter Junge. Schreib es hin. Das bricht dir keinen Zacken aus der Krone.«

Er spürte, wie sie groß und unerbittlich hinter ihm stand. Es drängte ihn nach Hause, zu seinem Abendessen, vor allem weg von ihr. Sie war ihm widerwärtig, und er schreckte vor den alten Erinnerungen zurück. Nach einer Weile fügte er sorgfältig hinzu: *Und empfehle ihn.* Wie hatte er nur jemals einen reizenden Knaben in ihr sehen können? Sie war nur eine Frau, und er verabscheute Frauen, besonders wenn sie lange Haare hatten. Außerdem war sie größer als er.

Sie riß ihm die Karte, die für Francis Freiheit bedeutete, aus der Hand und rannte heim. Im Hause rief sie laut nach ihm.

»Er ist wohl in seinem Zimmer«, rief Hannah aus der Küche. Also stürmte sie nach oben. Francis lag, die Hände hinter dem Kopf verschränkt, auf seinem Bett und starrte mit erhitztem Gesicht, in mürrischer Verzweiflung, zur Decke.

»Hier«, rief sie. »Ich hab's – eine Empfehlung an Roger Bair, Pilot! Du kannst sofort aufbrechen, wenn du willst.«

Er schnellte hoch, und ein Leuchten ging über seine Züge. »Kann ich wirklich gehen?«

»Ja«, flüsterte sie. Sie war plötzlich erschöpft und ließ sich auf den Bettrand fallen.

»Ich habe aber kein Geld«, stieß er ängstlich hervor.

»Aber ich – fast achtzehn Dollar. Die gebe ich dir.«

Sie sah ihn an, und die Kehle war ihr wie zugeschnürt. Wenn sie nicht dahintergekommen wäre, was wäre wohl mit ihm geschehen?

»Was ist mit dir?« fragte er. »Du bist ja kreidebleich.«

Sie stand auf und schüttelte den Kopf. Nein, sie konnte ihm nicht sagen, daß sie sein Geheimnis kannte. Sie waren zu nahe miteinander verwandt, um darüber zu sprechen.

Sie konnte Francis nur helfen, indem sie ihn so rasch wie möglich fortschickte. In fieberhafter Eile half sie ihm beim Packen. Seine Augen strahlten, aber er war nicht in heiterer Stimmung, sondern wirkte ernst und angespannt. Das mürrische, fast kindliche Schmollen war aus seinem Gesicht verschwunden und hatte einer gewissen Entschlossenheit Platz gemacht.

»So«, sagte Joan und erhob sich von ihren Knien, »jetzt ist der Koffer gepackt. Nun iß dein Abendbrot. Dann kannst du bequem den Neunuhrzug erreichen und um elf in New York sein. Dort suchst du gleich ein Christliches Hospiz für junge Männer auf. Morgen früh kannst du dann zum Flugplatz fahren und Roger Bair ausfindig machen. Schreib mir bald, wie alles ausgegangen ist, Frank, — am besten gleich morgen abend.«

»Ja, gewiß«, murmelte er. Er konnte es noch nicht fassen, daß er dieses Zimmer wirklich verlassen sollte. Er hatte so lange darin gewohnt, daß es ihm fast unmöglich schien, in einem anderen Bett zu schlafen. Aber heute schon mußte er in einem fremden Bett übernachten, in einer Großstadt, die er nie gesehen hatte.

»Du kannst mein Fahrrad verkaufen«, sagte er plötzlich. »Jack Weeks ist scharf darauf. Er gibt dir vielleicht fünfzehn Dollar dafür. Aber laß dir erst das Geld auszahlen, ehe du das Rad herausrückst. Sonst betrügt er dich womöglich.«

»Ich werde es verkaufen und dir das Geld schicken«, versprach sie.

»Wenn ich nun die Arbeit nicht bekomme —«, meinte er unsicher.

»Dann findet sich eine andere Beschäftigung. Komm nur nicht sofort wieder zurück. Aber du wirst schon einen Posten bekommen, davon bin ich überzeugt.«

Seine Augen unter den schwarzen Brauen blickten sie forschend an. Wußte sie etwas? Das war aber doch unmöglich, er hatte ja niemandem etwas gesagt. Er hatte sich auch nie mit Fanny sehen lassen. Sie hatten sich nur immer im Wald getroffen, bei dem alten Haus, in dem Mrs. Marks wohnte.

»Das Abendessen ist fertig, und euer Vater wartet«, ertönte Hannahs Stimme von unten herauf.

»Ich werd's ihm sagen«, erklärte Joan. »Er wird's zwar nicht verstehen, aber er muß es erfahren.«

Sie ging hinunter ins Eßzimmer. Bald würde der Tisch nur noch für zwei gedeckt sein. Eine Sekunde lang dachte sie mit Schrecken daran. Wie rasch änderte sich doch alles! Jahrelang hatte sie sich im Kreise ihrer Familie so geborgen gefühlt. Es war ihr so sicher erschienen, daß dieser Kreis vollzählig beieinander bleiben würde. Nun war er auf einmal zusammengeschrumpft. Ihr Vater trat ein, und in der augenblicklichen Stimmung sah sie ihn als gebrechlichen alten Mann — alles, was ihr von ihrer geschützten Kindheit übrigblieb.

Er blickte halb abwesend umher. »Wo ist Francis? Ich setze mich schon, ich bin heute sehr müde.« Er nahm seinen Platz oben am Tisch ein, und sie beobachtete, wie er sich dabei an die Seitenlehnen des Stuhls klammerte.

»Er kommt gleich«, erwiderte sie und setzte sich ebenfalls. Sie mußte es ihm rasch sagen, ehe Francis erschien. »Vater«, begann sie, »Frank hat eine Stelle – jedenfalls mit ziemlicher Sicherheit –, und er fährt nach New York.«

Ihr Vater hatte bereits begonnen, die dicke Suppe zu löffeln, damit sie nicht kalt wurde. Bei diesen Worten hielt er jedoch inne und blickte zu Joan hinüber.

»Eine Stelle?« wiederholte er. »Er ist ja noch nicht einmal mit der Schule fertig. Was soll das heißen? Geht er denn nicht zur Universität? Es wäre doch merkwürdig, wenn mein Sohn die Universität nicht besuchen würde. Ich hatte übrigens den Eindruck, daß ihm Gott in letzter Zeit mehr bedeutete als früher; er ging so regelmäßig zur Kirche –«

»Er hat eine Stelle«, unterbrach ihn Joan mit erhobener Stimme, jedes Wort betonend. »Er möchte fort, und er geht heute abend.«

»Heute abend!« wiederholte der alte Mann erstaunt und fügte dann hinzu: »Niemand hat mir etwas davon gesagt.«

»Er hat es selbst erst heute abend erfahren. Man muß dann zugreifen, wenn einem Arbeit angeboten wird.«

»Um was für eine Beschäftigung handelt es sich denn?« fragte er.

»Martin Bradley hat ihm dazu verholfen«, entgegnete sie ausweichend.

Der Vater wandte sich schweigend wieder seiner Suppe zu. Er würde mit Francis sprechen, dachte er bei sich, nicht mit Joan. Frauen wußten sehr wenig. Francis würde mit ihr nicht darüber reden, wohl aber mit seinem Vater. Er wartete, bis Francis hereinkam, und sah zu ihm auf. Sein Sohn kam ihm ganz verwandelt vor. Zum erstenmal merkte er, daß er Marys Augen hatte. Francis trat rasch ein, setzte sich an seinen Platz und begann zu essen, ohne auch nur ein Wort zu sagen.

Der alte Mann fühlte sich von diesen beiden jungen Menschen völlig abgeschnitten. Sie erzählten ihm nichts. Sie steckten voller Pläne, von denen er nichts erfuhr. Er wischte sich den Mund ab und begann mit sanfter Stimme: »Wie ich von Joan höre, willst du uns verlassen.«

»Ja, heute abend«, sagte Francis. »Hannah, bring mir noch etwas Rosinenbrot.« Plötzlich war er in gehobener Stimmung. »Beeil dich, altes Mädchen. Es ist deine letzte Chance – ich gehe fort.«

»Unsinn!« erwiderte sie lachend und verschwand aus dem Zimmer.

Doch er rief hinter ihr her: »Heute abend noch. Ich bekomme eine Arbeit in der großen Stadt!«

»Ausgeschlossen – wer will dich schon haben?« versetzte sie gutmütig, als sie das Rosinenbrot hereinbrachte und vor Francis hinstellte.

»Es stimmt aber, Hannah«, warf Joan ein.

»Aber doch nicht in New York!« jammerte Hannah, und ihr rauhes Gesicht legte sich in Falten.

»Doch«, bestätigte Joan.

»Ihre Mutter hätte das niemals erlaubt«, sagte Hannah wehleidig. »Sie hat immer gesagt, Frank soll lernen und studieren, bis er zweiundzwanzig ist. Das weiß ich noch ganz genau, weil sie die Jahre zählte, bis alle drei fertig sind.«

»Ich werde Pilot«, brüstete sich Francis, den Mund voller Rosinenbrot.

»Da wirst du dir bestimmt das Genick brechen«, erwiderte Hannah ungläubig. »Du kannst ja nicht mal die Treppe 'runtergehen, ohne zu stolpern.«

»Pilot!« ließ sich der alte Mann plötzlich hören. »Davon hat mir niemand etwas gesagt.« Es kam ihm der flüchtige Gedanke, daß sie dem Dienstmädchen mehr anvertrauten als ihm. Dabei hatte er immer sein Bestes für sie getan. Aus tiefstem Herzen hatte er für sie gebetet. »O Gott, mein Herr und Vater, rette die Seelen meiner Kinder und lasse sie Dich erkennen.« Da saßen sie nun, jung und unerträglich hart, und ahnten nichts von seiner Sehnsucht nach ihnen. Sie scherzten immer über Dinge, die er nicht verstand. Er erhielt keine Antwort und seufzte. »Du mußt wohl tun«, sagte er geduldig, »was du für am besten hältst.«

Zum erstenmal vermißte er bewußt Mary. Mary hätte mit Francis gesprochen. Ihm aber fiel nichts ein, was er seinem Sohn hätte sagen können. Er blieb bei seinem Tee sitzen, bis Francis den Nachtisch verzehrt hatte und nach oben gestürzt war, um seine Sachen zu holen. Als er ihn mit dem Koffer zurückkehren sah, stand er halb vom Tisch auf, um ihm zu helfen, um seinem Sohn zu zeigen, daß ihm der Abschied naheging. Aber Hannah kam ihm zuvor. Sie hatte inzwischen begriffen, daß es sich nicht um einen Scherz handelte, und war in die Küche geeilt, um Brote für ihn zu streichen.

»Gib mir den Koffer«, befahl sie in scharfem Ton. »Du wirst Hunger haben auf der Fahrt. Aber das kann ich dir sagen: deine Mutter hätte dies nicht zugelassen. Seitdem sie von uns ging, hat man mit dir nichts anfangen können. Bleib vom Koffer weg. Ich trage ihn selbst. Ich habe Joans Koffer getragen, als sie zur Universität fuhr, und Roses Koffer, als sie zu den Heiden ging, und jetzt trage ich deinen.«

»Vater«, sagte Joan, während sie ihren Hut aufsetzte, »beeil dich nicht. Trinke ruhig deinen Tee aus. Ich fahre Francis eben zum Bahnhof und bin sofort wieder zurück. Schließlich ist es ja keine Weltreise bis New York.«

»New York ist für mich nur ein Sprungbrett«, lachte Francis. Jetzt war er frei! Fanny wartete in diesem Augenblick sicher schon auf ihn, da unten im Wald bei dem Bach in der warmen Sommernacht, aber er entfloh ihr. Er würde niemals wieder zurückkommen.

»Leb wohl, Hannah – schick mir hin und wieder ein paar Kekse.« Er schloß sie in die Arme und drückte ihr einen derben Kuß auf die Wange.

»Und wohin soll ich sie wohl schicken? Das möchte ich gern mal wissen. New York ist kein Dorf«, antwortete sie in gespieltem Zorn, Tränen in den Augen.

»Ich würde sie schon riechen, wenn sie kämen«, erwiderte er munter. »Leb wohl, Vater.« Er fühlte, wie sich die kühle, trockene alte Hand für einen Augenblick an ihn klammerte, und ließ sie rasch los. »Ich werde schreiben.«

Der Vater erhob sich und folgte ihnen wehmütig zur Tür.

»Vergiß nicht, zur Kirche zu gehen«, bat er zum Abschied. »Du warst zuletzt immer so regelmäßig beim Gottesdienst.«

»Leb wohl, leb wohl!« rief Francis.

Der alte Mann hörte das Knirschen des Kieses, und dann waren sie verschwunden.

... »Leb wohl, Frank«, sagte Joan schroff. Der Zug stand abfahrtbereit da. Eine weiße Dampfwolke schoß in die Dunkelheit. Sie betrachtete ihren Bruder prüfend, als er so groß und kräftig vor ihr stand. Sein Gesicht wirkte männlich im Schatten, und seine Augen waren wissend. Vor dem Wissen in diesen Augen schreckte sie zurück. Sie wollte nicht, daß er sie küßte. Doch im nächsten Augenblick ging eine Veränderung mit ihm vor. Er schlang den Arm um sie und legte den Kopf auf ihre Schulter. Sie spürte seine Wange an ihrem nackten Hals.

»Joan –«, sagte er ganz kleinlaut. Mein Gott, dachte sie, er hat ja Angst. Wie töricht von ihr, zu glauben, er sei erwachsen! Im Grunde war er noch ein kleiner Junge, was er auch getan haben mochte. Sie drückte ihn an sich. Doch im nächsten Augenblick hob er den Kopf und lächelte. Seine Augen waren feucht.

»Es ist merkwürdig, wenn man auf einmal von zu Hause weggeht.«

»Ich weiß«, sagte sie und ließ ihn los, damit er sich seiner Schwäche nicht zu schämen brauchte.

»In Wirklichkeit bin ich froh darüber«, gestand er.

»Ich weiß«, erwiderte sie gelassen.

Die Lokomotive stieß einen schrillen Pfiff aus, und Francis sprang aufs Trittbrett.

»Denke daran«, flüsterte sie, »ich bin immer hier für dich – wie Mutter.«

Eine Sekunde lang starrte er sie an. Dann entführte ihn der Zug, bevor sie seine Antwort hören konnte.

Nun mußte sie sich in diesem leergewordenen Haus ein neues Leben aufbauen. Als sie alle noch da waren, war es ihr oft so klein und eng erschienen. Sie war meistens in ihr Zimmer gegangen, wenn sie allein sein wollte, um zu träumen, zu lesen und ihre Musik zu schreiben.

Jetzt brauchte Joan sich nicht mehr auf ihr Zimmer zurückzuziehen. Sie konnte in jedem Zimmer allein sein. Keine Stimme drang zu ihr, wenn nicht Hannah gerade ein Anliegen hatte. Es erschienen auch wenige Gemeindemitglieder im Haus. Als ihre Mutter noch lebte, waren sie häufig gekommen, um sich Rat bei ihr zu holen. Manchmal, wenn Joan im Garten Blumen schnitt, blieb wohl jemand stehen, um ein paar Worte mit ihr zu wechseln. Zu Anfang fragte so auch Mrs. Winters sie einmal:

»Hast du Nachricht von Rose, Joan? Ich habe letzte Woche einen Brief bekommen. Sie haben ihr Ziel erreicht. Den Namen kann ich nicht aussprechen. Rob schreibt, es ist schrecklich heiß, und sie haben sehr unter Fliegen und Moskitos zu leiden. Er macht sich große Sorgen um die vielen Blinden.«

Mrs. Winters war aus der Missionsgesellschaft ausgetreten und kam nicht mehr zu den Versammlungen. Joan gegenüber hatte sie dies unter vier Augen begründet. »Was ich zu geben habe, geht direkt an Rob. Ich kann es mir nicht mehr leisten, für Hinz und Kunz zu sorgen. Die Nächstenliebe beginnt zu Hause.« Manchmal machte sie sich Gedanken. »Ich habe das Gefühl, daß Rob das, was wir schicken, nicht für sich verwendet. Er redet ewig von der dort herrschenden Armut. Ich habe ihm gesagt: die Armen werden nicht alle, und was wir schicken, ist für *dich*. Aber auf mich hört ja keiner. Was schreibt Rose?«

Ja, was schrieb Rose eigentlich? Es stand so wenig in ihren Briefen. Ihre große Handschrift bedeckte die Seiten und ließ sie fast so leer wie zuvor. »Der Herr hat seinen Segen über uns ausgeschüttet: wir haben heute morgen sieben neue Seelen getauft, vier Frauen und drei Männer. Die Arbeit schreitet voran trotz des Widerstandes, den uns viele entgegenbringen. Aber wir denken an das Wort: ›Gesegnet sind die Verfolgten —‹«

Joan wollte etwas Persönlicheres hören und stellte tausend Fragen. »Rose, wo ist dein Heim, und wie sieht es aus? Hast du das seidene Nachthemd getragen? Liebt ihr beiden euch sehr, du und Rob? Geht ihr abends im Garten spazieren? Scherzt ihr ein wenig miteinander und vergeßt mitunter die Blinden, die Krüppel und die Armen?«

Doch Roses Briefe enthielten nichts, was in den Missionsversammlungen nicht laut vorgelesen werden konnte. Dort hörte man mit ernster Miene zu, zuerst höflich, dann etwas gelangweilt. Mrs. Parsons war jetzt die Vorsitzende. Aber die anderen mußten sie dauernd antreiben und korrigieren. Als Roses Briefe verlesen wurden, dachte sie: das gäbe eine reizende Geschichte — diese beiden tapferen jungen Missionare, die hinausgezogen waren, um denen das Wort Gottes zu bringen, die im Dunkeln sind . . .

Ja, Roses Briefe lasen sich ganz schön in den Missionsversammmlungen, aber die Stille im Hause belebten sie nicht. Joan erhielt den ersten, flüchtig hingekritzelten Brief von Francis.

Liebe Joan,

ich habe eine Beschäftigung. Aber an Fliegen ist noch nicht zu denken. Bin praktisch ein Laufbursche und muß alles tun, was die anderen mir auftragen. Doch gestern durfte ich helfen, ein Flugzeug zu säubern. Wenn ich bei der Stange bleibe, lerne ich vielleicht eines Tages fliegen. Man hat mir gesagt: jeder muß von der Pike auf dienen. Schicke mir bitte das Fahrrradgeld an diese Adresse. Ich teile mein Zimmer mit einem Jungen, den ich vom Flugplatz her kenne. Ich bin O. K.

Das Schweigen und die Einsamkeit im Haus lasteten immer schwerer auf ihr. Was gab es schon für sie zu tun? Sie polierte die Möbel, bis sie glänzten, füllte die Vasen täglich mit frischen Blumen und wurde ein wenig pedantisch. Es störte sie, wenn ein Vorhang schief hing oder ein Buch aus der Reihe hervorragte. Ihr Vater bewegte sich vom Studierzimmer zum Eßzimmer und dann zum Schlafzimmer. Wenn er gelegentlich ins Wohnzimmer kam, blieb er nur einen kurzen Augenblick, um zu warten, bis sie seinen Hut gefunden hatte, oder um sich auszuruhen, wenn er von einem Gang zurückkam.

Ein paarmal erschien Ned Parsons, um sie zum Picknick einzuladen. Aber sie ging nur ein einziges Mal mit, denn es hatte ihr keinen besonderen Spaß gemacht. Die meisten waren jünger als sie, und selbst ihren Altersgenossen gegenüber kam sie sich nach allem, was sie durchgemacht hatte, bedeutend älter vor. Das junge Volk näherte sich ihr sehr höflich: »Miß Richards, darf ich Ihnen etwas Kartoffelsalat anbieten?« — »Miß Richards, haben Sie etwas dagegen, wenn wir auf den Berg klettern?« Sie hätte darauf antworten können: »Im Gegenteil, ich komme mit — auch ich steige gern einmal auf einen Berg!« Doch Netta Weeks war ihr ein warnendes Beispiel — die arme, gräßliche Netta Weeks, die nicht bei ihrer Altersgruppe blieb, die sich immer unter die Jungen mischte, die alles mitmachen wollte und krampfhaft bemüht war, eine lärmende Fröhlichkeit zur Schau zu tragen. Joan, die ihr Treiben beobachtete, sah, daß sie nur verächtlich geduldet wurde, daß das junge Volk heimlich vor Wut mit den Zähnen knirschte und sich gegenseitig fragte: »Was will die alberne Schrulle eigentlich — warum läßt sie uns nicht in Ruhe?«

Ned Parsons forderte sie zu einem Spaziergang auf. Doch sie hatte keine Lust. Ned Parsons genügte ihr nicht mehr. Sie sehnte sich jetzt nach echter Liebe.

»Ich bin müde, Ned«, sagte sie sanft. »Warum gehst du nicht mit Netta? Netta!« rief sie energisch, um sie endlich von dem jungen Volk wegzulocken. »Netta, komm her und gehe für mich mit Ned spazieren. Ich bin müde.«

Netta kam sofort herbei, ein kokettes Lächeln auf ihrem törichten, runden, gebrillten Gesicht, und zierte sich zunächst ein wenig.

»Oh, ich möchte dir deinen jungen Mann nicht wegnehmen, auf keinen Fall!« wieherte sie laut.

»Er ist nicht mein junger Mann«, erwiderte Joan schlicht. Sie sah ihnen nach. Netta klammerte sich bereits an Neds Arm.

Warum nicht? dachte sie. Sie suchten beide einen Partner.

Joan ging allein nach Haus. Ein Partner, dachte sie, alle suchten sie nach einem Partner. Am Spätnachmittag kam sie heim. Die Leere, das Schweigen in dem Haus waren kaum zu ertragen. Nirgends ein Fünkchen Leben — nur in ihrem eigenen Körper. Sie sah sich plötzlich in dem langen Spiegel am Ende des Flurs: groß, kräftig, voll blühender Gesundheit — reif und bereit.

Ich habe noch nie einen Heiratsantrag bekommen, dachte sie, während sie sich betrachtete. Sie hatte an Gewicht zugenommen, ihre Brüste waren rund, ihr Mund voll. Sie kannte nicht einmal einen Mann, und wie sollte jemand sie hier finden? Aber sie war an dieses Haus gefesselt, solange ihr Vater lebte. Sie war an ihn gebunden. Langsam ging sie nach oben und legte Hut und Mantel ab. Dann warf sie sich auf ihr Bett, und eine unendliche Sehnsucht befiel sie.

Sie starrte zur Decke empor und spürte ein heißes Verlangen in allen Gliedern.

Ich möchte heiraten, dachte sie verzweifelt, ich glaube, ich würde den ersten Mann heiraten, der mir über den Weg läuft — nur nicht Ned Parsons. Ich möchte Kinder haben.

Von jetzt ab war das stille Haus mit ihrem Begehren, mit ihrer Unruhe angefüllt. Es erschien ihr nicht länger wichtig, ob ein Vorhang schief hing oder ob Blumen in einer Vase welkten. Wer sah das überhaupt? Nur sie selbst. Und was für eine Beschäftigung war dies schon für ihren Körper, der nach anderen Dingen schrie? Tausend Kleinigkeiten irritierten sie.

»Es ist mir ganz gleich, was wir essen!« fauchte sie die erstaunte Hannah an, die um Vorschläge bat.

»Sie brauchen mir nicht gleich den Kopf abzureißen«, versetzte Hannah kühl.

»O Hannah, verzeihen Sie mir bitte«, rief sie. »Ich weiß nicht, was neuerdings in mich gefahren ist!«

»Schon gut«, murmelte Hannah. »Sie waren nie so sanft wie Rose.«

»Vater«, bettelte Joan, »laß uns irgendwohin fahren — laß uns mal Ferien machen!«

Er wanderte gerade gemessen auf der Veranda hin und her. An regnerischen Tagen, wenn ihn keine Amtspflichten hinausriefen, ging er hier sechzigmal auf und ab, um sich die nötige Bewegung zu verschaffen. Nässe verabscheute er.

Joan saß auf dem Geländer unter dem weit ausladenden Dach. Bei ihren Worten blieb der Vater stehen und merkte sich im stillen, daß er beim dreiundzwanzigsten Gang angelangt war.

»Ferien?« wiederholte er überrascht. »Ich habe noch nie in meinem Leben Ferien genommen.«

»Eben darum«, sagte Joan. »Du mußt dich mal ausruhen.«

Dreiundzwanzig — dreiundzwanzig ... »Ausruhen wovon?« fragte er.

»Von der Arbeit«, erwiderte sie keck.

»Was sollte ich wohl mit all der Muße anfangen?«

»Schlafen, spazierengehen, eine andere Umgebung sehen!«

Er begann mit der vierundzwanzigsten Runde. »Ich müßte einen Stellvertreter bezahlen«, wandte er ein, als er an ihr vorbeikam. »Außerdem habe ich gar kein Verlangen nach Veränderung. Meine Arbeit gibt mir alles, was ich brauche.« Als er auf der fünfundzwanzigsten Runde wieder an ihrem Platz vorbeikam, war sie verschwunden.

Als sie wieder erschien, trug sie einen Regenmantel und einen alten blauen Hut und ging mit langen Schritten ins Freie hinaus. Es goß in Strömen. Im Nu glänzte ihr Mantel wie eine silberne Haut, und das Wasser lief ihr in die Schuhe. Sie hob den Kopf und ließ sich den Regen ins Gesicht peitschen. Nadelscharf fiel er auf ihre Lippen, wie ein harter Kuß. Voller Befriedigung stemmte sie sich gegen den Wind, um ihren rastlosen Körper zu ermatten. Sie konnte nicht denken, sie konnte nur fühlen. Während sie so über das nasse Gras, über das vollgesaugte Moos unter den triefenden Bäumen dahinging, jagte ein Bild das andere in ihrer fieberhaft arbeitenden Phantasie: Francis und jenes Mädchen — Martin und sie im Tal — alle auf der Suche nach Liebe. Sie eilte unbarmherzig weiter, bis schiere Müdigkeit die Bilder aus ihrer Vorstellung vertrieb. In der Abenddämmerung kehrte sie erschöpft nach Hause zurück.

Am Sonntag morgen in der Kirche kostete es sie die größte Mühe, still auf ihrem Platz zu sitzen. In ihr regten sich andere Wünsche: sie wollte aufspringen, tanzen, singen, laufen, umhertollen, die Straße hinabrennen und einen Gefährten finden. Dem ersten fremden Manne, der ihr begegnete, wollte sie zurufen: »Ist es nicht ein himmlicher Morgen? Die Sonne strahlt wie Gold, die Luft ist wie Wein — komm mit mir!« Lächelnd neigte sie den Kopf über ihre gefalteten Hände. Ihr Vater betete: »O Gott, steig herab zu den Deinen.« Nein, nicht Gott — nicht Gott an diesem Morgen!

Als das Lied angekündigt wurde, das sie singen sollten, sprang sie rasch auf die Füße und ließ ihre kräftige Stimme laut erschallen. Sie sang das Lied in einem rascheren Tempo als üblich, um alle mitzureißen, auch Martin Bradley, und sah, wie er sie im Spiegel über seinem Kopf anstarrte. Er war böse auf sie und hielt beharrlich sein Tempo ein. Sie aber steckte voller Mutwillen; sie wollte ihre Umgebung necken, ein wenig hochbringen. Die Gemeinde war völlig verwirrt, unbarmherzig hin und her gezerrt zwischen Joans lauter Stimme und der Orgel. Dann war das Lied zu Ende, und sie setzte sich wieder. Sie klappte rasch das Gesangbuch zu und neigte den Kopf für den Segen, während ihr Herz tanzte. Oh, irgend etwas mußte geschehen! Sie würde es einfach erzwingen! Nun stand sie auf und drehte sich erwartungsvoll um, ein Lächeln auf den Lippen.

Auf der anderen Seite des Ganges stand ein großer, stämmiger junger Mann. Es war der einfältige Farmer, den sie schon bei Roses Trauung gesehen hatte. Sie strahlte ihn plötzlich übermütig an und blickte ihm tief in die kleinen, glühenden braunen Augen. Er errötete über das ganze Gesicht bis zu seinem roten Haarschopf. In seinen riesigen Fäusten drehte er ständig einen steifen Strohhut, den er vor seiner Brust hielt. Sein Mund stand etwas offen. Langsam kam er auf sie zu.

»Ich wollte schon immer mit Ihnen sprechen«, sagte er hastig mit schwerfälliger, belegter Stimme.

»Warum tun Sie es denn nicht?« entgegnete sie eigenwillig. Oh, es lockte sie, diesen Mann zu hänseln, ihr Mütchen an ihm zu kühlen!

»Ich wußte nicht, ob es Ihnen recht war«, erwiderte er nach einer Weile, während er sie unverwandt anstarrte.

»Offenbar habe ich nichts dagegen«, sagte sie, immer noch lächelnd. Doch im selben Augenblick verabscheute sie ihn. Und trotzdem lächelte sie ihn unentwegt weiter an. Sie wollte irgend etwas erleben, ganz gleich, was es war.

Er kam einen Schritt näher und murmelte: »Wenn ich heute abend nach dem Melken zu Ihrem Haus käme, würden Sie dann eine Weile mit mir auf der Veranda sitzen?«

»Vielleicht«, entgegnete sie lachend.

Er nickte ihr zu ung ging steifbeinig den Gang hinunter. Ihr Blick weilte auf seinem breiten Rücken, auf seinen prallen Oberarmen, die beinahe aus den Nähten des billigen blauen Anzugs platzten. Aus dem steifen weißen Kragen quoll ein roter Stiernacken, und sein Kopf saß wie ein Klotz auf den gewaltigen, vierschrötigen Schultern. Ihr drehte sich der Magen ein wenig um. Aber sie dachte rebellisch: na ja, es ist jedenfalls eine kleine Abwechslung in diesem ewigen Einerlei.

Sie saß mit ihrem neuen Besucher auf der Verandastufe. Ihre Hände, ihre Kehle, ihre Brüste schienen ihn unheimlich zu faszinieren. Sie spürte seinen wollüstigen Blick und zog sich den Rock tiefer über die Knie und verschränkte die Arme auf der Brust.

Worüber unterhielt man sich mit einem Bauernlümmel? »Haben wir uns eigentlich schon mal gesehen?« fragte sie lebhaft. »Wo wohnen Sie?«

»Ein Stück die Straße lang, nach Westen zu«, erwiderte er. Seine Stimme klang hart, metallisch, nicht moduliert. Seine dicken Lippen waren es offenbar nicht gewohnt, Worte zu bilden. Sie waren steif, hart und trocken. Wenn er sprach, sammelte sich Feuchtigkeit in den Mundwinkeln. »Gesehen haben wir uns wohl«, fuhr er fort, »aber noch nicht miteinander gesprochen. Ich komme immer zur Kirche, um Sie zu sehen. Schon eine ganze Zeitlang.« Zwischen den einzelnen Sätzen machte er immer eine Pause, als müsse er den nächsten erst noch formen. Er versuchte, die Hände in die Taschen seines Sonntagsanzuges zu zwängen, aber die Hosen waren zu eng. »Meine Leute gehen nach Chipping Corners zur Kirche. Ich habe die Kirche gewechselt, seitdem ich Sie einmal gesehen habe — und das war, als ich mal durchs Dorf fuhr, um ein Bullenkalb, einen Jährling, zu verkaufen.«

»Wirklich?« Sie lachte amüsiert. Was für eine Idee, Sonntag für Sonntag zur Kirche zu kommen, um sie zu sehen! Ein Hauch von Wärme schlich sich in ihr Lachen, auch ein Funke von Koketterie. Diese riesige, einfältige Kreatur war immerhin ein Mann. Er horchte auf und rückte ein wenig dichter an sie heran. Seine kleinen, tiefliegenden Augen hefteten sich auf ihre Hände, die sie um ihre Knie geschlungen hatte. Er bewegte seine eigene Hand und ließ sie wie von ungefähr zwischen ihnen auf der Stufe liegen. Sie spürte, was in ihm vorging. Seine einfachen Gedanken waren nicht schwer zu erraten. Bald würde seine Hand auf ihrer Hand liegen. Wenn ein solcher Mann ein Mädchen aufsuchte, so geschah es doch nur zu einem einzigen Zweck: sich eine einfache, unmittelbare Befriedigung zu verschaffen. Sie war auf der Hut.

Regungslos beobachtete sie, wie seine Riesenpranke sich bewegte, herabsank und ihre beiden verschlungenen Hände bedeckte.

Hart und steif lag seine Hand auf ihren. Joan betrachtete sie aus der Nähe. Sie war breit und fett, jeder Finger gleichmäßig dick bis zur Spitze, die Handfläche fleischig. Der kleine Finger war scharf gebogen, als sei er gebrochen.

»Haben Sie sich den kleinen Finger gebrochen?« fragte sie laut. Warum fragte sie eigentlich, wenn es ihr doch gleichgültig war? Die Hand stieß sie ab.

»Nein«, erwiderte er, ohne seine Hand wegzunehmen. »Kommt von der Arbeit — von nichts als der Arbeit. Der andere ist genauso.« Er hielt die andere Hand empor, um ihr den Finger zu zeigen. Selbst in der trüben Beleuchtung konnte sie die riesigen Sommersprossen und das grobe rote Haar auf seinem Arm sehen, weil sein Ärmel zu kurz war. Auch auf seinem Handrücken wuchs dieses wilde rote Haar. Sie schauderte und versuchte, seine Hand abzuschütteln. Aber sie blieb liegen wie ein Stein.

»Nehmen Sie Ihre Hand weg«, verlangte sie ungestüm. »Ich lasse mich nicht gern berühren«. Er wartete einen Augenblick. Dann nahm er sie fort, ohne ein Wort zu sagen. Sie spürte, daß er wartete, daß er sie bestimmt wieder auf ihre Hand legen würde. Unvermittelt stand sie auf. »Ich muß jetzt ins Haus gehen«, sagte sie rasch. »Ich habe noch zu tun.«

Er erhob sich schwerfällig. Dann stand er vor ihr mit seinem unförmigen Körper — größer als sie selbst — und starrte sie störrisch an. Wieder empfand sie einen Augenblick lang Furcht vor ihm. Aber dann sagte er in ruhigem Ton: »Dann also gute Nacht. Ich komme wieder — wenn Sie wollen.«

»Gute Nacht«, rief sie und stand bereits an der Tür. »Gute Nacht —«

Ohne sich umzublicken, rannte sie auf ihr Zimmer. Nie würde sie ihn bitten, wiederzukommen, niemals! Sie war glücklich, daß sie wieder im Hause war, in diesem einsamen Hause. Wo war ihr Vater? Sie lief wieder nach unten und klopfte an seine Tür.

»Ja, bitte«, rief er.

Sie trat rasch ein. »Vater?«

»Ja, was willst du?« fragte er. Er saß in seinem alten Lehnsessel an einem erlöschenden Holzfeuer, die Hände im Schoß gefaltet. Er trug seinen alten geflickten Hausrock, und sein weißes Haar über dem schmalen Gesicht war ein wenig zerzaust. Sie wußte, daß er gerade sein Abendgebet beendet hatte. Er betrachtete sie mit seinen verklärten Augen.

»Vater«, sagte sie. »Ich — ich fühlte mich plötzlich ein wenig einsam.«

Nie zuvor hatte sie so etwas gesagt, und er blickte sie verstört an.

»Bist du krank, Joan?«

Zu seinem Entsetzen sank sie auf die Knie und legte den Kopf auf seinen Arm. Er rührte sich nicht. Er merkte, wie sie den Kopf schüttelte. »Einsam, einsam«, hörte er sie flüstern. Er mußte irgend etwas tun, das spürte er. Scheu legte er ihr die Hand auf den Kopf, zog sie aber rasch zurück. Doch etwas Zuspruch mußte er ihr wohl geben.

»Möchtest du — was meinst du — möchtest du mir bei meiner Missionsarbeit in South End helfen? Es würde dich beschäftigen.«

Aber wer konnte je die Frauen verstehen? Mit einem Ruck hob sie den Kopf und sah ihn lange an. Dann begann sie laut zu lachen, bis ihr die Tränen in den Augen standen. Er wartete, schmerzlich berührt. Er hatte ihr doch helfen wollen. Endlich hörte sie auf zu lachen und trocknete sich die Augen.

»Ich werde dir helfen«, versprach sie. »Ja, vielleicht ist es ganz gut . . . Gute Nacht, armes Väterchen.«

Sie beugte sich zu ihm herab und küßte ihn flüchtig auf die blasse, hohe Stirn. Dann ging sie fort, und er dachte ganz befriedigt: sie fühlt sich besser. Das Lachen hatte ihr gutgetan, obwohl er die Ursache nicht verstand. Er glaubte, einmal von einem Arzt gehört zu haben, Lachen sei gesund. Aber warum »armes Väterchen«?

Warum hatte Martin sie aufgewühlt, leidenschaftliche Gefühle erweckt, ohne sie zu befriedigen? Mit dem, was jetzt in Joan vorging, hatte dieser Mann, der ihr jetzt so beharrlich nachstellte, weniger zu tun als eine Biene, die sich zufällig auf einer Blüte niederläßt, um sie zu befruchten. Er ließ sie ganz deutlich spüren, warum er kam. Denn er kam jetzt jeden Sonntag, ohne zu fragen, ob es ihr recht sei. Sie merkte, daß er erschien, um Schritt für Schritt den Plan auszuführen, den er sich zurechtgelegt hatte. Nachdem er zuerst ihre Hände berührt hatte, nahm er beim nächstenmal ihre Hand und hielt sie in der seinen. Seine Art, wie er es tat, machte ihr deutlich, daß er dies für sein gutes Recht hielt. Dann ging er einen Schritt weiter und legte ihr den Arm um die Hüfte. Angeekelt scheute sie zurück, und doch reizte sie jede neue Regung, die von ihm ausging.

Wenn sie ihm zürnte — und jede neue Form der Annäherung erregte ihren Zorn —, wartete er einfach oder antwortete ihr mit steifen, starren Lippen. »Fassen Sie mich nicht so an, Bart Pounder!« rief sie ihm zu und bemühte sich, leise zu sprechen, obwohl ihr Vater sie ohnehin nicht gehört hätte.

»Nein?« erwiderte Bart, ohne sich zu rühren. Dann ergriff sie wohl seine große Hand und schleuderte seinen Arm von sich, als wäre er eine Schlange. Er ließ das geschehen. Doch ehe er fortging, lag der Arm wieder an der alten Stelle. Dann schwieg sie und duldete, schaudernd und aufgewühlt, diese wuchtige, hartnäckige Umarmung. So würde er eines Abends ihre Brust berühren, dachte sie, und so ihre Lippen küssen. Sie kannte den Verlauf, aber nicht das Ende. Wenn er sie geküßt hatte, was dann?

Nachts, wenn er längst gegangen war, wachte sie oft auf, in kaltem Schweiß gebadet, und fragte sich, wie das alles enden sollte. Sie fürchtete sich in der Nacht, in dem leeren Haus, wo nur der alte Mann nebenan in leichtem Schlaf lag. Rose und Francis und ihre Mutter — alle fort, als hätten sie nie existiert. Sie war allein, und es war niemand in der Nähe, an den sie sich klammern konnte. Sie sehnte sich nach ihrer Familie. Um sie herum herrschte abgrundtiefes, unpersönliches Schweigen — um sie, die so sehr Wärme, Sicherheit und Menschennähe liebte. Sie würde immer älter werden, wie Miß Kinney, immer warten . . . warten.

Dann kam der November. Die Unrast trieb sie aus dem Haus. Doch auch im Garten fand sie keine Ruhe. Der Garten, den sie gepflegt hatte, war öde und tot. Aber draußen die Wälder längs der Straße waren voll Schönheit. Die roten Äpfel, die wilden dunklen Trauben an den Steinmauern, die fallenden Nüsse, die späten gelben Birnen sprachen alle von Erfülltsein. Die Energie, die all die leuchtenden Farben ausstrahlten, trieb sie zur äußersten Ruhelosigkeit.

Sie ging zu ihrem Vater. »Gib mir die Arbeit, die du mir zugedacht hast. Ich bin jetzt bereit. Mich drängt es nach einer Beschäftigung.« Diese Bitte war nur ein Vorwand, um durch die Felder und über die prächtige Straße nach South End laufen zu können. »Ich brauche Hilfe bei den jungen Leuten«, erwiderte ihr Vater. Aus seinen Worten klang eine leise Erregung . . .

Dies war ein Beweis dafür, daß Gott sein Gebet erhört hatte. Er spürte auf einmal den Wunsch, die Hand auszustrecken und ihren Arm zu berühren. Doch so etwas hatte er nie getan, und so beherrschte er sich auch jetzt. Er lächelte nur schwach und sah ihr nicht einmal frei ins Auge.

»Du wirst schon merken, was not tut«, murmelte er, »wenn du erst dort bist. Ich bin überzeugt, daß Gott dich leiten wird.« Sehnsüchtig blickte er in die Ferne.

An einem sonnigen Nachmittag wanderte sie nach South End. Sie wollte zu Fuß gehen über die rauhe Landstraße, um alle Schönheiten zu entdecken, die sich am Wegesrand boten. Da stand eine riesige verdorrte Eiche, einst vom Blitz getroffen und jetzt ein flammender Turm, von feuerrotem wildem Wein umrankt. Hier kroch eine winzige flache Rebe wie eine blutrote Schlange über einen Felsblock. Die Sonne strömte golden vom Himmel, und aus der Ferne grüßten blaue Berge. In den Straßen von South End leuchtete jede Blechdose in der Sonne, jede Glasscherbe, jedes rote Kleid. Sie liebten Rot hier. Die Babys trugen rote Höschen und die jungen Mädchen rote Blusen und rote Bänder in ihrem straffgeflochtenen Haar. Rote Geranien blühten in rostigen Konservendosen, und hier und da hatten vom Winde verwehte Samen kirschrote Zinnien aufsprießen lassen.

Sie drängten sich alle in die Kapelle mit ihren schwarzen, braunen, bernsteinfarbenen Häuten, ihren roten Bändern, ihren rollenden, rastlosen schwarzen Augen. Laut und munter tauschten sie Bemerkungen aus und wurden erst ruhig, als ihr Vater zu sprechen begann. Dann lauschten sie in einem Schweigen, das keine Ruhe in sich barg. Es war wie die Stille vor dem Sturm. Als ihr Vater den Choral ankündigte, begann eine kleine Orgel mit blechernem Klang zu spielen, und sofort tönte der Gesang, laut, synkopiert, voller Wildheit. »Gib Frieden, Herr«, sangen sie schallend, sich hin und her wiegend.

... Aber es lag kein Friede darin — sie wollten gar keinen Frieden. Wer wollte schon Frieden? Joan spürte die Erregung in ihrem eigenen Blut — keinen Frieden — keinen Frieden — wie konnte man nach Frieden verlangen, wenn man voller Leben war? O Gott, laß das volle Leben über mich hinbrausen! Dieser Schrei kam aus tiefster Seele. Plötzlich dachte sie an Francis. Er hatte hier seinen Lebenshunger auf gewisse Weise stillen können. Rasch ließ sie ihren Blick über die Menge gleiten. Sie war froh, daß sie niemanden unter ihnen kannte. Plötzlich spürte sie, daß sie nichts für sie tun konnte — für keinen dieser Menschen. Man sollte ihr Leben nicht ändern — sie sollten auf ihre Weise weiterleben. Sie hörte nicht mehr auf das, was ihr Vater sagte. Sobald er fertig war, stand sie auf und ging rasch hinaus. Hinter ihr drängten sich die Leute aus der Kapelle, begierig zu lachen, und zu reden. Sie strömten an ihr vorbei, und sie sah, daß sie ihre Schuhe ausgezogen hatten und barfuß, die zusammengebundenen Schuhe in der Hand, die staubige Straße hinuntereilten. Sie lachten aus voller Kehle und stimmten hin und wieder ein Lied an. Zu zweit und zu dritt blieben sie bei ihren schäbigen, baufälligen Häusern stehen. Joan ging nicht sofort nach Hause, sondern machte erst noch einen Spaziergang. Auf dem Rückweg klopfte Mrs. Marks an die Fensterscheibe, und Joan ging zu ihr hinein.

»Wo bist du gewesen?« fragte Mrs. Marks.

»Ich hatte Vater versprochen, ihm in South End zu helfen — aber ich glaube, ich kann es nicht«, erwiderte sie. Sie fühlte sich gezwungen, Mrs. Marks die Wahrheit zu sagen.

»Wozu willst du denn helfen?« versetzte Mrs. Marks. »Sie brauchen keine Hilfe — sie genießen ihr Leben. Geh nach Hause und versuche, etwas zu finden, was dich halb so glücklich macht, wie sie es sind.«

Sie blickte Joan unwirsch an. Sie konnte ihr rechtes Bein nicht mehr bewegen. Wenn sie ihre Krücken benutzen wollte, mußte sie es immer erst mit beiden Händen verlagern.

»Nun geh und tu, was ich dir sage.«

»Ja, Mrs. Marks.«

Sie zögerte noch ein wenig. Wie immer fiel es ihr schwer, eine so hilflose Kreatur allein zu lassen. »Nun geh schon«, drängte Mrs. Marks. »Ich muß jetzt aufstehen und mein Abendessen machen.« Sie ließ niemanden zusehen, wenn sie aufstand. Also verließ Joan das Haus und ging die lange Straße hinunter, während die Sonne glühend hinter den Bäumen versank.

Ja, Mrs. Marks hatte recht. Sie mußte ihrem Vater sagen, daß sie ihm nicht helfen konnte — jedenfalls nicht in South End. Die Leute dort waren stärker als sie. Es würde ihr gehen wie den Melodien der Kirchenlieder, die sie aufnahmen und denen sie ihren kräftigen Rhythmus aufzwangen. Wenn sie oft unter ihnen weilte und sie singen hörte, würde sie mit ihnen singen und nicht gegen sie ansingen. Sie lachte leise vor sich hin, als sie daran dachte, mit welcher Entschlossenheit ihr Vater sich an die ursprüngliche Melodie geklammert, mit welcher Hingebung und Standhaftigkeit sich seine dünne, hohe Stimme gegen den Ansturm der dunklen, vibrierenden Stimmen behauptet hatte. In der tiefen Novemberdämmerung hörte sie wieder den Gesang der Schwarzen. Unwillkürlich geriet sie beim Gehen in denselben Rhythmus, und ihr Blut pulsierte rascher. Sinnlos, jemanden retten zu wollen, wo sie sich selbst nicht retten konnte. Sie wollte die Erde, nicht den Himmel; das Leben, nicht die Erlösung davon. Sie fühlte sich federleicht, als sie durch die windstille, mit schlummernden Kräften angefüllte Abenddämmerung ging.

... Allmählich drangen die Hufschläge eines trabenden Pferdes an ihr Ohr. Sie trat zur Seite und blieb wartend stehen. Der schwungvolle Rhythmus, der sie dahingetragen hatte, war unterbrochen. Sie blickte die Straße entlang und sah einen schwerfälligen, stämmigen Mann auf einem grobknöchigen Ackergaul. Sofort wußte sie, wer es war.

Er rief ihr einen derben Gruß zu, und sie trat noch etwas weiter zurück.

»Guten Abend, Bart!« sagte sie kühl, aber er bemerkte ihren abweisenden Ton nicht. Er sprang von seinem Pferd und kam auf sie zu. Im Zwielicht entdeckte sie plötzlich, halb gegen ihren Willen, daß er hier auf der offenen Landstraße, inmitten der freien Felder, besser aussah als je zuvor. Er trug sein Arbeitszeug: blaue Niethose und ein grobes, glaues, offenes Hemd mit aufgerollten Ärmeln. Die Dämmerung verbarg seine steifen, trockenen Lippen, seine dicke, flache Nase. Sie sah nur seine Umrisse: die breiten Schultern, seine Schenkel, seine Arme. Hier wirkte er wie ein schönes Tier. Als er sich ihr näherte, stieg ihr ein Duft von Gras und Erde in die Nase — ein reiner, kräftiger Geruch. Atemlos wich sie vor ihm zurück.

»Wo sind Sie gewesen?« fragte er. »Habe Glück gehabt, daß ich Sie hier treffe!«

Sie spürte sein instinktives Verlangen, sie an sich zu drücken. Dann auf einmal hielt er sie in den Armen. Sie fühlte, wie seine Hand nach ihrer Brust tastete. Bisher hatte er ihre Brust noch nicht berührt. Sie hielt still, während sie sich selbst verachtete und sich zugleich nach dieser Berührung sehnte. Doch als sie sie spürte, schreckte sie davor zurück.

»Ich muß jetzt gehen«, stieß sie mit erstickter Stimme hervor. Das Blut sang in ihren Ohren. »Ich muß nach Hause. Lassen Sie mich gehen!«

»Na, sieh mal einer an!« rief er in geheuchelter Überraschung. »Wer hält Sie denn?«

»Sie«, erwiderte sie verzweifelt. Aber sie rührte sich nicht.

»Wer — ich?« Langsam preßte er ihre Brust.

»Ja«, flüsterte sie, voller Ekel und voller Begierde.

Plötzlich ließ er seine Hand fallen.

»Wer — ich?« sagte er noch einmal und lachte.

Sie blickte ihn an und sah in ihm — so ungern sie es sich eingestand — einen großen, stattlichen Mann, stattlich in seinem eigenen Element. Wortlos rannte sie durch die Dämmerung davon, nur von dem einen Gedanken beseelt: nach Hause zu kommen.

Sobald sie die Haustür hinter sich zugemacht hatte, verharrte sie einen Augenblick regungslos, die Hand auf der Klinke. Tiefstes Schweigen umfing sie. Die vertraute Umgebung erschien ihr unerträglich schäbig, leer und hoffnungslos.

»Wie konnte ich mich nur von ihm berühren lassen?« fragte sie sich ungestüm. Die unnatürliche Stille dauerte dort, und sie fühlte sich getrennt von allem, was in diesem Haus lebendig war.

Am Sonnabend morgen erwachte sie bei strahlendem Sonnenschein. Sie lachte vor Erleichterung und schalt sich wegen ihrer düsteren Stimmungen. Morgen würde sie Bart bitten, nie wiederzukommen. Sie wollte nichts von ihm. Sie hatte ja soviel. Ihre Familie brauchte sie genauso wie früher. Rose hatte in ihrem letzten Brief geschrieben:

Kauf mir bitte zwei Paar schwarze Strümpfe, ein Stecknadelheft, drei Rollen weißes Garn und ein paar Nähnadeln. Solche Kleinigkeiten können wir hier nicht bekommen. Wir tragen jetzt die Kleidung der Eingeborenen, aber die Nadeln sind stumpf, kurz und schwer zu halten. Du wirst dich sicherlich mit uns freuen, daß am vergangenen Sonntag weitere vier Menschen, drei Frauen und ein Mann, in die Kirche aufgenommen wurden —

Sie würde diese Sachen gleich heute kaufen. Sie würde zu Robs Vater gehen und sagen: »Diese Dinge wandern bis nach China, Mr. Winters, zu Rob und Rose.« Er würde dann gewiß eine Kleinigkeit beilegen wollen — er war ja so sanft und gütig und gefällig.

In heiterer Stimmung sprang sie aus dem Bett. Das Haus war wieder so wie früher. Rose und Frank lebten wieder und brauchten sie. Und dann ihr lieber alter Vater! Beim Frühstück scherzte sie mit ihm und lachte, als er sie ganz verdutzt anblickte.

»Ich mache ja nur Spaß«, rief sie und drückte einen flüchtigen Kuß auf sein weißes Haar.

»Deine Mutter war manchmal auch so aufgelegt«, bemerkte er mit sanfter Geduld.

Ein Schatten huschte über ihr Gesicht. »Nun – ich will dich nicht mehr necken«, sagte sie reumütig.

Jetzt mußte sie die Sachen für Rose besorgen. Auch sie würde ein kleines Geschenk für Rose mit einpacken. Sie hatte mehrere Dollar gespart. Vielleicht etwas bunten Kleiderbesatz – aber nein, sie trugen ja einheimische Tracht. Warum erzählte Rose eigentlich nie, wie sie aussahen? Oder vielleicht ein Paar Seidenstrümpfe? Es war doch unmöglich, daß Rose im geheimen nicht für seidene Strümpfe schwärmte. Rasch zog sich Joan ihren alten braunen Mantel an, stülpte sich ihren Hut auf und eilte leise singend die Straße hinunter.

In der Ecke des Ladens, wo die Baumwollstoffe verkauft wurden, sah sie Ned Parsons. Sie hatte keine Lust, sich heute mit ihm abzugeben, aber wahrscheinlich würde ihr das nicht erspart bleiben – er würde gewiß eifrig herbeieilen. Doch nein – er schien ganz in eine Liste vertieft zu sein und sie überhaupt nicht zu sehen. Sie begann Mr. Winters zu suchen und entdeckte ihn schließlich in einem Lagerraum inmitten halbgeöffneter Kisten und Kartons. Er war ein großer, engbrüstiger Mann. Es war allgemein bekannt, daß er »schwindsüchtig« war. Daß er noch am Leben war, verdankte er einzig und allein Mrs. Winters' Ausdauer und Willenskraft. Von sich aus hätte er niemals Milch, Butter oder Eier angerührt. Aber zweimal täglich kam seine Frau mit einem Glas Eiermilch in den Laden, das er in ihrer Gegenwart austrinken mußte.

»Mr. Winters!« rief Joan strahlend. »Ich möchte ein paar Sachen für Rose kaufen, und ich dachte mir, daß Sie das interessieren würde.«

Ein Lächeln glitt über sein runzeliges Gesicht, und ihr Herz schlug ihm warm entgegen. Er war so gütig.

»Na, dann wollen wir mal sehen, was sich machen läßt.« Er war sofort ganz Feuer und Flamme. »Ich bin gerade dabei, Parfüm auszupacken. Parfümierte Damen, sage ich immer, sind wie duftende Blumen.«

»Ich glaube«, sagte sie in warmem Ton, um ihn nicht zu verletzen, »es wäre praktischer, wenn wir ein Paar Seidenstrümpfe wählten – die sind leicht zu verschicken.«

Sofort machte er die Schachtel wieder zu. »Du hast recht«, sagte er rasch und eilte ihr voraus in den Laden.

Der Laden hatte sich inzwischen mit Kunden gefüllt. Da es Samstag war, kamen viele Frauen vom Lande, um ihre Einkäufe zu besorgen. Mehrere dieser Frauen standen an dem Ständer, wo die billigen Kleider für einen Dollar hingen. Impulsiv sagte sie zu Mr. Winters: »Bedienen Sie diese Frauen erst. Ich hab's nicht eilig.«

Joan lächelte den Frauen zu, aber sie sahen sie mit leeren Blicken an, ohne eine Miene zu verziehen. Sie nahmen ihre höfliche Geste entgegen, ohne sie zu erwidern. Waren sie scheu vor ihr, weil sie die Tochter des Pfarrers war und eine bessere Erziehung genossen hatte? Dummerweise fühlte sie sich betroffen.

Als Mrs. Bradley einen Augenblick später den Laden betrat, glaubte Joan eine gewise Kühle in ihrem Verhalten zu entdecken. Mrs. Bradley nickte ihr nur kurz zu, ohne ein Wort zu sagen oder zu lächeln. Vielleicht, dachte Joan, liegt es daran, daß ich mich schon durch die anderen verletzt fühle.

Dann kam Netta herein, und Netta war nicht kühl. Im Gegenteil, etwas zu warm und mitleidsvoll. Sie winkte schon von weitem, und als sie zu ihr trat, flüsterte sie: »Ich möchte dir nur sagen, daß ich immer zu dir stehen werde!«

»Was soll das heißen, Netta?« fragte Joan laut. Sie hatte immer das Bedürfnis, auf Nettas Getuschel mit sehr lauter Stimme zu antworten.

Doch Netta wandte sich jetzt Mrs. Bradley zu, die in der Nähe stand und horchte. »O Mrs. Bradley, ich möchte Ihnen nur versichern, daß Martin am Sonntag wundervoll Orgel gespielt hat. Es ist so reizend von ihm, daß er weiterhin in diesem kleinen Nest spielt. Ich habe gestern noch zu Ned gesagt —« Kokett lachend, ging sie mit Mrs. Bradley davon. Sie erblickte Ned in seiner Ecke und winkte ihm zu. »Da ist er ja — er ruft mich.«

Mr. Winters hatte inzwischen einen harten Stand gehabt mit den kleiderwählenden Frauen. Er war bei der letzten Kundin angelangt. »Möchten Sie nicht lieber das blaue nehmen, Ma'am? Ich meine, Blau stände Ihnen besser als Rosa — und das blaue ist auch etwas größer.« Kopfschüttelnd blickte er zu Joan hinüber und fuhr sich durch das graue, borstige Haar.

»Sie hat das rosa Kleid gewählt«, flüsterte er ihr zu, als er wieder neben ihr stand. »Komisch, daß fette Frauen immer Rosa wählen müssen! Das habe ich nun schon seit zwanzig Jahren beobachtet. Nun, wie weit waren wir beide denn?«

Sobald ihre kleinen Einkäufe vor ihr aufgestapelt lagen, trabte er zurück in den Lagerraum und kam nach einer Weile mit einer blauen Glaskette wieder: »Diese Kette sollst du haben. Sie steht dir gut.«

»O nein«, sagte sie amüsiert, »das kann ich nicht annehmen.«

Zu ihrer Überraschung begann er zu stammeln, während er über ihre Schulter hinweg in einen anderen Winkel des Ladens starrte. Sie folgte seinem Blick und entdeckte Mrs. Winters, die ihnen den Rücken gekehrt hatte.

»Nimm sie nur«, drängte er. Dann setzte er verlegen hinzu: »Der alte Mann kann nichts dafür, das ist meine Ansicht. Denk daran, was die anderen auch sagen. Wir werden ja alle mal alt.«

Mit diesen Worten stürzte er fort und ließ sie mit der blauen Kette stehen. Sie nahm ihr Päckchen vom Tresen und ging nachdenklich nach Hause ... Offenbar stimmte etwas nicht mit ihrem Vater.

Leise, alle Sinne geschärft, betrat sie das Haus. Während sie über ihrer eigenen Ruhelosigkeit brütete, ihre eigene Einsamkeit beklagte, hatte ihr Vater sie nötig gehabt, und sie hatte nichts davon gewußt. Wann würde sie endlich lernen, nicht an sich selbst zu denken? Während sie die Zeit mit Scherz und Spiel zubrachte, hatte ihre Mutter gekränkelt, einen ganzen Sommer lang, ohne einen Ton zu sagen.

Sie legte Hut und Mantel ab und ging sofort ins Studierzimmer, ohne anzuklopfen. Am Sonnabendvormittag pflegte ihr Vater seine Predigt vorzubereiten. Alle seine Predigten schrieb er in seiner gleichmäßigen, großen Handschrift, die neuerdings etwas zittrig geworden war. Auf den Regalen lagen säuberlich datierte Stöße von Manuskripten. Nie wiederholte er eine Predigt. Das wäre ihm unredlich erschienen.

Aber jetzt schrieb er nicht. Er saß in seinem alten Lehnsessel dicht am Kamin, in dem ein kleines Feuer brannte, und wärmte sich die Hände an den flackernden Flammen. Als sie eintrat, wandte er langsam den Kopf und starrte sie an, als erkenne er sie nicht. Sie wurde sich plötzlich bewußt, daß er sie in letzter Zeit oft so angeblickt hatte. In dem sonnigen Raum sah sie in aller Schärfe, wie bleich er war. Er war ja immer blaß gewesen, aber noch nie kreideweiß wie jetzt. Es drängte sie, zu ihm zu laufen, ihn in die Arme zu schließen und ihm zu sagen, daß er nicht allein sei, weil sie bei ihm war, jung und lebensprühend. Aber sie wußte, daß es ihn erschrecken würde. Daher sagte sie nur ganz ungezwungen:

»Sieh mal, Vater, was ich für Rose gekauft habe! Ich sollte dich ja eigentlich nicht stören, aber ich dachte, du wolltest vielleicht auch etwas in das Päckchen legen. Sie würden sich so sehr darüber freuen.«

Er regte sich ein wenig und fuhr sich mit der Zunge über die weißen Lippen. »Ja, natürlich«, murmelte er. »Beim Abschied habe ich ihnen die verbesserte Ausgabe des alten und Neuen Testaments gegeben.«

Mühsam erhob er sich, indem er sich mit den Händen auf die Armlehne stützte. »Ja«, sagte er ratlos und faßte sich an den Kopf. »Was wollte ich noch? Ach ja –« er zog eine Schublade seines Schreibtisches auf, in der er seinen kleinen Vorrat von Briefpapier aufbewahrte, und nahm einen neuen Schreibblock und einen neuen Bleistift heraus. Nach kurzer Überlegung holte er einen zweiten Bleistift hervor. »Dies würde ihnen gut zustatten kommen«, meinte er und betrachtete den Block, als trennte er sich ungern davon. »In meiner Jugend«, fuhr er fort, »bekamen wir Kinder nicht viel Schreibpapier in die Hand. Ich kritzelte immer auf braunes Einwickelpapier. Aber es war oft sehr zerknittert.«

»Das läßt sich leicht mit einpacken«, sagte Joan. In Gedanken konnte sie den kleinen, ernsthaften Jungen sehen, der sich nach Papier und Bleistiften sehnte. Zögernd gab ihr der Vater den Block und die Stifte. Um ihn noch etwas länger zu beobachten, machte sie das Päckchen gleich auf der Stelle fertig und adressierte es. »Denk mal an, wie weit es über Land und Meer reisen muß!«, sagte sie und zwang sich zu einem heiteren Ton. Er hatte sich wieder in seinen Sessel gesetzt und war dabei, die halbverbrannten Holzscheite zusammenzuharken. Ihre Bemerkung schien er nicht gehört zu haben.

»So«, sagte sie, »nun ist es fertig. Und du willst sicher wieder an deiner Predigt arbeiten.« Als sie immer noch keine Antwort bekam, berührte sie seine Schulter. »Nicht wahr, Vater?«

Mit einer nervösen, brüsken Bewegung sah er zu ihr auf.

»Ja, natürlich«, erwiderte er hastig. »Selbstverständlich —«

Ja, etwas stimmte da nicht. Sie spürte es am Sonntag in der Kirche, die von einer gewissen Unruhe erfüllt zu sein schien.

Joan blickte sich aufmerksam um. Zu ihrem Erstaunen stellte sie fest, daß viele Gemeindemitglieder nicht anwesend waren. Mr. Parker, Mr. und Mrs. Weeks, die Newtons und viele andere fehlten, und es war ihr, als hätte ein bisher tadelloses Gewebe plötzlich Löcher bekommen. Aber Netta war da. Ebenfalls Mr. und Mrs. Billings mit ihren drei Söhnen. Mr. Billings blickte kampflustig drein, und Mrs. Billings machte wie üblich ein kleines Nickerchen. Ihre fetten roten Hände lagen im Schoß gefaltet. Sie erklärte immer lachend: »Sobald meine Hände ruhen, schlafe ich ein. Mein Mann neckt mich deswegen sehr. Aber ich kann's nicht ändern.« Ein tröstlicher Anblick für Joan, der in ihr flüchtig die Illusion erweckte, daß alles noch so sei wie früher.

Hinten in der Kirche saß Bart Pounder. Sie sah, wie er sie anblickte, und wandte rasch den Kopf. Dann entdeckte sie Dr. Crabbe! Warum war Dr. Crabbe, der sonst nie zur Kirche ging, heute hier?

Dann stand ihr Vater, groß und bleich, auf der Kanzel. Die leeren Plätze schien er gar nicht zu bemerken. Er schloß die Augen, und sein Gesicht nahm unwillkürlich den alten Ausdruck ehrfürchtiger Verzückung an. »Lasset uns beten. O Gott, unser Fels in Nacht und Sturm —« Seine ernste Stimme hallte durch den hohen, schattenerfüllten Altarraum.

Er öffnete die Augen und begann zu predigen, und Joan spürte eine gewisse Beruhigung. Dann hatte er also gestern, nachdem sie ihn verlassen hatte, doch noch seine Predigt aufgeschrieben ... Ein leises Rascheln wurde hörbar: Martin Bradley blätterte in seinen Noten; Netta Weeks nahm ein Gesangbuch aus dem Ständer und las auffällig darin. Joan schoß vor Zorn das Blut in die Wangen. Am liebsten hätte sie Netta das Buch aus der Hand gerissen und Martin zur Rede gestellt. Aber sie beherrschte sich. Kerzengerade saß sie da, den Blick auf das Gesicht ihres Vaters gerichtet, und hörte aufmerksam zu. Er las seine Predigt sorgfältig ab von Anfang bis zu Ende, ohne ein einziges Mal aufzublicken, ohne seine Stimme zu heben oder zu senken.

Eines war Joan unverständlich: wie konnten diese Menschen, die ihr von Kindheit an vertraut waren, die fast mit zu ihrer Familie gehörten, deren Liebe und Wohlwollen eine Schutzmauer um sie gebaut hatten, auf einmal so feindselig sein? Hin und wieder hatte es auch früher schon kleine Unstimmigkeiten gegeben. Ihre Mutter hatte manchmal am Frühstückstisch bemerkt: »Paul, predige nicht so oft über die Fremdenmission — denke an die Kinneys!« Oder: »Mrs. Winters war etwas eingeschnappt, weil du am letzten Sonntag Paulus' Ausspruch über die Frauen zitiert hast — das ist ein irritierender Vers, Paul!« Aber das waren doch nur Nichtigkeiten. Woher dieser plötzliche Umschwung?

Joan wanderte nachdenklich im Garten hin und her und kam zu einem plötzlichen Entschluß. Sie würde zu Ned Parsons gehen und ihn fragen. Ned, der einmal in sie verliebt gewesen war, würde es ihr gewiß sagen. Sie würde ihm gar keine Gelegenheit geben, Ausflüchte zu machen, sondern ihn direkt fragen: »Was ist mit meinem Vater los?«

Sie zog ihren Mantel an und machte sich auf den Weg zu Winters' Laden. Es war fast Mittag, und da war der Laden leer. Selbst Mr. Winters war zum Essen nach Hause gegangen. Ned war mit seinen Baumwollstoffen beschäftigt.

»Guten Tag, Joan!« rief er, ohne sich in seiner Arbeit stören zu lassen. Früher wäre er Hals über Kopf herbeigerannt, um sie zu begrüßen! »Womit kann ich dienen?« — Ned, der Verkäufer. Sie dachte an sein Gesicht, als er sie noch über seine Gitarre hinweg anschmachtete.

»Spielst du immer noch Gitarre?« fragte sie plötzlich.

Er blickte sie über einen Ballen geblümten Stoffes hinweg erstaunt an und lachte etwas verlegen.

»O ja.« Er hüstelte und schluckte und fummelte mit seinem Bleistift. »Hör mal, Joan, ich bin dir eigentlich zu großem Dank verpflichtet. Du hattest keine Ahnung, was geschehen würde, als du Netta und mich neulich beim Picknick zusammen losschicktest. Ich glaube, ich habe damals zum erstenmal gesehen, was für ein nettes Mädchen sie ist. Ich hatte sie ja schon als Kind gekannt. Aber sie war etwas älter als ich. Jetzt hat das natürlich nicht viel zu bedeuten, aber als Kinder —« Er brach ab und lachte sein helles, törichtes Lachen.

»Das freut mich sehr«, sagte sie und sah ihm dabei offen ins Gesicht. Aber er schlug die Augen nieder und spielte mit dem bunten Stoff.

»Nun — ja —« Er blickte sie verstohlen an und wurde krebsrot. »Wir haben immer große Dinge von dir erwartet, Joan. Ich habe immer geglaubt, du seist zu gut für unsersgleichen — mit deiner Ausbildung und deinem Komponieren.«

»Ned«, unterbrach sie ihn, »nun sag mir mal, was haben die Leute eigentlich gegen meinen Vater?«

Aufgeschreckt durch diese unerwartete Frage, blickte er endlich zu ihr auf. »Nun —«, begann er nervös.

»Heraus mit der Sprache!« gebot sie.

»Ach, eigentlich nichts, aber manche meinen, er ist zu alt«, stieß er hervor. »Andere sagen wieder, er hat mehr für die Neger da unten in South End übrig als für seine eigene Gemeinde. Man muß schon ein Neger oder ein Heide sein, sagen sie, sonst hat er kein Interesse.« Verlegen schob er seine Stoffballen hin und her.

»Weiter«, sagte sie unerbittlich und ein wenig verächtlich.

»Na, du weißt ja, wie die Menschen in einem so kleinen Nest nun einmal sind. Sie wollen einen jüngeren Mann haben — einen, der mit der Zeit geht und so weiter. Drüben in Lawtonville sitzt einer, auf den haben sie ihr Augenmerk gerichtet.«

»Aha, ich verstehe«, sagte sie mit klarer Stimme. »Vielen Dank, Ned.«

Sie wandte sich zum Gehen, und er rief ihr nach: »Es ist aber noch eine gute Handvoll Leute da, die ihn nicht absetzen wollen. Zu denen gehöre ich — Netta ebenfalls, Joan!«

»Ich danke dir, Ned.«

So, jetzt wußte sie, was gespielt wurde. Sie kam sich vor wie ein Kind, das von Erwachsenen, denen es vertraut hatte, im Stich gelassen worden war. Sie standen nun allein, sie und dieser alte Mann.

Die Leute waren ihrer überdrüssig. Sie waren es leid, dasselbe Gesicht auf der Kanzel zu sehen, ewig dieselben Worte zu hören. Sie wollten etwas Lebhafteres, etwas Lebendigeres. Joan ließ sie alle in Gedanken an sich vorüberziehen, einen nach dem anderen. Wer von ihnen würde zu ihrem Vater halten, wer nicht? Aber wenn sie sich dran erinnerte, wie sie sie zuletzt angesehen, wie sie gesprochen hatten, konnte sie sich auf keinen verlassen, nicht einmal auf Miß Kinney, die sich ja von jedem beeinflussen ließ. Dr. Crabbe, Mr. Pegler und Mrs. Marks würden sich ja wohl nicht gegen sie kehren, aber sie waren keine Kirchgänger. Dr. Crabbe war durch seine Praxis verhindert (»irgend jemand sucht sich immer die Zeit des Gottesdienstes aus, um Bauchweh zu bekommen«, behauptete er). Mr. Pegler ging grundsätzlich nicht zur Kirche, und Mrs. Marks hatte ihre kranken Beine. Nein, es war keiner unter ihnen, auf den sie zählen konnte.

Sie trat ins Haus und ging schweigend auf ihr Zimmer. Dann kam ihr auf einmal der Gedanke, daß dieser Raum, dieses Haus ihr keinen Schutz, keine Geborgenheit mehr gewährten. Das Gefühl der Sicherheit war unwiderbringlich dahin — und sie hatte geglaubt, es würde immer andauern. Das Haus, in dem sie alle ihr Heim aufgeschlagen hatten, gehörte ihren Feinden — es war Eigentum der Kirche. Es war nie eine richtige Heimat für sie gewesen, da es nach Wille und Laune einer Anzahl von Menschen gegeben und genommen werden konnte.

Dann beschlich sie plötzlich Furcht. Was machten die Menschen, wenn sie kein Dach mehr über dem Kopf hatten, wenn sie kein Gehalt bekamen und nichts mehr zu essen hatten? Was sollte sie mit diesem alten Mann nur anfangen? Sie hatte niemanden, der ihnen helfen konnte.

Aber die feindseligen Gemeindemitglieder halfen ihr, stolz zu sein. Sonntags konnte sie ihre Freundlichkeit, die ihr nichts mehr bedeutete, kühl entgegennehmen. Sie saß auf der Bank, wo einst ihre ganze Familie gesessen hatte, um einen stolzen Priester zu hören, und lauschte den Worten eines zittrigen Greises.

Denn sie konnte sich unmöglich der Tatsache verschließen, daß er jetzt nur noch ein alter Mann war. Müde stieg er die Stufen zur Kanzel hoch, und wenn er herunterging, klammerte er sich an das Geländer. Nur im ersten Augenblick, wenn er seiner zusammengeschrumpften Gemeinde gegenüberstand, hob er den Kopf und straffte die Schultern. Dann aber fiel er wieder zusammen, und bald las er sein Manuskript vor — merkwürdiges, visionäres Zeug, das sich die wenigen Zuhörer verblüfft oder verächtlich anhörten.

»Ich muß mit ihm irgendwohin fahren«, dachte sie spontan. Am liebsten wäre sie gleich zu ihm auf die Kanzel geeilt, um ihn wegzuführen, ihn zu beschirmen.

Aber er wollte gar nicht beschirmt werden. Im Haus, wenn sie allein waren, mußte sie ihm gegenüber so tun, als wäre alles in bester Ordnung. Einmal kam er niedergeschlagen und verwirrt von einer Gemeindeversammlung zurück. Sie stand, auf ihn wartend, am Eßzimmerfenster und weinte, als sie sah, wie er sich mühsam über den grauen, erfrorenen Rasen schleppte und dabei vor sich hin murmelte und gestikulierte.

Sie sah ein, daß sie seine Stellung nicht erschüttern durfte. Er mußte Priester bleiben, sonst würde er sterben. Aber ein wenig später, als sie in tiefstem Schweigen bei Tisch saßen, fragte sie: »Vater — kannst du es mir nicht sagen? Könnten wir es nicht gemeinsam besprechen?« Er antwortete: »Frauen verstehen solche Dinge nicht. Du kannst mir in keiner Weise helfen. Ich zähle auf Gott.« Sie lächelte ihn mitleidig an und drängte nicht weiter in ihn. In der Nacht lag sie wach und hörte ihn beten — lange, monotone Gebete. Er setzte immer noch sein Vertrauen auf Gott ...

Und wenn er sein Gottvertrauen aufgab, blieb ihm nichts mehr. Die Menschen hatten ihn alle verlassen, einer nach dem anderen.

Mary war nicht mehr da. Sie hatte immer in diesem Bett gelegen, und nachts, wenn er in seltsamer, schmerzlicher Einsamkeit erwachte, konnte er ihren Kopf auf dem Kissen sehen, konnte die Hand ausstrecken und ihren warmen, atmenden Körper berühren. Seine eigene schwache Wärme vermochte jetzt die eisigen Laken nicht mehr zu erwärmen; er lag fröstelnd da. Und in der Nacht kam es ihm so vor, als ob sie ihn alle verhöhnten — die Mitglieder seiner geistlichen Familie! Dann fragte er sich sogar, ob das, was sie sagten, vielleicht nicht doch stimme. Vielleicht wurde er wirklich alt. Aber wenn er zu alt war, um zu predigen, was sollte er machen? Ihm stand natürlich eine kleine Versicherungssumme von der Unterstützungskasse für Geistliche zu. Als Joan geboren war, hatte Mary darauf bestanden, daß er diese Versicherung abschloß. Er hatte damals einen Mangel an Gottvertrauen darin gesehen, aber sie hatte nicht lockergelassen. In zwei Jahren konnte er sich nun diese Summe auszahlen lassen. Sie war dann sein Eigentum. In der Dunkelheit schmiedete er Pläne: vielleicht konnte er ein kleines Zimmer in South End mieten und sein Werk unter den unerlösten Seelen fortsetzen. Es regte sich in ihm wieder die alte vermessene Entschlossenheit: er wollte seine Gemeinde zwingen, Gottes Willen zu tun. Nein, er wollte sich nicht von ihnen verdrängen lassen. Er wollte auf Gott vertrauen. Kurz vor der Morgendämmerung fiel er in einen unruhigen Schlaf . . .

Wenn er ihr nichts sagen wollte, dachte Joan bei sich, mußte sie sich woanders Auskunft holen, damit sie sich seiner annehmen konnte. So ging sie zu Mr. Weeks, der die Kirchengelder verwaltete. Sie entsann sich noch der Zeit, als Nettas Vater ein armer Mann war, ein schlichter Handwerker, der von auswärts ins Dorf gezogen war und ein kleines Lebensmittelgeschäft aufgemacht hatte. Bald war er auf unerklärliche Weise wohlhabend genug geworden, um die Hemdenfabrik in South End zu kaufen, die er allerdings noch nicht wieder eröffnet hatte. Aber ihre Familie hatte nie bei ihm gekauft. Ihre Mutter hatte erklärt, sie sei an Winters' Laden gewohnt und dort gut bedient. Sie mochte Peter Weeks nicht, weil er versucht hatte, sie auf unlautere Art von Winters wegzulocken. »Ich lasse es Ihnen um zwei Cent billiger als er — alles, was Sie benötigen.« Ihre Mutter hatte dieses Anerbieten kühl abgelehnt. Als Mr. Weeks der Kirche beigetreten war, meinte Hannah: »Wir müßten jetzt wohl hin und wieder etwas bei ihm kaufen.« Doch ihre Mutter hatte erwidert: »Solche Liebedienerei treiben wir hier nicht.«

Joan betrat den Laden mit hocherhobenem Kopf, obwohl sie Angst hatte.

Nettas Vater eilte geschäftig herbei und begrüßte sie mit ein paar heiteren Worten. Doch sie ging auf seine fadenscheinige Jovialität nicht ein.

»Mr. Weeks«, sagte sie unverblümt über den Ladentisch hinweg,

»ich bin hergekommen, um eine einzige Frage an Sie zu richten: wann muß mein Vater seinen Dienst aufgeben?«

Er war verblüfft und wußte nicht recht, was er sagen sollte. Sein knochiges, runzeliges, farbloses Gesicht verzog sich zu seinem üblichen Krämerlächeln. »Na, na, du und Netta, ihr seid doch alte Freundinnen — ich werde tun, was in meiner Macht steht.«

»Das ist nicht nötig, ich sorge schon für meinen Vater.«

»Offen gestanden«, meinte Mr. Weeks, während er sein Priemchen Kautabak von einem Mundwinkel in den anderen schob, »ist der alte Herr etwas starrköpfig. Will sein Abschiedsgesuch nicht einreichen.«

»Ach so«, sagte Joan.

»Darauf warten wir nur noch. Vorher können wir ihn offiziell nicht absetzen. Ganz ehrlich gesagt, möchten wir gern einen neuen Mann einsetzen, sobald es irgend geht. Aber ich bin Kassenwart und weiß, daß wir uns keine zwei Gehälter leisten können. Um unsere Finanzen ist es schlecht bestellt, aber ich schaffe allmählich Ordnung —«

»Ich verstehe«, unterbrach ihn Joan. »Je eher wir also gehen, desto besser ist es.«

»Am besten ist es, wenn er sein Abschiedsgesuch einreicht, Joan. Ich will ja nicht hart gegen ihn sein — du und Netta ... Hast du übrigens gehört, daß Netta und Ned Parsons heiraten wollen? Es hat ja lange gedauert, bis es mit Netta klappte. Aber am Ende hat sie noch eine ganz gute Partie gemacht. Ned schlägt glücklicherweise mehr nach seinem Papa als nach seiner Mama. Er arbeitet fleißig. Ich beschäftige mich mit dem Gedanken, die Fabrik wieder in Gang zu bringen. Wenn es soweit ist, übertrage ich Ned die Leitung — wenn er Netta ehelicht.«

»Das freut mich sehr für Netta. Wollen Sie ihr das ausrichten? Guten Tag.« Als sie wieder draußen war, hatte sie Netta und Ned schon vergessen.

Beim Abendessen sagte sie, sobald Hannah das Zimmer verlassen hatte: »Vater, tun wir das, was man von uns erwartet, mit Stolz und Würde. Wir ziehen in die Stadt, und ich suche mir eine Stelle. Francis kann auch ein wenig beisteuern. Wir werden uns ein neues Leben aufbauen.«

Er hatte sein Essen rasch und hungrig verschlungen. In letzter Zeit hatte er mehr gegessen als sonst — er fühlte sich oft schwach und brauchte alle seine Kräfte. Er starrte sie entgeistert an und hob die Hand zum Mund. Sie sah, daß es ihm übel wurde, und eilte besorgt zu ihm. Doch er wehrte sie ab, stand rasch auf und verschwand. Als er gar nicht wiederkam, ging sie ihm nach. Er war in seinem Zimmer, und als sie durch die Tür mit ihm sprach, erwiderte er, er ziehe sich gerade aus, sie könne nicht hereinkommen. Sie wartete, aber er ließ nichts mehr von sich hören, und schließlich öffnete sie leise die

Tür. Er lag mit geschlossenen Augen auf dem Rücken, die Hände auf der Brust gefaltet, schwer atmend, hin und wieder etwas röchelnd. Er war also allein ins Bett gekrochen und hatte sich schlafen gelegt. Er brauchte sie nicht.

Für sie selbst gab es keinen Schlaf. Bei solcher Ungewißheit, in solcher Einsamkeit konnte sie kein Auge zutun. Rose war in weiter Ferne, und Francis hatte nur einmal geschrieben. Aber sie dachte daran, wie er an jenem verhängnisvollen Tag aus dem Bett gesprungen und zu Dr. Crabbe gerast war. Sie setzte sich an ihren Schreibtisch und begann einen Brief an Francis, den sie mit den Worten endete: »Du siehst also, wie die Dinge liegen. Wir müssen fort. Es ist wohl am besten, wenn wir nach New York gehen, wo ich mir eine Beschäftigung suchen kann. Auf jeden Fall müssen wir dieses Haus verlassen.« Sie saß eine Weile nachdenklich da und fügte dann hinzu: »Ich habe niemanden, der mir beisteht, nur dich. Und er ist auch dein Vater.«

Sie schloß den Umschlag und klebte eine Marke darauf. Dann legte sie sich ins Bett, horchte noch eine Zeitlang und schlief endlich ein.

Sie erwachte plötzlich mit dem Gefühl, soeben einen seltsamen Laut vernommen zu haben. Sie mußte im tiefsten Schlaf gewesen sein, aber sie war sofort hellwach — wie früher, als ihre Mutter krank war. Angestrengt lauschend lag sie regungslos da. Was war es nur? Im Haus war es totenstill. Dann kam es wieder: ein lautes Würgen, ein Röcheln, eine nach Atem ringende und dann erstickte Stimme. Joan sprang aus dem Bett und rannte zur Verbindungstür, aber sie war verschlossen. Der Vater hatte sie heimlich abgeriegelt, um ganz ungestört zu sein. Sie rief durch die Tür: »Vater — ich komme!« Doch es kam keine Antwort. Als sie über den Flur zur anderen Tür eilte, rief sie laut nach Hannah. Diese Tür war, Gott sei Dank, offen. Der Raum lag völlig im Dunkeln, und aus diesem Dunkel drang das seltsame Atmen. Sie tastete nach dem Lichtschalter und hörte Hannah die Treppe heraufstolpern.

»Hannah!« rief sie. »Holen Sie sofort Dr. Crabbe. Mit Vater stimmt etwas nicht!«

»Er hat zuviel gegessen«, krächzte Hannah draußen im Gang. »Vorher hat er immer gehungert, aber gestern war es des Guten zuviel.«

Sie erreichte die Tür, als Joan den Schalter umdrehte. Das Licht flammte auf und fiel auf die Gestalt im Bett. Gemeinsam starrten sie auf den Vater hinab, der steif, mit verkrümmten Armen dalag. Der Mund war verzerrt und stand ganz schief; die halboffenen Augen waren trübe; das sonst schneeweiße Gesicht war bläulichrot angelaufen.

»Gütiger Himmel«, flüsterte Hannah. »Das ist ja ein Schlaganfall!« Sie hastete davon ...

Der Vater rührte sich nicht. Joan fürchtete sich vor ihm – er sah so seltsam aus. Sie wollte seinen Arm heben, um ihn richtig aufs Bett zu legen, aber er war steif – sie konnte ihn nicht bewegen. Etwas Speichel lief ihm aus dem losen Mundwinkel. Angeekelt nahm sie das Laken und wischte ihn fort. »Vater, Vater!« rief sie. Aber er sah und hörte nichts. Er konnte nur mühsam nach Atem ringen.

Und dann, als sie immer noch mutterseelenallein an seinem Bett stand, hörte das Atmen auf einmal auf. Sie hörte erst ein kratzendes Röcheln, dann war Stille. Voller Schrecken wartete sie auf den nächsten Atemzug. Aber es kam keiner mehr. Die seltsame purpurne Färbung schwand aus seinem Gesicht; der verzerrte Mund nahm wieder einen würdevollen Ausdruck an; die ausgestreckten Glieder verloren ihre Starrheit. Der Körper schien sich zu entspannen, einzuschrumpfen. Das Leben war entwichen. Joan wandte sich ab und rannte hinaus – rannte die Treppe hinunter, laut rufend: »Hannah – Hannah!«

Da öffnete sich die Haustür, und auf der Schwelle stand Dr. Crabbe in Mantel und Pyjama, sein Haarkranz in wirrer Unordnung. »Vater ist tot – er ist tot!« jammerte sie wie ein kleines Kind. »Dr. Crabbe – oh, was soll ich nur machen!« Und sie begann laut zu weinen.

Dr. Crabbe stieg schwerfällig die Treppe empor. Joan folgte ihm, und hinter ihr kam Hannah – eine aufgeregte Prozession. Dr. Crabbe fühlte den Puls und legte den schlaffen Arm sanft nieder. Er sah auf das tote Gesicht hinab, das im Tode wieder einen stolzen, verklärten Ausdruck trug. »Der alte Streiter Gottes«, murmelte er lächelnd. »Er hat sich am letzten Sonntag vor den Kirchenvorstand hingestellt und ihnen erklärt, Gott habe ihn berufen, und nicht die Menschen; er würde eher sterben als sein Amt niederlegen. Er mag sich glücklich preisen – nicht jeder kann sterben, wenn das Leben für ihn zu Ende ist.« Er beugte sich herab, schloß ihm sanft die Augen und legte ihm die Hände auf die Brust.

Die Leute in der Gemeinde waren natürlich alle sehr freundlich und schickten eine Unmenge von Blumen. Den einzelnen Blumenspenden waren Kärtchen angeheftet, auf denen stand, »was für ein wunderbarer Seelsorger« er gewesen sei. Jetzt, wo er sein Amt sozusagen niedergelegt hatte, waren sie alle eifrig darauf bedacht, ihm ein Loblied zu singen. Mr. Weeks stattete Joan einen Besuch ab und sagte in sichtlichem Unbehagen:

»Ich hatte es nicht böse gemeint. Es war eine reine Geschäftsangelegenheit – wenn ich geahnt hätte –«

Sie haßte ihn und hörte ihm teilnahmslos zu. »Es spielt jetzt keine Rolle mehr, Mr. Weeks.« Sie mußte sich sehr zusammennehmen, daß sie in Gegenwart von Besuchern nicht in Tränen ausbrach. Sobald sie allein war, weinte sie wieder – aber nicht um ihn – nicht um ihn.

Dr. Crabbe telegrafierte für sie an Francis. »Du mußt jemanden haben, der dir zur Seite steht«, meinte er, »und sonst ist niemand da.« Sie erwiderte: »Vielleicht kann er nicht kommen – er ist noch neu in seiner Stelle –« Aber sie wünschte ihn verzweifelt herbei. Sie mußte jemanden aus ihrer Familie bei sich haben. Aber er kam nicht. Es kam nicht einmal eine Antwort auf ihr Telegramm. Sie wollten ihn wohl nicht fortlassen, dachte sie, als die Stunde des Begräbnisses nahte und er nicht erschienen war.

Sie ging gefaßt mit Hannah in die Kirche. Mrs. Winters war vor ihr da, um dafür zu sorgen, daß alles in Ordnung war.

Joan saß ganz allein auf der Bank, und der Prediger von Lawtonville stieg auf die Kanzel, vor der der Sarg stand – zuerst waren seine Schritte eilig, dann aber besann er sich und ging langsamer. Doch es war heute etwas schwierig für ihn, feierlich einherzuschreiten. Der Eifer sprach aus seinem ganzen Wesen: aus seinen Augen, seiner Stimme, aus den nervösen Bewegungen seiner Hände. Würde er den Leuten gefallen? Diese Frage stand ihm auf der Stirn geschrieben. Und über den Toten hinweg sahen ihn die Leute forschend an. Er begann, den toten Pfarrer kräftig zu loben, bemüht, seine Sätze abzurunden und die geplanten Metaphern anzubringen. Beim Beten hatte er einen kleinen Zettel mit Notizen vor sich liegen und warf hin und wieder einen Blick darauf. Er mußte ein gutes Gebet sprechen. Es war ja so wichtig für Minnie, seine Frau –

Als alles vorüber war, wollte Netta Joan nach Hause begleiten, und Mrs. Winters meinte: »Nun sitz nicht allein im Haus herum – komm zu uns herüber.« Alle baten sie: »Sag uns, wenn wir etwas für dich tun können.« Joan dankte ihnen lächelnd und wußte, daß ihr keiner helfen konnte.

Sie war überall allein, wohin sie auch gehen mochte. Es drängte sie, von ihnen wegzukommen, denn durch ihre Freundlichkeit hindurch schimmerte die Erleichterung, die sie über den Tod ihres Vaters empfanden. Also ging sie ganz allein nach Hause und nahm sich fest vor, nicht wieder zu weinen. Denn das viele Weinen hatte sie ganz elend gemacht.

Sie waren alle sehr freundlich. Dr. Crabbe kam und plagte sie mit seiner beharrlichen Güte. »Was willst du anfangen, Joan? Du mußt irgend etwas unternehmen, Kind!«

Zuerst hatte sie ganz lebhaft geantwortet: »Ja, natürlich, Dr. Crabbe. Ich habe mir gedacht, ich gehe nach New York und wohne mit Francis zusammen. Er hat ja Arbeit, und ich könnte auch etwas finden, das weiß ich.«

»Hm«, meinte er und blickte sie an, als sei er nicht recht mit ihr zufrieden. »Scheint mir, du solltest zunächst mal eine kräftige Dosis Rizinusöl nehmen. Der Magen hat wohl gestreikt bei all diesen Aufregungen – kein Wunder. Du siehst ganz gelb aus. Hast du denn überhaupt Geld?«

»O ja, Dr. Crabbe«, erwiderte sie hastig. Sie wollte kein Geld annehmen. Darin war sie so stolz wie ihre Mutter. Es waren wieder ein paar Dollar in ihrem Sandelholzkästchen, und in der alten Geldbörse ihres Vaters hatte sie einen Dollar gefunden. Sein Gehalt wäre nächste Woche fällig gewesen, aber jetzt natürlich – »Viel Geld, Dr. Crabbe«, versicherte sie ihm heiter. »Ehrlich!« Er blickte sie prüfend an. »Wieviel?« – »Oh, eine ganze Menge! Außerdem verdient Francis ja auch.« – »Hm«, knurrte er und ging davon.

Sie waren weiterhin freundlich. »Laß dir nur Zeit, Joan«, sagten sie. Aber am dritten Tag erschien der neue Pfarrer mit seiner Frau, um das Pfarrhaus in Augenschein zu nehmen. »Wir wollen Sie keineswegs hinausdrängen, Miß Richards«, versicherte er ihr. Er war sehr glücklich über diese neue Berufung. Sein Gehalt würde fast zweihundert Dollar im Jahr mehr betragen als zuvor. Joan begleitete sie auf ihrem Gang durch das Haus. »Ja, dort ist die Anrichte – diese Tür führt in den Keller –« Alle die vertrauten Winkel des Hauses mußte sie diesen fremden Menschen zeigen.

»Weiß nicht, ob es mir bei ihnen wohl ist«, knurrte Hannah, als die beiden wieder fort waren. »Sollte mich nicht wundern, wenn die mit der Butter geizt und die Eier zählt.« Wütend klapperte sie mit ihrem Geschirr. »Sie sagte, sie wüßte noch nicht, ob sie überhaupt Hilfe wünschte. An ein so großes Haus wäre sie allerdings nicht gewöhnt. Darauf möchte ich auch jede Wette eingehen – sie sieht mir nicht danach aus, als ob sie viel gewöhnt wäre.«

»Beeil dich nicht«, sagten sie alle. Aber sie hatte es fieberhaft eilig, von hier fortzukommen. Zunächst mußte sie die Sachen ihres Vaters zusammenpacken und zur Mission nach South End schicken.

Sobald sie alles gepackt hatte, würde sie gehen. Sie war froh, daß sie so wenig besaß, froh, daß fast alles zurückgelassen werden mußte, da es der Gemeinde gehörte – sogar das Geschirr, von dem sie gegessen hatten. Sie würde die Truhe mitnehmen – ihre Kleider, die Bücher natürlich und die persönliche Habe ihrer Mutter, wie Wäsche und Silber. Am besten war es wohl, wenn sie alles irgendwo unterstellte, bis sie Francis gefunden hatte. Merkwürdig, daß er gar nicht schrieb.

Fast eine Woche nach dem Tod ihres Vaters kam jedoch ein Brief von ihm. »Es sieht aus wie Franks Schrift, aber der Poststempel ist nicht von New York«, bemerkte Hannah, als sie ihr den Brief ins Studierzimmer brachte, wo sie gerade die Bücher ihres Vaters ordnete. Sie riß rasch den Umschlag auf. Nein, er kam nicht aus New York sondern von einem Ort in Michigan. Aber Frank hatte ihn geschrieben.

Liebe Joan,

ich habe meine Stelle verloren und bin jetzt hier mit ein paar anderen jungen Leuten. Ich sehe mich nach einer neuen Arbeit um. Es heißt, bei General Motors können noch viele unterkommen. Da glückt es mir vielleicht auch. Ich bin ein bißchen knapp bei Kasse. Schicke mir daher bitte alles, was du übrig hast.

Er wußte also noch nicht einmal, daß sein Vater tot war. Sie zerriß den Brief in kleine Fetzen.

... So, nun hieß es einen Entschluß fassen. Man wartete unerbittlich darauf, daß sie das Haus räumte. Plötzlich hatte sie Angst vor diesem Haus und rannte hinaus in den Garten. Der November ging seinem Ende zu, und das Erntedankfest stand vor der Tür. Das hatte sie ganz vergessen. Aber jetzt sah sie, wie ein Wagen mit Maisstengeln über die Straße zur Kirche fuhr – Maisstengel wurden zur Ausschmückung der Kirche gebraucht. Ein lauter Ruf ertönte vom Wagen, als er näher kam, und dann blieben die Pferde schnaufend am Zaun stehen. Ein kräftiger Mann sprang herab – es war Bart Pounder. Ein Geruch von trockenen Halmen und frischer Erde strömte von ihm aus. Auf einmal begann sie wieder herzzerreißend zu schluchzen. »O Bart«, jammerte sie. »O Bart, Bart!«

Er kam auf sie zu – lächelnd, zuverlässig. Er legte den Arm um sie, und sie lehnte sich an ihn. So führte er sie in das menschenleere Haus. Im Wohnzimmer spürte sie zum erstenmal seine Lippen auf ihrem Mund. Tief in ihrem Innern regte sich das Entsetzen. Dennoch klammerte sie sich weinend an ihn. Er stand so fest wie ein Fels. Seine Arme umgaben sie wie die schützenden Wände eines Hauses.

Drittes Buch

Der neue Ring an ihrem Finger fühlte sich ungewohnt an. Sie hatte nie zuvor einen Ring lange getragen, da ihr Ringe nach einer Weile stets lästig wurden. Aber diesen durfte sie nicht abnehmen. Sie hatte ihn sich selbst aufgesteckt, diesen breiten Goldreif, so altmodisch und schwer. Bart hatte in dem kleinen Juweliergeschäft in Clarktown lange in den Ringen herumgewühlt, bis er endlich einen entdeckte, der dem Trauring seiner Mutter glich. »Er muß auch lange halten«, meinte er.

Es hatte keinen Sinn, mit der Hochzeit zu warten. Keinen Menschen ging es etwas an, was sie tat. Sie wollte stillschweigend aus ihrem alten Leben herausschlüpfen und niemandem verraten, daß sie Bart Pounder heiraten würde. Sie wollte nicht die erstaunten Blicke sehen — »Bart Pounder?« Die Stimme ihres eigenen Herzens brachte sie zum Schweigen. »Jawohl — Bart Pounder — wer ist denn sonst für mich da?«

Abends nach Geschäftsschluß ging sie zu Mr. Winters, der einer der Kirchenältesten war. Er war allein im Laden, um auf den Regalen nach Dingen zu suchen, die er tagsüber nicht finden konnte. Als Joan an diesem Abend den Laden betrat, hörte sie ihn leise fluchen: »Zum Donnerwetter, wo habe ich denn das nur wieder gelassen?«

»Mr. Winters, wollen Sie bitte dem Kirchenvorstand sagen, daß ich das Pfarrhaus morgen verlasse?«

Er brach sein Gemurmel ab und wandte sich ihr zu. »Nun laß dich nur nicht von ihnen treiben«, riet er ihr freundlich.

»Nein, aber meine Pläne stehen fest.«

»Willst vom Dorf weg?«

»Ja.«

Am nächsten Morgen kam Mrs. Winters angehetzt. »Joan, mein Mann hat es mir gesagt, und da bin ich sofort hergekommen. Was hast du vor?«

»Ich gehe fort, Mrs. Winters.«

»Ja, aber —«

»Ich bin kein Kind mehr, Mrs. Winters. Was ich tue, ist meine Angelegenheit. Ich werde Ihnen schreiben.«

Mrs. Winters konnte ihr nicht helfen, und die anderen auch nicht. Es war besser, zu schweigen und sich ein eigenes Leben aufzubauen. Sie konnte nicht vergessen, daß ihr Vater nur durch den Tod vor der Grausamkeit dieser Menschen gerettet worden war.

Bloß an Hannah, diese treue alte Seele, klammerte sie sich einen

Augenblick, als sie ihr Lebewohl sagte. Hannah klopfte ihr ermunternd auf den Rücken. »Haben Sie wohl an das kleine Empfehlungsschreiben gedacht für den Fall, daß ich mit der Frau des neuen Pfarrers nicht auskomme und mir eine andere Arbeit suchen muß?« Joan holte sofort den Brief aus ihrer Handtasche hervor: *Empfehlung für Hannah Jackson. Sie hat uns über zwanzig Jahre treu gedient. Wir haben sie stets ehrlich und sauber gefunden —*

»Es ist schwer«, sagte Hannah verdrießlich, »wenn man sich in meinem Alter noch nach einer neuen Stelle umsehen muß, besonders, wenn man keinen Anhang hat.«

»Ja, es ist schwer«, stimmte ihr Joan zu. »In jedem Alter ist es schwer.«

Von weißer Seide konnte natürlich keine Rede sein. Auch die anderen Hochzeitsträume, die sie gehabt hatte, zerrannen wie Schnee an der Sonne. In einem weißseidenen Kleid hätte sie sich recht merkwürdig neben Bart in seinem prallsitzenden blauen Anzug ausgenommen. Also trug sie ihr altes orangefarbenes Wollkleid, ihren braunen Mantel und einen kleinen braunen Filzhut, als sie vor dem Standesbeamten standen und seine Worte nachsprachen. Dieser Beamte war ein kleiner Mann mit schlaffen, wulstigen Lippen und einem schiefen, runzeligen Gesicht. Seine Hakennase war an diesem kalten Novembertag rot und feucht, und er wischte sie ein paarmal mit der Hand ab. »Sie können hier unterzeichnen«, sagte er.

Joan schrieb den neuen, ihr noch nicht vertrauten Namen mit ruhiger Hand: »Joan Pounder.« Dann beobachtete sie, wie Bart die Feder ungeschickt wie ein Werkzeug in der großen Hand hielt. Er setzte seinen Namen mit kindlicher, linkischer Schrift neben ihren kleinen, zierlichen Namenszug. Nachdenklich betrachtete sie einen Augenblick diese beiden Namen. Dann sagte sie: »Fahren wir nach Hause, Bart.«

»Sicher«, antwortete er mit kräftiger Stimme. Sie kletterte in seinen Wagen und saß schweigend neben ihm auf dem Sitz, der so eng war, daß sein dickes Bein gegen ihren Schenkel gepreßt wurde.

»Hüh!« rief er seinen beiden Pferden zu. Er zog ihnen eins mit der Leine über den Rücken, und sie fielen in einen forschen Trab. Ihr rostbraunes Fell glänzte in der Wintersonne.

»Später will ich mir auch ein Auto zulegen«, sagte er. »Aber erst muß ich etwas weiterkommen. Mit einem Auto kann man nicht pflügen. Auf einem Hof müssen Pferde sein, ob man ein Auto hat oder nicht.« Er wandte sich ihr grinsend zu, mit einem Gesichtsausdruck, der ihr langsam vertraut wurde. Seine Nasenflügel blähten sich ein wenig, und sein Mund stand halb offen. »Ich weiß allerdings nicht, ob wir in einem Auto auch so eng beieinander sitzen können, mein Mädchen«, flüsterte er. Er hatte kleine, gelbe

Zähne, und das Zahnfleisch war zu breit und blaß. Sie blickte rasch zur Seite.

Sie ließen allmählich die ihr bekannte Gegend hinter sich und kamen in ein rauheres Hügelland mit bewaldeten Tälern. Die unebenen Felder waren durch Mauern voneinander getrennt, die aus lose aufgeschichteten Steinen bestanden. Überall verblaßten die letzten Farben des Herbstes und verwandelten sich in Grau und Braun. Nur die Eichen flammten noch in mattem Rot, aber nach den nächsten paar Frostnächten würden auch sie kahl sein. Dann wäre es Winter. Sie war froh, daß sie Bart hatte, sagte sie sich angesichts der sterbenden Landschaft. Wenn Bart nicht gekommen wäre, hätte sie dem Winter ganz allein die Stirn bieten müssen. In so kurzer Zeit war sie völlig verwaist.

An einer Biegung der schmalen Landstraße kam ein großes, längliches Holzhaus mit grünen Fensterläden in Sicht, das sich weiß vom dunklen Land abhob. Ein paar hohe Ahornbäume standen ringsherum, aber ihre nackten Äste verbargen es nicht.

»Da ist unser Haus«, sagte Bart und deutete mit der Peitsche darauf. »Die Familie wird schon auf uns warten. Mach dir nichts aus meiner Mutter.«

Er hatte vorher nie von seinem Zuhause gesprochen, nur kurz erwähnt: »Ich lebe mit meiner Familie zusammen. Ich soll später den Hof erben, wenn ich bei ihnen bleibe — also bleibe ich.«

Sie hielten vor dem Haus, und dann öffnete sich die Tür. Einer nach dem andern kamen sie heraus, der Vater, der Bruder und zuletzt die Mutter, und warteten auf sie. Ihr Herz schlug ihnen freudig entgegen. Das Haus gefiel ihr. Es wirkte so sauber, das weiße Holz mit den grünen Läden, und sie liebte die Ahornbäume, unter denen die ungeharkten Blätter wie ein mattgoldener Teppich lagen.

Sie war bereit, alles zu lieben. Dies war nun ihr Heim. Sie war froh, daß sie alle zusammen wohnten. Allein mit Bart wollte sie nicht leben.

Sie sprang aus dem Wagen und lief über das gefrorene Gras und durch die raschelnden Blätter auf die drei wartenden Gestalten zu. Zuerst streckte sie der Mutter die Hände entgegen. Sie schloß den steifen Körper in die Arme und küßte sie auf die Wange, die sauber nach Seife roch. »Ich bin Joan«, sagte sie. Sie wünschte sich sehr, daß alle sie liebten. Wenn es sein mußte, wollte sie sich diese Liebe erzwingen.

»Nun ja«, sagte Barts Mutter, und Joan spürte, wie passiv und kalt sie bei ihrem Kuß blieb.

»Dies ist mein Vater«, sagte Bart, »und hier ist Sam, mein jüngerer Bruder.«

Sie streckte rasch die Hand aus, und sie wurde zweimal von riesigen, harten Fäusten geschüttelt. Es bestand nur ein Unterschied zwischen diesen beiden Händen: die Hand des alten Mannes war kalt und die des jungen heiß und feucht. Auch ließ der junge Mann ihre Hand nicht sofort los. Der alte Mann sprach kein Wort zur Begrüßung. Sam murmelte: »Angenehm.« Er hatte dieselben buschigen roten Brauen und kleinen, glühenden braunen Augen wie Bart. Sie standen alle da in der Dämmerung und starrten sie unverwandt an. Das Schweigen wirkte schließlich so bedrückend auf Joan, daß sie irgend etwas sagen mußte, um es zu brechen.

»Ein schönes Haus«, bemerkte sie.

»Wollt ihr nicht hereinkommen?« fragte Barts Mutter daraufhin.

»Ja, wir gehen jetzt am besten rein«, erklärte Bart.

Alle drehten sich um und stampften schweigend ins Haus. Joan folgte ihnen in einen kleinen, viereckigen Flur, von dem eine steile Treppe zum nächsten Stock führte. Joan begriff nicht, warum sie auf einmal alle zu zögern schienen. Dann sagte die Mutter: »Na, heute könnt ihr ausnahmsweise mal die Vordertreppe benützen.« Aber die beiden Männer gingen durch den Flur in die Küche, und Bart meinte: »Ich glaube, ich wasche mich auch in der Küche.«

»Komm mit nach oben. Ich will dir euer Zimmer zeigen«, sagte die Mutter zu Joan und stieg äußerst vorsichtig die Treppe hoch, ohne das Geländer zu berühren. Joan folgte ihr mit dem Koffer. Die Treppe machte eine scharfe Wendung und mündete auf einen kleinen Flur, der von geschlossenen Türen umgeben war.

»Hier ist das Zimmer«, sagte die Mutter, während sie eine Tür öffnete und als erste eintrat. »Hoffentlich paßt es dir.«

»O ja«, erwiderte Joan und blickte sich um. Es stand eine Ahornkommode darin, ein Waschtich mit Krug und Schüssel, ein Schaukelstuhl und ein Doppelbett. Auf dem kahlen, aber sauberen, gestrichenen Fußboden lagen säuberlich eingefaßte Stücke eines alten geblümten Teppichs.

»Wir haben ein Badezimmer«, sagte Barts Mutter. »Es liegt am Ende des Flurs. Aber die Männer benützen es nicht. Sie tragen den Waschzuber in den Holzschuppen, wenn sie baden wollen. Ich kann den Stallgeruch im Haus nicht ausstehen. Du kannst aber das Badezimmer mit mir teilen.«

Joan hörte ihr nicht zu. Sie dachte nur an das Doppelbett, in dem sie in dieser Nacht mit Bart schlafen mußte, in dieser Nacht, die schon angebrochen war. Bisher hatte sie diesen Gedanken verdrängt, aber jetzt war der Augenblick bald da.

»Nun, wir können essen, sobald du nach unten kommst«, fuhr Barts Mutter fort. »Ich will eben mal nach den Kartoffeln sehen.« Damit ging sie hinaus und schloß lautlos die Tür.

Sie setzte sich eine Weile in dem von Dämmerlicht erfüllten Raum hin. Sie war wie gelähmt. Tiefes Schweigen umfing sie. Durch das Fenster sah sie die schattenhaften Hügelketten, die dunklen Bäume, die schwachen Linien der Trennmauern, die leeren, abgeernteten Felder. Es schien kein anderes Haus in der Nähe zu sein. Ein wenig ängstlich ging sie dicht ans Fenster und hoffte, doch noch eins zu entdecken – aber weit und breit war keins zu sehen. Sie stand in der kühlen Dunkelheit und fürchtete sich vor dem Leben. In diesem Augenblick beneidete sie heftig ihre Mutter, die so sicher in ihrem Grab lag, die nicht mehr dem Einbruch der Nacht, dem Aufdämmern des Tages entgegenzublicken brauchte. Sie fürchtete sich vor der Nacht, fürchtete sich vor dem Tag.

Dann fühlte sie den Ring an ihrem Finger. In ihrer Aufregung hatte sie ihn eine Weile vergessen, aber jetzt spürte sie ihn wieder, diesen seltsamen, harten Reif. Sie drehte sich entschlossen um, entdeckte Streichhölzer neben der Petroleumlampe auf dem Kaminsims und zündete sie an. Die Flamme züngelte aus dem gutbeschnittenen Docht empor und schwärzte den Zylinder, der vor Sauberkeit glänzte. Sie drehte sie rasch kleiner – aber das Unheil war geschehen.

Sie machte sich jedoch nichts daraus – das Licht beruhigte sie. Sie legte Hut und Mantel ab und goß Wasser aus dem Krug in das Becken, um sich die Hände zu waschen. Das leise Klirren des Kruges wirkte beängstigend laut in dieser Stille. Im ganzen Haus herrschte tiefes Schweigen – dasselbe Schweigen, das über den Hügeln und Wäldern hing. Sie bewegte sich vorsichtig, um es nicht wieder zu brechen. Als sie fertig war, öffnete sie die Tür und ging auf Zehenspitzen die läuferbelegte Treppe hinunter und dann durch den engen, dunklen Flur. Sie hörte keine Stimme, die sie zum richtigen Zimmer leiten konnte, sie sah nur einen Lichtstreifen unter einer Tür. Diese öffnete sie, und da saßen sie alle am Tisch und warteten auf sie. Sie sagten kein Wort, als sie hereinkam. Sie setzte sich auf den leeren Stuhl neben Bart und versuchte zu lächeln. Keiner sprach, aber Sams Augen unter den buschigen Brauen beobachteten sie. Die Mutter stand auf, ging in die Küche und kam mit einer Schüssel dampfender Kartoffeln wieder.

»Wir wollen jetzt essen«, sagte sie.

Joan kannte manche Arten von Schweigen: das Schweigen nach dem Tod ihrer Mutter, als die vertraute Stimme nicht mehr zu hören war; dann das sich vertiefende Schweigen im Haus, nachdem Rose und Francis gegangen waren; später das Schweigen, in dem sie mit ihrem Vater lebte und in dem er gestorben war; zuletzt das völlige Schweigen um sie, als sie allein war – das Schweigen, dem Bart sie entrissen hatte.

Aber keines davon glich diesem Schweigen. Und in diese Stille, die Wald und Feld und Nachthimmel und dieses abgelegene Haus ausströmten, drang plötzlich die Stimme des Vaters: »Wir wollen das Tischgebet sprechen: Segne, Vater, diese Gaben, die wir jetzt noch vor uns haben. Amen.«

Doch das Gebet brach das Schweigen nicht. Zusammengepfercht

saßen sie um den Tisch in dem kleinen, beengenden Raum. Neben ihr saß Barts Vater, die Ellbogen vom Körper abgestemmt. In der Stille konnte sie ihn atmen hören, während er aß, sich Kartoffeln, Brot, kaltes Fleisch nahm, sich Magermilch einschenkte und sie in großen Zügen trank. Ihr gegenüber saß Sam, der ebenfalls eifrig kaute und sie unablässig beobachtete; neben ihr Bart und ihm gegenüber die Mutter. Joan sah nicht in ihre Gesichter, sondern hielt die Augen auf ihren Teller gerichtet. Aber auf dem Tisch lagen alle ihre Hände – große, dicke, plumpe, zerarbeitete Hände, denen man ansah, daß sie viel mit Tieren umgingen. Plötzlich empfand sie einen tiefen Abscheu vor diesen Händen und wollte sie nie berühren. Doch sofort unterdrückte sie dieses Gefühl. Solche Gedanken durfte sie nicht in sich aufkommen lassen. Es waren gute, rechtschaffene Leute, die schwer arbeiten mußten, und sie hatten biedere, ehrliche Gesichter. Sie gehörte jetzt zu ihnen. Dies war das Heim, das ihr für den Rest ihres Lebens Nahrung und Schutz geben sollte – das Heim, das sie gewählt hatte. Sie sammelte ihre Gedanken. Ihre Mutter würde ein heiteres Gespräch geführt haben, um sich mit ihnen anzufreunden, und sie selbst mußte es auch versuchen. Vielleicht waren sie in ihrer Gegenwart etwas scheu. Sie blickte lächelnd auf und sagte freundlich: »Ich habe noch nie auf einem Bauernhof gelebt. Aber es wird mir schon gefallen. Ich bin gern auf dem Lande.«

Niemand äußerte sich dazu. Barts Vater nahm sich ein Stück Brot.

»Gibt's sonst noch was zu essen?« fragte er seine Frau.

»Ich habe noch etwas Apfelbrei«, erwiderte sie. »Oder ich könnte auch eine Dose Himbeeren öffnen.«

Er überlegte eine Weile. »Apfelbrei«, sagte er dann.

Die Mutter erhob sich, holte eine Schale mit Apfelbrei und stellte sie auf den Tisch. Sie wanderte von Hand zu Hand – in tiefstem Schweigen.

Als das Essen zu Ende war, blieben die Männer in dem kleinen Raum sitzen. Sie selbst half beim Abräumen des Tisches und suchte die Aufwaschschüssel. »Ich werde das Geschirr spülen«, erklärte sie. Doch Barts Mutter goß Wasser in die Schüssel und band sich eine Schürze um. »Du kannst abtrocknen«, erwiderte sie. Also trocknete Joan ab und suchte nach Worten. Was würde Barts Mutter gern hören?

»Dies ist eine schöne Küche – ich habe große Küchen gern.«

Zunächst erhielt sie keine Antwort. Die Mutter fuhr mit dem Lappen über den fettigen Rand der Schüssel. Erst nach einer geraumen Weile sagte sie: »Sie machen viel Arbeit, wenn man alles allein tun muß.« Der stumpfe, sorgenvolle Ausdruck wich nicht von ihrem Gesicht.

»Ich werde dir jetzt helfen«, sagte Joan voller Eifer. »Ich werde tun, soviel ich kann.«

Sie öffnete den Geschirrschrank und begann das abgetrocknete Geschirr einzuräumen. »Mal sehen – die Teller hierhin – und diese Löffel –«

»Sie gehören nicht dahin – die guten Löffel kommen in die Schublade. Das hier sind Küchenbestecke – es ist wohl besser, wenn ich es selbst mache.«

Sie schob Joan beiseite und ordnete das Geschirr und das Silber. »So, das ist besser.«

»Morgen weiß ich Bescheid«, sagte Joan demütig. Dann ging sie in das andere Zimmer. Die drei Männer hörten sofort auf zu reden. Sie saßen um den Tisch herum, der bereits für die nächste Mahlzeit gedeckt war. Sie setzte sich auf einen der harten, steifen Stühle und versuchte zu erraten, was für Zimmer wohl hinter den geschlossenen Türen lagen. Dieses große Haus mußte viele Räume haben, doch sie hatte den Eindruck, als würden nur das Zimmer, in dem sie saßen, die Küche und die Schlafräume oben benutzt. Sie blieb sitzen aus Angst, nach oben zu gehen, obwohl sie sehr müde war, zu müde, um wieder ein Gespräch anzuknüpfen. Morgen früh, wenn die Nacht vorüber war – Aber diese Nacht stand ihr noch bevor.

Der Vater fing plötzlich gewaltig zu gähnen an. »Zeit, daß ich ins Bett komme«, murmelte er.

Er stand auf, öffnete den Schrank neben dem abgedichteten Kamin und holte eine solide eingebundene Bibel und seine Brille hervor. »Mutter!« rief er, und Barts Mutter eilte herbei. Im Gehen band sie sich die Schürze ab. Sie legte sie auf ihren Schoß, als sie sich setzte, und faltete die Hände darüber. Er schlug die Bibel auf und suchte mit seinen schwieligen Fingern mühsam nach einer Marginalie.

»Jesaja, Kapitel dreißig«, verkündete er und begann langsam zu lesen, bei den schwierigeren Wörtern ein wenig zögernd. Es war ein langes Kapitel, aber er las es bis zum Ende. Sie saßen alle wie versteinert da. Ob sie wohl zuhörten? Joan blickte von einem Gesicht zum anderen, aber sie verrieten ihr nichts.

»Laßt uns beten«, sagte der Vater und klappte die Bibel zu. Sie knieten alle nieder. Jetzt, wo der alte Mann gezwungen war, frei zu sprechen, senkte er seine Stimme zu einem Gemurmel. Er wiederholte Stellen aus der Bibel, äußerte halbgeformte Bitten und erklärte, wenn Unglück über ihn komme, so sei er bereit, es geduldig zu ertragen. »Wir wissen, daß alles, was auch geschieht, von Gott kommt. Wir pflanzen, aber ernten vielleicht nicht. Der Mensch sät, aber die Ernte liegt in Gottes Hand. Hilf uns, unser Los zu ertragen und alle unsere Arbeit willig zu tun. Amen.«

Sie erhoben sich, und wieder senkte sich das Schweigen auf alle herab. Die Mutter band sich ihre Schürze vor und ging zurück in die Küche. Der Vater legte mit einem tiefen Seufzer Buch und Brille wieder in den Schrank. Dann drehte er sich schwerfällig um und ging ebenfalls in die Küche. Joan hörte eine Schale in dem verzinkten Ausguß klappern, dann das Zischen von Seifenschaum und das trockne Kratzen eines Rasiermessers über Bartstoppeln. Nach einer Weile ging er wieder schweren Schrittes durch das Zimmer und eine kleine Hintertreppe hinauf, die sie vorher noch nicht gesehen hatte.

»Na«, meinte Sam, der jetzt aufstand, »ich glaube, ich gehe auch zu Bett.« Er fuhr sich mit seiner großen Hand durch das rote Haar. Joan sah, daß er sie und Bart mit lüsternen Blicken anstarrte. Rasch blickte sie zur Seite.

»Na, süße Träume, ihr beiden!« sagte er und stieg die kleine Hintertreppe hoch.

Joan schwieg. Einer nach dem andern zwang ihr die Nacht auf. Die Mutter wartete offenbar darauf, daß sie gingen. Sie saß jetzt auf dem Binsenstuhl am Herd.

Nun stand Bart plötzlich auf. »Mutter kommt immer zuletzt nach oben. Wir gehen jetzt am besten.«

»Ja, Bart«, sagte sie leise und wollte die Treppe hinauf, auf der sie vorhin heruntergekommen war. Aber er rief sie hastig zurück. »Komm hierher – in der Woche benützen wir immer die Hintertreppe.«

»Einverstanden, Bart«, sagte sie und folgte ihm.

Der Morgen dämmerte herauf. Die niedrige Zimmerdecke wirkte auf Joan wie ein trüber Himmel. Der kleine Raum füllte sich allmählich mit einem blassen Licht. Sie stützte sich auf den Arm und sah zum Fenster hinaus.

Gestern abend hatte Bart, ein wenig brüsk vor Verlegenheit, gefragt: »Auf welcher Seite willst du schlafen?« Und sie hatte rasch geantwortet: »Auf der Außenseite – nach dem Fenster zu, bitte.« Er war eher im Bett als sie und hatte sich schwerfällig zur Wand gerollt. Sie hatte beim Ausziehen ständig zum Fenster hingesehen, das sie von diesem Zimmer ablenkte, das ihren Blick zu den Bergen zog.

Drüben am Horizont standen jetzt dunkel die Berge unter dem sich langsam färbenden Himmel. Sie betrachtete sie mit einer gelassenen Traurigkeit. So mußten sich alte Leute fühlen, wie ihr an diesem Morgen zumute war – sehr alte Leute, denen alles genommen war, die wußten, daß sie nichts mehr zu erwarten hatten. Auch sie hatte nichts mehr zu erwarten – nur das, was alten Leuten zuteil werden mag: ein Dach, das sie vor den Unbilden der Witterung schützte, ein Feuer, an dem sie sich wärmen konnte, Essen und Schlaf. Und im Herzen diese gähnende Leere! Sie kam sich vor wie eine hohle Gestalt, die allein inmitten einer ungeheuren, totenstillen leeren Ebene stand. Niemand war ihr nahe – kein Ohr, um sie zu hören, keine Stimme, die sie vernehmen konnte. Hinter ihr ertönte das stetige, krächzende Atmen des Mannes. Seitdem er endlich eingeschlafen war, schlief er wie ein Sack. Sie durfte ihn nicht anschauen, durfte sich nicht einmal vorstellen, wie er aussah. Gott sei Dank, daß es dieses Fenster gab, durch das sie die Berge sehen konnte!

Behutsam kroch sie aus dem Bett und schlüpfte in ihre Kleider. Dann setzte sie sich ans Fenster und beobachtete das Nahen des Tages. Sie wollte an nichts denken. Aber unwillkürlich fiel ihr die Unterhaltung einiger Kommilitoninnen ein, die sie mitgehört hatte. Sie sprachen von einer neuvermählten Bekannten, die in der Hochzeitsnacht zu ihrem Mann gesagt haben sollte: »Ist das alles, Henry? Weiter nichts?« An diesem Morgen verstand sie, was die Frau gemeint hatte.

»Schon auf?« rief Bart auf einmal mit schlaftrunkener Stimme.

»Ja, ich bin auf, Bart.«

Er gähnte laut. »Bin heute morgen schrecklich müde. Ich glaube, ich schlaf' noch mal 'ne Weile.«

»Tue das, Bart.«

... Das, was sie hier tun konnte, würde niemals die abgrundtiefe Leere in ihr ausfüllen. Sie sah, wie es heller wurde am Horizont, wie die Berge sich allmählich blau färbten. Dann tauchte über ihrem Kamm eine kleine rote Scheibe auf, die bald zu einer dicken Kugel anschwoll, und Licht strömte über das Land. Ein neuer Tag war geboren. In diesem gewaltigen Wechsel von Tag und Nacht, angesichts der Gestirne, die ihre ewige Bahn am Himmel zogen, war sie mit ihren kleinen Kümmernissen, ihrem ungestümen Körper ein Nichts. Sie wandte sich vom Fenster ab und machte sich daran, ihre Sachen auszupacken und sie in die Schubladen zu legen.

In den kommenden Tagen lernte sie zu arbeiten wie nie zuvor. Sie redete wenig. Worte hatten in dieser Leere einen zu hohlen Klang. Sie lernte es, so schweigsam zu sein wie die anderen — mit unnötigen Worten zu geizen.

»Bart, wann stehst du auf, um das Weizenfeld zu pflügen?«

»Halb fünf.«

Mehr brauchte nicht gesagt zu werden. Halb fünf bedeutete: Frühstück um fünf. Und vor dem Frühstück mußte erst noch gebetet und aus der Bibel gelesen werden. Jeden Morgen saß sie in aller Frühe regungslos unter ihnen und starrte aus dem dämmerigen Fenster, während Barts Vater aus der Bibel vorlas, einen Vers nach dem anderen, die Zeilen mit der Fingerspitze verfolgend. Ihr graute vor dem tiefsten Winter, wenn das Fenster völlig schwarz sein würde und sie den ersten schwachen Morgenschimmer nicht sehen konnte. Aber diese Zeit des Jahres kam, und das Fenster war nur noch ein Spiegel, in dem sie fünf Menschen um den verhüllten Tisch sitzen sah, vier davon mit geduldig gesenktem Kopf, und sie wandte die Augen ab.

Wenn sie dann nach der Morgenandacht die kalte Magermilch,

das Brot und die blasse, milchige Butter auf den Tisch stellte, ließ sie ihre Blicke häufig wieder zum Fenster schweifen, um zu sehen, ob es noch nicht dämmerte. Manchmal schien es überhaupt nicht Tag werden zu wollen. Sie verzehrten ihr bescheidenes Mahl bei Lampenlicht. Eier kamen nicht auf den Tisch, weil sie ja verkauft werden konnten, und Kaffee war ein verpöntes Genußmittel, mit dem man nur der Fleischeslust frönte. Oft stand sie schon in der Küche und spülte das Geschirr, ehe die ersten Sonnenstrahlen wie Musik über die Berge strömten.

... Musik! Sie hatte schon ganz vergessen, daß es so etwas wie Musik gab. Hinter einer der verschlossenen Türen stand ein altes Klavier. Einmal hatte sie leise darauf gespielt, aber es war ganz verstimmt und hatte einen blechernen Klang. Rasch hatte sie den Deckel wieder geschlossen.

... Einmal hatte sie versucht, ein wenig heiter zu sein, denn sie konnte einfach nicht umhin, zu den Menschen, mit denen sie leben mußte, freundlich zu sein. So hatte sie an einem Sonntagmorgen zu der Mutter gesagt: »Du siehst hübsch aus in diesem braunen Mantel.«

Die Mutter blickte ganz verstört drein und schien peinlich verlegen zu sein. Doch Joan fuhr lächelnd fort: »Hat dir noch nie jemand ein Kompliment gemacht — nicht einmal *er?*« Sie deutete mit einem Nicken auf den Vater.

Verwirrt durch ihre Heiterkeit, starrte er sie mit grimmiger Miene an.

»Ich hasse höfliches Geschwätz«, erklärte er. »Es ist nicht ehrlich. Ich erwarte von meiner Frau, daß sie anständig aussieht. Wenn nicht, sage ich es ihr.«

Jeden Sonntag fuhren sie zur Kirche — auch bei Schnee, Regen, Sturm oder Hagel. Unwillig spannte der Vater die Pferde vor den Wagen. Es machte ihm Sorgen, daß er seinen Tieren keine Sonntagsruhe gönnen konnte. An einem Morgen war er beim Lesen der Bibel auf die Stelle gestoßen, die besagt, daß am Sabbat alle Geschöpfe von der Arbeit ausruhen sollen. »Du und dein Vieh«, las er und hielt inne. Dann riß er sich die Brille von der Nase und sah sie alle der Reihe nach an. »Ich wollte, es stände hier geschrieben, *wie* man seine Tiere ruhen lassen kann, wenn man zur Kirche fahren soll.« Das Licht der Petroleumlampe fiel auf sein gefurchtes, bekümmertes Gesicht, und der Ausdruck in seinen tiefliegenden grauen Augen verriet Joan, daß diese quälende Frage ihn schon seit vielen Jahren beschäftigte. Jeden Sonntagmorgen, wenn er erwachte, stand er von neuem vor diesem Problem.

Sam, in dessen kleinen rotbraunen Augen der Schalk aufblitzte, murmelte: »Schade, daß kein Auto erwähnt wird!«

Aber sein Vater blickte ihn zornig an. »Du und deine Witze. Alles mußt du ins Lächerliche ziehen!« schrie er plötzlich.

Sam setzte sich schwach zur Wehr. »Ein Scherz kann doch keinem weh tun. Man könnte fast glauben, daß ein Scherz in diesem Haus eine Sünde ist.«

»Halt's Maul!« brüllte ihn sein Vater an.

»Abram, Abram«, legte sich die Mutter ins Mittel, »bedenke, Gottes Wort liegt offen auf deinen Knien!«

Schweigen folgte diesen Worten, und er begann wieder zu lesen. Aber die Last dieses Rätsels war noch nicht von ihm gewichen. Er machte sich dauernd Sorgen, weil er nicht buchstäblich befolgen konnte, was er in der Bibel las.

Nein, mit solchen Dingen konnte Joan ihre innere Leere nicht ausfüllen. Aber sie kannte sich jetzt wenigstens im Hause aus. Sie wußte, wo jede Schüssel, jede Gabel ihren Platz hatte, wie und wann jedes Zimmer gesäubert werden mußte. Die Räume hinter den geschlossenen Türen waren kein Geheimnis mehr für sie. Sie war sogar bis in die »gute Stube« vorgedrungen, in der sie sich nie aufhielten — höchstens, wenn Verwandte zu Besuch kamen, wie einmal Tante Emma . . .

»Das ist Joan, Barts Frau«, wurde sie ihr vorgestellt. »Joan, dies ist Barts Tante Emma.«

»Aha, ich habe schon gehört, daß Bart geheiratet hat, aber zur Hochzeit bin ich leider nicht eingeladen worden.«

Tante Emma hatte ein maßlos fettes, ausdrucksloses Gesicht. Sie starrte Joan mit ihren schwarzen Augen an. »Du bist ja ein richtiger Brocken. Fast so groß wie Bart! Kann sie gut kochen, Minna?«

»Das Kochen besorge ich«, erwiderte Barts Mutter steif und setzte unwillig hinzu: »Aber im Haus ist sie ganz gut zu gebrauchen.«

»Aus welcher Familie stammt sie denn?«

Familie! Hatte sie je Menschen gehabt, die zu ihr gehörten und zu denen sie gehörte?

Bart, der aus dem Stall gekommen war, um seine Tante zu begrüßen, sagte kurz angebunden: »Ihr Vater war der alte Prediger drüben in Middlehope.«

»Von dem habe ich schon gehört«, meinte Tante Emma. »Die Leute behaupteten, er wäre etwas durchgedreht gewesen.«

»Mein Vater?« rief Joan entsetzt.

»Es war wohl sein Alter«, sagte Tante Emma versöhnlich, und Joan sah, daß diese Frau es nicht böse gemeint hatte. Doch war sie aufs tiefste verletzt. So hatten die Leute also von ihrem Vater gesprochen!

Nicht einmal am Weihnachtstag benutzten sie die dunkle gute Stube . . . Aber was bedeutete Weihnachten schon in diesem Haus des Schweigens? In der Sonntagsschule in Chipping Corners brannte am Heiligabend ein Weihnachtsbaum. Heiligabend fiel gerade auf einen Sonntag, und die Pferde mußten sie hinbringen. Es sei nichts Besseres, sagte Barts Vater, als eine Sabbatslustbarkeit. Aber es war gar nicht so sehr lustig. Der Baum war eine etwas krumme Tanne, die spärlich mit billigem Flitterkram geschmückt war. Aber an der Spitze hing ein Stern, ein weißer Papierstern, dessen Ränder mit Flittergold beklebt waren. Barts Vater las die Geschichte des Sterns von Bethlehem, und die Kinder sammelten sich um ihn: die mageren, verschüchterten Bauernkinder, die vom frühen Morgen bis zum späten Abend schon den Erwachsenen helfen mußten, die selbstgefälligen Kinder kleiner Ladenbesitzer aus dem Dorf, und hier und da ein paar Kinder mit süßen Engelsgesichtern, die zu keiner dieser Gruppen gehörten. Joan betrachtete lächelnd eines von diesen – ein kleines braunhaariges Mädchen, das die wenigen Kerzen des Baumes anstarrte, als wären es hundert – und fühlte sich in ihre Kindheit zurückversetzt. Aus den Augen dieses Kindes strahlte ihr der einzige Weihnachtsschimmer entgegen.

Sie kehrten wieder auf die Farm zurück und verzehrten ein besseres Essen als üblich – Schweinebraten mit gebackenen Äpfeln und als Nachtisch einen Brotpudding mit Rosinen. Joan hatte kleine Geschenke angefertigt, nicht so sehr, um den anderen eine Freude zu machen, sondern eher, weil es eben Weihnachten war. Von ihrem eigenen Geld hatte sie Wolle gekauft, um ein Paar Pantoffeln für den Vater zu häkeln; Seide, aus der sie Schlipse strickte, einen grünen für Sam und einen braunen für Bart; und für die Mutter umhäkelte sie ein Taschentuch.

Sie hatte die Gaben in buntes Papier gewickelt und legte sie auf den Tisch. Auf dem weißen Tischtuch wirkten sie heiter in ihren leuchtenden Hüllen. Aber niemand sagte ein Wort, niemand schien sie zu bemerken. Schließlich konnte sie nicht umhin zu fragen: »Wollt ihr euch eure Geschenke nicht ansehen?« Dann nahmen sie die Päckchen, einer nach dem anderen, scheu, fast unwillig, und öffneten sie ungeschickt – alle außer dem Vater, der es ungeöffnet liegen ließ. Die Mutter sagte: »Ich weiß nicht, wie ich dir danken soll, wirklich nicht.«

Sam grinste sie vertraulich an und meinte: »Grün ist die Lieblingsfarbe meines Mädchens. Wenn der Schlips blau gewesen wäre, hätte ich ihn dir zurückgegeben.«

Bart sagte: »So, dafür bist du abends so lange aufgeblieben!«

Der Vater legte sein Päckchen unter seinen Stuhl auf den Boden, weil es ihm auf dem Tisch zuviel Platz brauchte. Nach dem Essen nahm er es mit und ging nach oben. Als er wieder nach unten kam, trug er die Pantoffeln.

»Passen sie?« fragte Joan in der Hoffnung, ein kleines Lob zu hören.

»Ein bißchen kurz, aber ich kann sie tragen«, erwiderte er.

Wortlos ging sie nach oben in das kalte Schlafzimmer, setzte sich ans Fenster und starrte in die Dunkelheit hinaus. Vor einem Jahr waren sie alle in der nach Tannengrün duftenden Kirche versammelt gewesen, wo ihre Mutter tot unter dem Weihnachtsstern lag. Es schien so lange her zu sein. Nun lag ihre Mutter in der Erde, und die Zeit ihrer Familiengemeinschaft war für immer vorbei.

Nein, sie konnte nicht lange niedergeschlagen sein. Ihre Fröhlichkeit sprudelte immer wieder hervor wie ein klarer Quell, sobald sie nicht mehr an die alten Zeiten dachte. Und sie vergaß sie jetzt sehr oft. Sie vergaß sie in ihrer Freude über den Schnee. Beim Anblick des ersten Schnees spürte sie wieder die alte kindliche Begeisterung über diese neue Welt, so weich, so weiß und so weit. Sie zog sich ihre Winterstiefel und ihren alten roten Ledermantel an und stapfte verzückt durch die Wälder. Hier schrumpfte das Universum zusammen und wurde ihr wieder vertraut. In solchen Augenblicken fühlte sie sich nicht mehr einsam.

Auch hatte sie noch immer etwas, was sie ihr eigen nennen konnte. Rose und Francis waren am Leben. Sie waren noch irgendwo in der Welt und gehörten zu ihr. Zu Anfang des neuen Jahres schrieb Rose, daß sie bald ein Baby bekommen werde. Als Joan es las, regte sich in ihr der Wunsch, an diesem Ereignis teilzuhaben. Auch sie sehnte sich nach Roses Baby. Und sofort durchfuhr sie der Gedanken: Rose muß jetzt nach Hause kommen. Sie konnte herkommen, in das Heim ihrer Schwester, und hier ihr Kind zur Welt bringen. Rasch schmiedete sie Pläne. Das Haus eignete sich gut für diesen Zweck. Es war ruhig und sauber, und dann die Berge am Horizont! Es würde Frühling sein, wenn das Kind geboren wurde, und sie konnte es in einem Korb unter die Bäume stellen. In Gedanken trug sie schon Roses Baby in ihren Armen. Rose würde mit einem Baby nicht umzugehen wissen. Joan mußte laut lachen — Rose mit einem Baby! Sie konnte die Nachricht nicht länger für sich behalten, sie mußte es jemandem erzählen, und so rannte sie hinaus, um Bart zu suchen. Er stand auf einem Feld und baute gerade eine neue Steinmauer.

»Rose erwartet ein Baby«, rief sie, die Briefbogen schwenkend. »Ich muß ihr sofort schreiben, sie soll herkommen —«

Aber Bart ließ sich nicht weiter stören, sondern hob einen Stein nach dem andern auf. Dieses Stück Mauer und noch ein anderes mußten vor Sonnenuntergang fertig werden. »Du weißt ja, wie Mutter ist«, sagte er.

»Meinst du etwa, sie würde Rose nicht haben wollen?«

»Für Kinder hat sie nie viel übrig gehabt«, sagte er langsam. Manche Frauen, dachte er, helfen ihren Männern auf dem Feld. Aber Joan schien nie auf diesen Gedanken zu kommen. Na, keiner sollte ihm nachsagen, daß er nicht gut zu ihr sei. »Wir konnten fast nie die anderen Kinder nach der Schule zu uns einladen«, fuhr er fort. »Meine Mutter sah nur die Arbeit, die sie machten. Sie hatte immer Angst, sie würden ihr das Haus durcheinander bringen.«

Etwas in seiner Stimme ließ Joan aufhorchen, und plötzlich sah sie im Geist Bart als kleinen Jungen, der immer arbeiten mußte und nicht spielen durfte. Sofort spürte sie tiefes Mitleid mit diesem kleinen Jungen.

Barts Mutter seufzte, als sie ihr von der bevorstehenden Geburt erzählte. »Kinder machen viel Arbeit. Sie bringen das ganze Haus in Unordnung.«

»Hast du dich nicht gefreut, als du Kinder bekamst?« fragte Joan, die ihr heimlich böse war, weil sie Bart so streng gehalten hatte.

»Es sind ja immer gute Jungen gewesen«, erwiderte sie. »Aber sie haben zu tun gegeben. Schließlich konnte ich keinen Kuchen mehr für sie backen. Die viele Arbeit, die das Backen macht, und dann hatten sie ihn im Nu aufgegessen — so rasch, wie sie ein Glas Milch hinuntertranken! Drei Männer können einen Kuchen im Handumdrehen verzehren, und die ganze Mühe ist dahin. Für mich war es unnötige Arbeit.«

Sie seufzte wieder und ließ ihren Blick durch die saubere Küche wandern.

»Ich möchte, daß meine Schwester nach Hause kommt«, begann Joan von neuem. Sie wollte die Flinte nicht so rasch ins Korn werfen.

Dann kam ihr eine Idee, wie sie vielleicht die Tür dieses Hauses für Rose öffnen konnte. Einmal im Monat zog Barts Mutter mitten in der Woche ihr zweitbestes schwarzes Kleid an, und einer der Jungen oder Barts Vater mußte sie ins Dorf zur Missionsversammlung fahren. Joan hatte meist keine Lust, sie zu begleiten, und sagte dann: »Ich habe das Abendbrot für dich fertig, wenn du zurückkommst.« Aber ein paarmal war sie mit zur Versammlung gefahren, die sich in keiner Weise von denen unterschied, die sie kannte.

»Du weißt ja wohl, daß Rose und ihr Mann Missionare sind, wie?«

»Ja, das hast du mir erzählt«, erwiderte die Mutter. »Da sie selbst Missionare sind, habe ich es immer ein bißchen merkwürdig gefunden, daß du dich so wenig um die Versammlungen kümmerst. Na, ich glaube, ich muß wohl an meine Kartoffeln denken. Mir kommt es so vor, als müßte ich den ganzen Tag nichts als kochen.«

Seufzend erhob sie sich von ihrem Platz am Herd.

Nein, hier in diesem Haus konnte Roses Kind nicht zur Welt kommen. Hier war kein Platz für sie. Sie schrieb an Rose: »Wenn ich je mein eigenes Heim habe . . .« Obwohl sie verheiratet war, hatte sie doch kein eigenes Heim. Das Kind mußte also in einem fremden Land geboren werden.

Jetzt begann sie ihre Leere mit einem neuen Bild von Bart anzufüllen, das sie sich in der Phantasie selber schuf. Sie nahm seine Größe, die Breite seiner Schultern, seinen starken Nacken und die Länge seiner Gliedmaßen, aber nicht seine Hände, diese riesigen Pranken, die so hart und geschwollen waren, daß er sie nie geradebiegen konnte. Sie nahm sein festes Kinn, sein dichtes, lockiges dunkelrotes Haar, aber nicht seine blassen, steifen Lippen und seine tiefliegenden rötlichen Augen. Sie nahm sogar seine Schweigsamkeit und verwandelte sie in Stärke. Und den Atem, mit dem sie diesem neugeschaffenen Bild Leben einhauchte, gab ihr der Augenblick auf dem Feld, wo er ihr als kleiner, linkischer Bauernjunge erschienen war, der sich nach Spiel und Fröhlichkeit sehnte, aber dazu verurteilt war, den ganzen Tag zu arbeiten; früh aufzustehen und die Kühe zu melken, ehe er zur Schule ging; Holz zu hacken, das Vieh zu tränken und zu füttern, während andere Jungen Ball spielten, Schlitten fuhren und Schlittschuh liefen.

Sie wurde etwas freundlicher zu Bart und sprach mehr mit ihm. Wer weiß, was hinter diesem Schweigen in ihm lebendig war? Vielleicht stieß sie auf Gedanken und Phantasie, wenn sie auch keine Liebe fand. Es wäre eine Erlösung, irgend etwas hinter diesem Schweigen zu entdecken, das er nie brach. Denn sie kamen sich nicht näher, wenn er fragte: »Wo ist meine alte Hose?« und sie antwortete: »Ich habe sie geflickt, sie hängt am zweiten Haken hinter der Tür.« Auch nachts dauerte dieses Schweigen an. Nacht für Nacht nahm er sie — rasch und ebenso still, wie er aß und trank — und sank dann sofort in tiefen Schlaf. Hätte sie ihn gefragt, wie sie sich selbst so oft in verzweifelter Traurigkeit fragte: »Bart, ist das alles? Bedeutet die Ehe nichts anderes?« — Sie hätte keine Antwort erhalten.

»Bart, soll ich dir nicht hin und wieder mal etwas vorlesen?« fragte sie eines Tages.

»Was willst du denn lesen?«

»Meine Bücher, die ich in der Truhe mitgebracht habe. Erinnerst du dich noch? Ich habe sie jetzt in der Mansarde auf ein Regal gestellt. Deine Mutter sagte, dort ständen sie ihr nicht so im Weg.«

»Sicher, wenn's dir Spaß macht.«

Er war so liebenswürdig, daß das Bild, das sie in ihrer Phantasie geschaffen hatte, ein wenig Wirklichkeit zu sein schien. Am Nachmittag, als sie mit ihrer Arbeit fertig war, stieg sie hinauf in die Mansarde, setzte sich vor das Regal und nahm ein Buch nach dem anderen herunter. Diese Bücher — teils ihre eigenen, teils die ihrer Mutter — waren wie ein zartes Band, das die Gegenwart mit der Vergangenheit verknüpfte. Vielleicht würden sie auch Bart und sie verbinden. Sie überlegte eine ganze Weile und wählte schließlich für den Anfang: *Die Geschichte einer afrikanischen Farm.* Als sie dieses Buch zum erstenmal las, hatte es sie sehr ergriffen, weil sie sich mit dem Kind auf der Farm identifizierte.

Am Abend, als Bart und sie allein in ihrem Zimmer waren, begann sie daraus zu lesen, während er sich auf das Schaffell streckte, das vor dem leeren Kamin lag. Möglicherweise war dies der Anfang einer gewissen Gemeinsamkeit. Vielleicht hatte sie sich nicht genug Mühe gegeben. Sie las eine ganze Weile, bis ihr die Ähnlichkeit zwischen sich und dem Kind wieder zum Bewußtsein kam. Sie sah auf und sagte:

»Bart, dieses Kind gleicht mir so sehr, daß ich –«

Aber Bart hörte nichts; er lag im tiefsten Schlaf, den Mund weit offen. Er mußte schon eine ganze Zeitlang geschlafen haben.

Sie stellte das Buch wieder zu den anderen auf das Regal und nahm sich vor, es bald einmal allein für sich zu lesen. Obwohl der Versuch, eine Brücke zu ihm zu schlagen, mißglückt war, blieb sie Bart gegenüber doch immer freundlich. Sie erkannte jetzt, daß nicht mehr in ihm steckte, als zum Vorschein kam. Er war nichts als ein Junge und würde stets einer bleiben. Als sie sich ihre Bücher wieder vornahm und eines Tages darin von einer glücklichen Ehe las, brach sie in leidenschaftliche Tränen aus. Sie wußte, warum sie weinte. Aber nach einer Weile sagte sie sich mit fester Stimme: »Ich muß gerecht sein. Ich habe ihn geheiratet, um ein Dach über dem Kopf zu haben und versorgt zu sein. Beides habe ich erreicht.«

Aber das Buch erinnerte sie daran, wie sie Martin Bradley geküßt hatte. Sie liebte Martin Bradley nicht und verlangte auch nicht nach ihm. Aber jene Küsse konnte sie nicht vergessen, die einzigen Küsse, die sie je einem Mann gegeben hatte. Sie küßte Bart nicht, konnte ihn einfach nicht küssen. Wenn er sie dazu drängte, berührte sie flüchtig seine Lippen, und wenn er sie küßte, ließ sie es über sich ergehen. Aber Tag für Tag sagte sie sich: »Ich muß Bart gegenüber immer gerecht sein.«

Zuerst hatte sie das Schweigen im Haus gehaßt. Es hatte sie so niedergedrückt, daß sie es fast nicht ertrug. Aber jetzt war es wie ein Mantel, unter dem sie sich verstecken konnte. Sie war dankbar dafür. Da keiner sprach, keiner sich dem anderen enthüllte, brauchte sie dies auch nicht zu tun. Schweigen bedeutete Schutz. Und Tag und Nacht war sie Bart zu Willen . . .

Und so empfing sie ihr Kind. Atemlos vor Freude, wartete sie voller Spannung, bis kein Zweifel mehr bestand, und nun war sie nicht mehr allein. Niemals wieder würde sie allein sein.

Sie brauchte das Bild, das sie sich selbst von Bart geschaffen hatte, nicht mehr – sie konnte ihn so nehmen, wie er war. Denn an die Stelle des Bildes war jetzt die Wirklichkeit ihres Kindes getreten. Da war nun dieses ständig wachsende Leben in ihr, noch geheim und verborgen, aber sie besaß ihr Kind schon so sicher, als hielte sie es in den Armen. Sie war nicht ungeduldig, denn sie hatte es ja. Es war genug, daß es lebte, wuchs und sich bewegte. Sie war überzeugt, daß es ein Sohn war, und sprach in ihren Gedanken von

»ihm«. Sie stellte ihr ganzes Leben auf ihn ein. Aber sie brauchte einen Platz in diesem Haus, wo sie mit ihm allein sein konnte. Sie entdeckte einen Sessel mit zerfetztem Polster oben in der Mansarde, flickte ihn und legte eine alte Steppdecke hinein. Sie saß darin nun oft träumend an dem kleinen Giebelfenster, das nach Westen blickte. Und ihre Träume teilte sie ihrem pulsierenden Blut mit, ihrem Blut, das ihren Sohn nährte und formte.

Sie hütete ihr Geheimnis solange wie möglich, damit sie und ihr Kind unter dem Mantel des Schweigens allein miteinander leben konnten. Aber da ihr Körper die Quelle seines Wachstums war, mußte sie schon bald daran denken, sich selbst gut zu ernähren. Also mußte sie ihr kostbares Geheimnis preisgeben.

»Bart«, sagte sie eines Abends im Schlafzimmer, als er gerade aus seinen Niethosen stieg, »ich erwarte ein Baby.«

»Oh, kriegen wir endlich Familienzuwachs?« rief er, und sie war höchst erstaunt über das »wir«. Es war ihr nie in den Sinn gekommen, daß außer ihr jemand ein Anrecht auf ihren Sohn haben könnte. Er grinste über das ganze breite, unrasierte Gesicht. »Ich habe mich schon im stillen gefragt, wann dieses Ereignis eintreffen würde.«

Sie fuhr mit fester Stimme fort: »Besorg mir bitte jeden Tag einen Liter Milch, die nicht abgerahmt ist. Außerdem möchte ich zwei Eier zum Frühstück essen. Das Kind muß gut ernährt werden.«

Er kratzte sich den Kopf und sah sie verlegen an. »Weiß nicht, ob das möglich ist — Vater hält den Daumen auf den Geldbeutel, seit die Obstbäume was vom Frost abgekriegt haben.«

»Es muß aber sein, Bart«, erwiderte sie.

»Gewiß«, sagte er freundlich. »Wenn du darauf bestehst, will ich mit Vater reden.«

»Ich habe mich nie verwöhnt«, sagte Barts Mutter am nächsten Tag in der Küche. »Meine Jugens sind bei Magermilch ganz schön gediehen. Man braucht keine Sahne. Sie läßt sich gut verkaufen, und wir brauchen das Geld.«

Joan erwiderte nichts darauf. Sie konnte jetzt auch eigensinnig schweigen.

Sie ging ungeniert in den Keller und schüttete Sahne in ihre Magermilch, Sahne, die bereits in Flaschen abgefüllt war und verkaufsfertig dastand. Auch Eier holte sie sich so viele aus dem Hühnerstall, wie sie brauchte. Die anderen beobachteten sie schweigend, aber ihr Schweigen war sehr beredt: es lag Staunen, ja Zorn darin, so daß Bart sich vor seinem Vater fürchtete und ihn durch zusätzliches Arbeiten versöhnlich zu stimmen suchte. Laß ihn nur, dachte Joan triumphierend, das kann er ruhig für mein Kind tun.

Nur Sam brachte seine Meinung laut zum Ausdruck und sagte

voller Neid und Feindseligkeit: »Ein großes Glück für dich, nicht wahr?« Schockiert brachte ihn seine Mutter zum Schweigen. »Sam, schweig still!« Denn es war in ihren Augen eine grobe Verletzung des Anstandes, darüber zu sprechen, daß Joan ein Kind erwartete. Joan antwortete seelenruhig: »Wieso Glück? Ich möchte, daß mein Kind kräftig wird, Sam.«

Aber solche Offenheit machte ihn sprachlos. Er wurde knallrot und verkroch sich hinter dem allgemeinen Schweigen. Die anderen waren entsetzt über ihr ungebührliches Verhalten. Aber sie fürchtete sich nicht mehr vor ihrem Schweigen. Sie hatte gelernt, darin zu leben. Unerschrocken nahm sie sich, was sie brauchte.

Und dann kam eines Tages ein Brief für sie – ein seltenes Ereignis, denn sie hörte in dieser Zeit nur von Rose. Francis schrieb nicht. Er war in der großen, weiten Welt untergetaucht, und sie konnte nur geduldig warten, bis er wieder einmal etwas von sich hören ließ. Rasch riß sie den Umschlag auf. Aber der Brief war nicht von Francis. Der Briefkopf lautete: Versicherungsabteilung für Geistliche, und ein Scheck war angeheftet. Sie überflog rasch die wenigen Zeilen: ihr Vater habe vor Jahren eine kleine Versicherung abgeschlossen, und da man erst kürzlich von seinem Tod erfahren habe, sei die Überweisung des Geldes verzögert worden. Vor mehr als zwei Jahren habe er den Tod seiner Frau gemeldet und darum gebeten, im Falle seines Todes die Versicherungssumme an seine älteste Tochter auszuzahlen. Der Scheck lautete auf fünfhundert Dollar.

Sie setzte sich vor Staunen auf den alten Holzstumpf, der draußen neben dem Briefkasten stand. Wenn sie diesen Brief nur in Händen gehabt hätte, ehe sie Bart heiratete – oder wenigstens, ehe das Kind in ihr zu leben begann – aber das waren vergebliche Wünsche.

Sie war jetzt an dieses Haus gefesselt. Sie mußte darin ausharren, damit ihr Sohn eine Heimat hatte, eine Familie, in die er hineingeboren werden konnte. Loskaufen konnte sie sich nicht. Sie hatte das Blut dieser Familie in sich aufgenommen und mit ihrem eigenen vermischt, deshalb konnte sie niemals frei sein. Aber sie würde Bart nichts von diesem Geld sagen. Das wenigstens wäre ihr Eigentum. Sie würde den Scheck zur Bank tragen und sich auf ihren Namen ein Konto einrichten lassen. Das Bewußtsein, daß es für den Notfall da war, gab ihr eine geheime Macht.

Aber sie war eifersüchtig auf Bart. Als das Kind in ihr wuchs und sich bewegte, wollte sie es ganz für sich haben. Barts Beitrag zu seiner Existenz war so gering, so unbewußt, so zufällig.

Und Bart konnte kein Vater sein; er war ja nur ein großer Junge. Genau wie ein Junge war er jetzt auf ein Auto versessen. Er schüttete ihr sein Herz aus: »Jo, ich muß einfach ein Auto haben. Ich habe jetzt siebzig Dollar in bar und außerdem meinen Anteil an den

Schweinen und jungen Hennen. Da kann ich es wohl riskieren, mir ein Auto zuzulegen.« Er war ganz aufgeregt bei diesem Gedanken und schien um ihre Unterstützung zu betteln. »Bist du nicht auch dafür, daß wir ein Auto kaufen? Ohne Auto kommt man überhaupt nicht von der Stelle. Jeder junge Mann in meinem Alter hat seinen eigenen Wagen, und es sieht so blöde aus, wenn man in dieser alten Kutsche mit den Ackergäulen zur Kirche oder in die Stadt fährt. Wenn Vater doch nur nicht so altmodisch wäre! Er hat Geld auf der Bank, das weiß ich.«

Sie lächelte in heimlichem Triumph. Dieser große Junge – der Vater ihres Sohnes! Voller Nachsicht meinte sie: »O ja, Bart. Warum nicht?«

»Ich könnte mir ja einen Gebrauchtwagen kaufen«, sagte er begeistert. »Den könnte ich selber anstreichen, daß er aussieht wie neu. Sag mal, was magst du lieber: Rot oder Blau? Vielleicht auch ein schönes Grün? Mir würde Grün gefallen.«

Er ging davon, den Kopf voller Pläne, und sie sagte sich: »Er soll ruhig sein Auto haben. Es wird ihm wichtiger sein als das Kind. Dann gehört mein Sohn mir allein.«

Als er am nächsten Sonnabend in einem alten Auto nach Hause kam, ging sie hinaus, um es zu bewundern. Der Eigentümer spendete ihm ein lautes Lob: »Ich habe noch nie einen Burschen gesehen, der so rasch das Fahren gelernt hat wie er. Ich habe ihm nur ein paar Hinweise gegeben, und schon hat er den Bogen raus.« Bart, der inzwischen ausgestiegen war, sagte zu ihm: »Rücken Sie 'rüber, ich will's noch mal probieren.« Mit diesen Worten schob er sich hinter das Steuer und studierte die Gänge. »Einen Augenblick mal –« Das Auto setzte sich langsam in Bewegung, und über Barts Züge huschte ein verklärter Ausdruck.

Joan lächelte zufrieden vor sich hin. Das Kind gehörte ihr. Es war jetzt leichter, allen gegenüber angenehm und freundlich zu sein, und sie zeigte sich in dieser Zeit von ihrer besten Seite.

Aber sie sehnte sich nach jemandem, mit dem sie über ihr Kind reden konnte. Gleichsam als Antwort auf ihre Sehnsucht kam ein Brief von Rose. Roses Kind war inzwischen angekommen, ein zarter Junge – so schwächlich, daß sie nicht geglaubt hatte, ihn am Leben zu erhalten. Und doch lebte er. An einem Apriltag war er in einer Stadt in China geboren worden, ein blonder kleiner Junge, der aussah wie Rob. Rose hatte keine Milch für ihn. Also hatten sie eine chinesische Amme genommen, eine Bäuerin, die ein kleines Mädchen zur Welt gebracht hatte. Für Geld war sie willens, die Milch, die für ihr Baby bestimmt war, Roses kleinem Jungen zu geben. »Wir haben das Gefühl, daß nur unsere Gebete ihn am Leben erhalten haben«, schrieb Rose. Joan, die den Brief aufmerksam durchlas, sehnte sich nach diesem schwachen Kind. Voller Stolz blickte sie auf ihre eigenen schwellenden Brüste. Wenn unsere Kinder um dieselbe Zeit auf die Welt gekommen und hier zusammen gewesen wären, dann hätte ich sie beide nähren können, dachte Joan triumphierend. Ich habe so viel zu geben — weit mehr als genug.

Barts Mutter meinte: »Ich glaube, ich kann dir helfen, wenn deine Zeit kommt. Und falls etwas nicht so ist, wie es sein sollte, können wir Mrs. Potter aus Clarktown holen — sie ist Hebamme.«

Doch Joan erwiderte: »Ich habe bereits meine Pläne. Dr. Crabbe soll mir beistehen, wenn es soweit ist.«

»Für so etwas braucht man doch keinen richtigen Doktor«, protestierte Barts Mutter und sah Joan vorwurfsvoll an. »Es ist ja keine Krankheit.«

»Er kennt mich«, erwiderte Joan in aller Ruhe.

Sie bügelte gerade ein kleines, schlichtes weißes Babykleid, eins von den sechsen, die sie selbst geschneidert hatte. Barts Mutter hatte gemeint: »Es sind noch ein paar von Sams alten Babysachen oben in der Mansarde.«

»Nein«, hatte Joan rasch erwidert, »ich brauche sie nicht.« Sams alte Kleidungsstücke für ihren Sohn — undenkbar! Die Vorstellung war geradezu abstoßend. Sie konnte es nicht einmal ertragen, Sam zufällig im Vorbeigehen zu berühren. Aber sie öffnete ihre alte Truhe und kramte die Babysachen hervor: die winzigen Kinderröckchen und Schuhe und die roten Jäckchen, die Francis getragen hatte. Sie waren alt und häufig gewaschen, aber immer noch schön, weil ihre Mutter sie aus guten, haltbaren Stoffen angefertigt und mit Stickereien verziert hatte.

An einem Montag gegen Ende Oktober spannte sie ein Pferd vor den Wagen und fuhr nach Middlehope, um Dr. Crabbe aufzusuchen. Montags waren die meisten Leute beschäftigt, und das Risiko, jemanden zu treffen, war nicht so groß. Bart sagte voller Stolz: »Ich kann dich im Auto hinfahren, wenn du warten willst, bis ich mit meiner Arbeit fertig bin.« Aber sie wollte ihren Sohn nicht den neuerlernten Fahrkünsten ihres Mannes anvertrauen und sagte gelassen: »Es ist wohl besser, wenn ich früher gehe. Vielen Dank, Bart.«

So war sie frohen Herzens allein durch den stillen Oktobersonnenschein gefahren. Als ihre Blicke die schöne Herbstlandschaft streiften, dacht sie daran, daß sie in gar nicht so langer Zeit alles mit ihrem Sohn gemeinsam sehen würde. Und noch ein paar Jahre später konnten sie zusammen darüber sprechen. Dann würde immer jemand für sie da sein, mit dem sie reden konnte. Sie mußte ihre Umgebung von jetzt ab aufmerksam betrachten, damit sie ihrem Sohn alles erklären und sein Leben auf diese Weise bereichern konnte. Die Berge rundum sollten kein Kerker für ihn sein. Auch sollte er keine Angst vor den dunklen Wäldern haben. Er durfte sich nie in diesem Schweigen einsam fühlen. Sie mußte immer für ihn da sein.

Sie fuhr durch die ruhige Straße ihres Heimatdorfes, an Friedhof, Kirche und Pfarrhaus vorbei. Auf den Stufen des Pfarrhauses saßen zwei kleine Kinder, ein Junge und ein Mädchen. Sie aßen gerade ein dickes Butterbrot und sahen sie verwundert an, als sie an ihnen vorbeifuhr.

Dann saß sie in Dr. Crabbes Sprechzimmer und wartete auf ihn. Sehr bald war er da, sein Haar ein weißer Lockenkranz um den kahlen Schädel, seine blauen Augen ein wenig trübe und tränend, die Hände etwas zitterig.

»Meine Güte, da bist du ja, Joan Richards! In welchem gottverlassenen Loch hast du dich eigentlich versteckt? Auf meinen Krankenbesuchen bin ich überall herumgekommen, habe aber nichts von dir gehört. Warum hast du dich denn nicht mal gemeldet?«

Ihre Lippen zitterten, und sie war dem Weinen nahe. Am liebsten hätte sie sich richtig ausgeweint und Dr. Crabbe alles erzählt, wäre für einen kurzen Augenblick gern wieder ein Kind gewesen. Aber sie beherrschte sich. Es war sinnlos, zu versuchen, alte Zeiten wieder heraufzubeschwören.

Lachend ergriff sie seine Hände: »Dr. Crabbe, ich erwarte ein Kind, und ich möchte, daß Sie mir dabei helfen.«

»Nun sieh mal einer an! Mit denselben Worten ist die Mutter schon zu mir gekommen, und ich bin immer noch hier, um jetzt der Tochter zu helfen. Setz dich, Kind — ich möchte dir zuerst ein paar Fragen stellen. Und dann will ich dich untersuchen.«

Dankbar und voller Vertrauen überließ sie sich dem alten Arzt. Er schnaufte und keuchte bei der Untersuchung, ganz, wie sie es in Erinnerung hatte.

»Da — schon fertig. Du hast einen prachtvollen Körper, Joan — kerngesund — überhaupt keine Komplikationen — alles in bester Ordnung. Mein Gott, ein Arzt sieht gern mal einen gesunden Körper!«

Beim Händewaschen erzählte er ihr heiter die Neuigkeiten aus dem Dorf. »Die alte Mrs. Kinney ist noch nicht tot, Joan — hatte im letzten Winter Lungenentzündung, und ich mußte sie durchbringen — war ganz schön schwer. Sie glaubte, sie müßte bestimmt abkratzen. Du weißt ja, was für ein Angsthase sie ist — will sich nicht mal in ein Auto setzen. Aber sie ist wieder auf dem Damm. Sie wird uns alle noch überleben. Daß Netta und Ned verheiratet sind, hast du sicher gehört. Sie erwarten auch ein Baby — im nächsten Monat. Aber mit ihr ist es etwas anderes — hat einen schlechten Körperbau — weiß nicht, was da passieren wird — sehe etwas schwarz!«

Als sie ging, zog er die weißen Augenbrauen in die Höhe und fragte brüsk: »Bist du glücklich, Joan?«

Sie lächelte ihn an. »Weshalb sollte ich nicht glücklich sein? Ich erwarte doch mein Baby.«

Auf der Heimfahrt begann sie zu singen. Das hatte sie seit Monaten nicht mehr getan. Wenn sie jetzt ein wenig Zeit hätte, dachte sie, könnte sie wieder selbst ein Lied komponieren. Die schwere, dunkle Einsamkeit war aus ihrem Herzen gewichen. Ja, es lag ihr sogar ein Lied auf den Lippen, und sie wartete darauf, daß es Gestalt annahm. Sie summte eine Wendung und dann eine andere. Als sie zu Hause ankam, ging sie sofort in die Mansarde, suchte sich ein Stück Papier und schrieb die Melodie auf. Bloß das Ende wollte ihr nicht einfallen. Aber es würde später von selber kommen — es war ein Lied an ein ungeborenes Kind.

Während sie voller Zärtlichkeit auf ihr Kind wartete, schrieb sie einen wärmeren Brief an Rose als je zuvor. »Erzähle mir alles vom kleinen David. Ich habe das Gefühl, daß er auch mein Kind ist.« Sie versuchte sich das kleine, gebrechliche blonde Baby vorzustellen, das von einer gelben Frau genährt wurde, und das Haus und die chinesische Stadt. Wenn Rose ihr doch nur alles ein wenig schildern wollte! Aber Roses Privatleben blieb ihr ein Buch mit sieben Siegeln. Ihre Arbeit ging gut vonstatten, schrieb Rose. Der kleine David hatte ein Fieber gehabt — Malaria, nahmen sie an —, war aber jetzt wieder wohl. Der Herr segnete sie — fünfzig neue Mitglieder hatten sie in diesem Jahr in die Kirche aufnehmen können. Rob war im Begriff, ein neues Gebiet zu erschließen. Die Bevölkerung dort war feindselig, und er setzte sein Leben aufs Spiel, aber sie hatten keine Angst. Sie hoffte, Joan würde ihr Kind leichter gebären als sie. David behinderte ihre Arbeit in den Bibelklassen sehr, aber er wurde ja mit jedem Tag älter.

Ich wollte, ich hätte ihn hier, dachte Joan, als sie die Seiten zusammenfaltete. Mir wäre es ein leichtes, für ihn zu sorgen. Ich glaube, er fällt Rose lästig. Auch kann ich mir beim besten Willen nicht vorstellen, daß Rose einen Jungen auf dem Arm trägt, ihn badet und anzieht.

Aber ihre Briefe an Francis blieben unbeantwortet, und sie machte sich deswegen große Sorgen.

Dann, an einem klaren, frostigen Morgen, als sie unter der Ulme im Hof die Wäsche wusch, sah sie ihn mit einem kleinen Koffer in der Hand über die Landstraße auf das Haus zukommen. Erst konnte sie nicht recht glauben, daß er es war. Aber sie kannte seinen Gang. Außerdem war es durchaus seine Art, plötzlich ohne jede Ankündigung aufzutauchen. Sie streifte sich den Seifenschaum von den Händen und lief ihm ein wenig schwerfällig entgegen, um ihn in die Arme zu schließen.

»O Frank!« rief sie, halb lachend, halb weinend. »Ich habe so oft an dich gedacht. Warum hast du meine Briefe nie beantwortet? Ich habe dir so viele geschrieben!«

Ach, was für ein herrliches Gefühl, jemanden so innig umarmen zu können!

Und wie er gewachsen war! Er war jetzt größer als sie und schöner denn je. Aber so dünn! Sie musterte ihn von oben bis unten und sah alles. Er trug denselben blauen Anzug, in dem er von zu Hause fortgegangen war. Aber er war jetzt an Aufschlägen und Ellbogen grau und abgetragen, und die Aufschläge an den Hosenbeinen waren gewendet. Doch am längsten weilte ihr Blick auf seinem Gesicht. Die rosigen, runden, kindlichen Wangen waren verschwunden. Die Knochen traten schärfer hervor. Die Partie um den Mund und an den Schläfen war eingefallen. Vor allem sah er todmüde aus.

»Ich habe nur zwei Briefe bekommen«, erwiderte er. »Es hat eine ziemliche Weile gedauert, bis ich den Weg – bis ich hier anlangte.«

»Aber jetzt bist du zu Hause«, sagte sie impulsiv. »Wo ich bin, hast du stets eine Heimat.«

Er schwieg und folgte ihr ins Haus. Sie führte ihn ins Eßzimmer. Es war der einzige warme Raum im Haus, und es war ein kühler Herbsttag. »Warte einen Augenblick«, sagte sie dann. »Ich will mit Barts Mutter sprechen.«

In der Küche erklärte sie ohne Umschweife: »Mein Bruder ist gekommen« Sie zögerte. »Kann er ... Welches Zimmer soll ich ihm geben?«

Barts Mutter blickte erstaunt vom Herd auf. »Wie lange will er denn bleiben?« fragte sie nach einer Weile. Sie hatten noch nie Logierbesuch gehabt.

»Das weiß ich nicht«, erwiderte Joan. »Wir haben noch keine Gelegenheit gehabt, miteinander zu reden.«

Barts Mutter hob den Deckel vom Ofen und schob ein knorriges Stück Holz hinein. Es war sperrig, und der Deckel ließ sich nicht gleich schließen. Die Mutter klapperte ärgerlich damit herum.

»Er kann bei Sam schlafen«, schlug sie vor, »oder in dem alten Bett in der Mansarde. Als die Zeiten noch gut waren, hat da oben immer ein Knecht geschlafen, aber das Bett ist seit langem nicht mehr benutzt worden. In der alten Truhe unter der Schräge sind ein paar Decken.«

Joan kehrte ins Eßzimmer zurück und nahm ihren Bruder bei der Hand. Diese Hand fühlte sich hart und schwielig an, so hart, daß Joan rasch einen Blick darauf warf. Sie war ganz schmutzig, und der Schmutz hatte sich so tief in die Rillen gesetzt, daß es so aussah, als könnte sie nie wieder sauber werden. »Was hast du nur mit deinen Händen gemacht?« rief sie entsetzt.

»Habe in Maschinenwerkstätten gearbeitet«, sagte er, »und in den letzten sechs Monaten in einem Kohlenbergwerk in West Virginia.«

»In einem Bergwerk?« wiederholte sie erstaunt. »Ich dachte, du wolltest fliegen.«

»Das wollte ich auch. Aber ich habe meine Stelle verloren — niemand kann in diesen hundsmiserablen Zeiten seine Stelle halten. Und da bin ich mit meinem Kameraden nach dem Süden gegangen. Wir hatten gehört, daß man in den Zechen Arbeit bekommen könnte. Stell dir vor, Joan — ich, der oben in den Lüften fliegen wollte, in einem düsteren Bergwerk!« Er fuhr sich mit seinen verschmutzten Händen durch das zu lange, dichte schwarze Haar.

»Komm mit nach oben«, sagte sie. »Wir gehen in mein Zimmer. Ich muß alles erfahren.«

Er folgte ihr in den Flur und konnte es sich nicht erklären, warum sie einen Augenblick zögerte und dann mit fester Stimme sagte: »Ja, diesen Weg.« Damit stieg sie die Vordertreppe hoch und führte ihn in ihr Schlafzimmer.

»Donnerwetter, Joan, ich möchte ein Bad nehmen. Ich bin seit Tagen auf der Landstraße, zu Fuß oder per Anhalter.«

Sie zögerte wieder. Das Badezimmer war da, aber tabu für Männer. Doch das Kind in ihr verlieh ihr heute die Kraft, für Francis eine Lanze zu brechen. Ihr Son würde eines Tages auch zum Mann heranwachsen, und er sollte nicht in einem Waschzuber im Holzschuppen baden. »Ich will dir eben zeigen, wo das Badezimmer ist«, sagte sie.

Während er sein Bad nahm, ging sie nach unten. Eine Sekunde lang fühlte sie sich versucht, Barts Mutter nichts von dieser Entweihung des Badezimmers zu sagen. Sie konnte ja nachher alles rasch wieder in Ordnung bringen. Aber sofort sah sie ein, daß es dumm war, Angst zu haben. Sie, die für ihren Sohn in diesem Haus ein freies Leben schaffen wollte, durfte sich nicht fürchten. Also straffte sie ihre Schultern und ging in die Küche.

»Francis nimmt eben ein Bad — im Badezimmer«, verkündete sie gelassen. »Er hat einen langen Weg hinter sich und ist sehr müde.«

Sie sah Barts Mutter herausfordernd fest in die Augen — in diese fahlen Augen, deren Braun keine Tiefe hatte. Manchmal war es gut, wenn man groß war, seine Mitmenschen überragte. Die Mutter wurde unsicher und senkte den Blick.

»Es ist nicht allzuviel heißes Wasser vorhanden«, jammerte sie. »Wenn er zuviel verbraucht, haben wir nicht mehr genug für das Geschirr. Was sagtest du noch — wie lange bleibt er?«

»Ich weiß es nicht«, erwiderte Joan.

Sie legte ein Gedeck mehr auf für das Mittagessen, und zwar neben sich. Dann ging sie wieder nach oben. Francis hatte sich inzwischen angezogen und saß im Schlafzimmer. Jetzt, wo er sauber war, sah er sehr blaß aus.

»Du bist viel zu dünn, Frank«, sagte sie, sofort um ihn besorgt.

Er grinste sie an wie früher, aber seine Augen leuchteten nicht mehr dabei, sondern blieben ernst. »Ich habe mich nicht immer satt gegessen«, gestand er. »Ich kann, scheint's, eine Menge vertragen, Joan. Das ist mir nie so zum Bewußtsein gekommen, als ich noch an der häuslichen Futterkrippe saß.«

Er blickte sich rastlos im Zimmer um. »Wie hast du es hier getroffen? Ich habe deinen — ich habe Bart noch nicht gesehen. Irgendwie kann ich mir nicht vorstellen, daß du verheiratet bist.« Sein Blick streifte flüchtig ihren Leib und wandte sich taktvoll ab.

Sie aber sagte sofort: »Du siehst ja, daß ich ein Kind erwarte, Frank.«

»Ja ... hoffentlich bist du glücklich.«

Sie antwortete nicht gleich. Jetzt, wo Frank hier war, hatte sie einen Teil ihrer Familie wieder bei sich, und sie wollte mit ihm über alles reden, sich ihm anvertrauen, wie sie sich keinem anderen Menschen anvertraut hatte. Aber er sah sie nicht an, und seine Zurückhaltung machte sie scheu. »Der Gedanke an das Kind macht mich sehr glücklich«, brachte sie endlich hervor.

Sie wartete, aber er äußerste sich nicht dazu, und da wußte sie, daß sie nicht über ihre Angelegenheiten sprechen konnten. Sie sagte statt dessen: »Nun berichte mir über dich selbst — erzähle mir alles. Ich habe so viel an dich gedacht. Warum konntest du deine Stelle nicht behalten?«

»Ich hätte mich dort nie emporarbeiten können. Dauernd mußte ich die niedrigsten Arbeiten tun — Maschinenteile schmieren, Flugzeuge säubern. Alle die jungen Leute, die eine bessere Schulbildung besaßen, kamen voran. Es gibt keine Gerechtigkeit in diesem elenden System, Joan. Ich habe eine Menge gelernt, seit ich von zu Hause fort bin. Tüchigkeit und gute Leistungen, habe ich immer geglaubt, brächten jeden weiter. Die Meinung habe ich bald aufgegeben. Ebenso den ganzen Kram, den Vater predigte. Er wußte nichts vom wirklichen Leben — war alles nur Geschwafel.« Ein bitteres Lächeln spielte um seine Lippen.

»Er hat aber daran geglaubt«, warf sie rasch ein.

»Sicher«, erwiderte er. »Deshalb war es so verderblich. Er war ja ein ganz guter Mensch. Aber das nützte heut nicht viel — nicht auf dieser Welt, nicht, wie die Dinge jetzt liegen. Ein junger Mann, der kein Geld hat und nicht protegiert wird, hat keine Chancen. Erinnerst du dich noch an das Empfehlungsschreiben, das du mir beschafft hattest? Das hat mir nichts genützt. Bair hielt keine großen Stücke auf Bradley — er hat sich die Karte kaum angesehen. Ich habe die Arbeit nur bekommen, weil sie zufällig jemanden brauchten. Es war Sommer, und es gab allerlei zu tun.« Er betrachtete seine Hände, als hätte er sie nie zuvor gesehen. »Na, dann kam eine Flaute, und man gab mir den Laufpaß. Daran ließ sich nichts ändern. Ich hatte eigentlich gehofft, wenigstens beim regulären Bodenpersonal unterzukommen. Etwa um die Zeit schriebst du mir von Vaters Tod – aber ich wollte nicht nach Middlehope kommen.«

»Nein, das war auch wohl richtiger.«

Er blickte sie durchdringend an, und sie fügte rasch hinzu: »Ich meine, du hättest nicht helfen können – es war alles vorbei.«

»Das dachte ich auch. Also ging ich mit einem Kumpel nach Michigan und bekam dort Arbeit in der Autofabrik, als Heizer. Das war nicht zum Aushalten. Den ganzen Tag mußte ich die Brenn- und Schmelzöfen stochen. Die Haut sprang mir auf – ich war halb gebraten. Ich beguckte mir immer meine Hände, um zu sehen, ob das Fleisch nicht bald abfiel. Wir standen zehn Stunden am Tag da und mußten immer dasselbe tun: heizen, nieten, bei jedem Auto, das auf dem Fließband heranrollte, dieselbe Stelle treffen. Wer an diesem Montageband stand, konnte keine Minute Pause machen, nicht einmal, um Luft zu holen oder sich aufzurichten – der nächste Wagen war immer da, und man mußte seinen Handgriff verrichten. Ein anderer Heizer namens Jim Dobie aus West Virginia hatte vorher in den Kohlenzechen gearbeitet. Jim hatte sich geschworen, niemals wieder dorthin zurückzukehren. Aber er ist dann doch gegangen und ich mit ihm. Er sagte, in den Zechen sei es wenigstens kühl – kühl und dunkel. Ich hatte so lange in das Feuer gestarrt, bis ich glaubte, meine Augäpfel würden platzen. Ich sehnte mich nach einem kühlen, dunklen Ort . . . aber in der Zeche konnte ich es auch nicht aushalten. Jeden Tag mußte ich hinunterfahren in die Finsternis.« Er faltete seine geschwärzten Hände, und sie sah, daß er ein wenig zitterte. Auf seiner Oberlippe brach leichter Schweiß aus. Er wischte ihn ab und begann von neuem das Spiel mit seinen Händen. »Ehe ich in die Tiefe fuhr, blickte ich immer zum Himmel. Wenn ich dann in dem dunklen Loch stand, hatte ich das Gefühl, die Erde würde mich erdrücken. Schon als Kind konnte ich es nicht ertragen, irgendwo eingeschlossen zu sein. An einem strahlenden Morgen – kurz nachdem ich deinen Brief bekommen hatte – sah ich ein Flugzeug am Himmel schweben, das im Sonnenschein glitzerte. Da habe ich einfach den ganzen Kram hingeworfen und mir gesagt: jetzt ist Schluß. Das verstehst du vielleicht nicht, Joan. Aber ich war am Ende. Nie wieder, schwor ich mir, fahre ich in die Tiefe, und wenn ich hungern muß. Wenn ich auch nie fliege, so will ich wenigstens nicht unter Tage arbeiten.«

»Das kann ich gut verstehen«, sagte Joan. »Ich verstehe es besser, als ich in Worten ausdrücken kann.«

»Ich sehe nicht –«, begann er. Da wurde die Tür geöffnet, und Bart trat ein.

Bart streckte Francis herzlich die Hand entgegen. »Ich habe unten gehört, daß du hier bist«, sagte er. Auf seinem klobigen, unrasierten Gesicht lag sein nichtssagendes, gutmütiges Grinsen. Sie bemerkte Francis' erstaunten Blick, und sie sah ihren Mann in diesem

Augenblick mit Francis' Augen: seine dicken Nasenflügel, die kleinen, tiefliegenden, ausdruckslosen Augen, seine derbe, plumpe Gestalt und seine naiven Züge.

Sie begegnete tapfer Francis' Blick.

»Ich verstehe, wie du siehst«, sagte sie.

Sie hatte hier in dieser Abgeschiedenheit gelebt, und jenseits dieser Berge lag der Strom der Welt. Francis war in den Wirbel hineingeraten, war unbarmherzig darin hin und her geworfen worden, um schließlich wieder auf diesen stillen Fleck geschleudert zu werden. Stundenlang hörte sie ihm zu. Die Worte sprudelten zwar nicht aus ihm hervor, denn seine Erlebnisse hatten ihn zu tief verwundet. Aber in kurzen Schilderungen, in abgerissenen Sätzen führte er ihr vor Augen, wie es draußen in der Welt zuging. Sie schlenderten durch den Obstgarten, die Wälder und saßen im Tal am Bach, unter den fallenden Blättern. Im Haus bewahrte er völliges Schweigen, ein vorsichtiges, beherrschtes Schweigen. Aber wenn er im Freien mit ihr allein war, redete er, mit häufigen Pausen, um tief Atem zu holen oder sich den Schweiß von der Stirn zu wischen. Manchmal brach er auch plötzlich ab. »Es hat keinen Sinn, näher darauf einzugehen.« Von dem eigenwilligen Jungen, der die Treppen hinunterpolterte, gierig ins Eßzimmer stürzte, laut pfeifend durchs Haus ging, und ewig seinen Kopf durchsetzen wollte, war nichts mehr übriggeblieben. Er war jetzt sehr zahm in seinen Bewegungen und hielt den Kopf ein wenig geneigt, als wäre er lange unter einem für ihn zu niedrigen Dach umhergewandert. Aber aus den Brocken, die er ihr hinwarf, machte sie sich ein gutes Bild von allem, was außerhalb dieser ruhigen Sphäre passierte. In der Stille des Waldes, wo der Bach fast lautlos über die glatten Steine rieselte, nahm sie alles in sich auf.

»Überall werden die Betriebe stillgelegt. Es ist unmöglich, irgendwo Arbeit zu bekommen. Sie brauchen unsereinen nicht. Niemand kümmert sich darum, ob man verhungert. Ich habe in New York auch bitteren Hunger gelitten – mitten im Überfluß. Lebensmittel gab es in Hülle und Fülle: in Restaurants, in Läden und auf den Märkten. Überall saßen die Menschen und aßen. Und ich wäre vor Hunger beinahe wahnsinnig geworden. Da bin ich an ein Taxi herangetreten, das gerade bei einer Verkehrsampel hielt. Drinnen saß eine alte Dame – ein junges Mädchen hätte ich nicht angeredet. Zu dieser Dame sagte ich: ›Würden Sie mich nicht bitte mit in ein Restaurant nehmen und mir etwas spendieren? Ich bin halb ohnmächtig vor Hunger.‹«

»O Frank«, unterbrach ihn Joan. »Warum bist du nicht nach Hause gekommen?«

»Na, ich kann doch nicht bei jeder Gelegenheit gleich nach Hause rennen. Jedenfalls wollte mir die Dame Geld geben. Sie sagte: ›Hier ist ein Dollar.‹«

»O Frank!« stöhnte Joan.

»Ich wollte das Geld aber nicht nehmen. Betteln wollte ich nicht. Sie sagte: ›Ich will es Ihnen leihen.‹ Und ich erwiderte: ›Ich kann es nicht zurückzahlen.‹«

»Und dann?« flüsterte Joan.

»Dann wechselte das Licht, und das Taxi fuhr davon.«

»Was hast du dann gemacht?«

»Ich traf zufällig einen anderen Arbeitslosen. Der nahm mich mit zu einem Lokal, das ihm bekannt war, und der Wirt gab uns Reste, die sich nicht bis zum nächsten Tag hielten.«

»Wenn du nach Hause gekommen wärest —«

Aber Francis richtete sich ungeduldig auf und warf einen Stein in das Wasser, das glänzende Kreise zog. Ein Blatt schaukelte wie ein winziges Schiff auf den kleinen Wellen.

»Verstehst du nicht, daß es keinen Sinn gehabt hätte? Außer mir gibt es Hunderte, die, von Hunger gequält, verzweifelt versuchen, irgendwo Fuß zu fassen. Nach Hause rennen — das löst kein Problem. Es muß für alle ein Platz gefunden werden. Heiliger Bimbam! Wenn ich noch an all den Quatsch denke, den Vater verzapft hat — Seelenheil und Seelenrettung! Pah! das fällt auf taube Ohren, wenn einer Hunger hat.«

Er versank in mürrisches Schweigen.

»Na, auf alle Fälle wollen wir jetzt mal zum Abendessen nach Hause gehen«, meinte sie schließlich. Das wenigstens konnte sie ihm heute geben: etwas zu essen und ein Dach, unter dem er schlafen konnte. Sie standen beide auf und sahen einen Augenblick über das Wasser. Es hatte sich wieder beruhigt, und das kleine Blatt schaukelte gemächlich hin und her. Der Stein, den er hineingeworfen hatte, lag verloren unter den anderen Steinen am Grund.

Aber dieses Haus war keine Heimat für Francis, obwohl sie alles tat, damit er sich zu Hause fühlte. Sie richtete ihm mit Decken und Laken ein weiches Lager oben in der Mansarde her. Und bei Tisch nötigte sie ihn dauernd zum Essen.

»Ich mache jetzt einen Obstkuchen«, sagte sie zu Barts Mutter. Sie selbst war nicht darauf erpicht, aber Francis zuliebe wollte sie einen backen.

»Dazu gehört aber Schmalz«, murrte die ältere Frau.

Dreist schob sie Bart in die Bresche. »Bart hat mir gesagt, er würde gern Obstkuchen essen.« Als sie merkte, daß die Mutter sich dadurch erweichen ließ, benutzte sie dieses Mittel immer wieder. »Ich habe einen Rosinenpudding gemacht, Bart.« »Bart, ich habe heute Kekse gebacken — Francis, es sind die alten Ingwerkekse, wie Mutter sie machte.« Bart aß mit Begeisterung. »Herrgott, Jo, du bist ja eine famose Köchin. Warum zeigst du uns das erst jetzt?«

Sie lächelte, aber ihre Augen ruhten auf Francis; er wurde von Tag zu Tag kräftiger und widerstandsfähiger. Wenn sie allein waren, drängte sie: »Iß tüchtig, Frank, damit du wieder zu Kräften kommst.«

»Ja, das Essen nehme ich an«, sagte er entschlossen. »Ich muß ja wieder anfangen. Bis ich dazu fähig bin, bleibe ich hier.«

Er sah so gut aus, daß sie sich nicht satt an ihm sehen konnte. Seine Hände waren jetzt nicht mehr schwarz von dem Kohlenruß der Zechen, aber sie waren hart — sauber und hart. Schweigend half er, wo er konnte. Er hackte Holz für die Küche und das Eßzimmer; er half Joan beim Auswringen und Aufhängen der Wäsche und trug Wasser in die Scheune. Sie nahm sich vor, ihm einen neuen Anzug zu kaufen, wenn er wieder auf Arbeitsuche ging. Sie würde alle ihre Überredungkünste aufbieten, damit er ihn annahm. Aber vorerst gab sie ihm ein Paar blaue Niethosen von Bart, damit sie seinen Anzug säubern, bügeln und ausbessern konnte. Sie machte sich mit großem Vergnügen daran, weil sie es für einen Menschen tat, den sie liebte.

Trotz allem fühlte er sich hier nicht zu Hause. Oft hielten sie sich zusammen in der Mansarde auf, und beide wußten, daß ihre einzige Heimat ihre gemeinsame, aber verlorene Vergangenheit war. Hier oben sprachen sie lange miteinander. Sie drängte ihn zum Reden, und es fiel ihm jetzt leichter — es kann nicht mehr alles in abgehackten Sätzen aus ihm hervor. Seine Wunden heilten allmählich. Aber je mehr sie heilten, desto ruheloser wurde er. Er war wie ein verletzter Vogel, der nur durch seine Wunde ans Haus gefesselt ist und wieder fliegt, sobald er wieder fliegen kann. Aber sie redeten immer nur von ihm — das war ihr Wille. Denn wenn sie von ihm sprachen, vergaß er sie für den Augenblick, und sie wollte verhindern, daß er die Frage äußerte, die ihm offenbar auf der Zunge lag: »Joan, wie konntest du nur?« Fieberhaft fragte sie ihn alles mögliche. »Was willst du tun, wenn du ausgeruht und wieder startbereit bist, Liebling?« Hier in der Mansarde gebrauchte sie die Kosenamen, mit denen ihre Mutter sie alle überschüttet hatte — Namen, für die sie jetzt noch keine andere Verwendung hatte — erst, wenn ihr Kind geboren war. »Ich möchte immer noch fliegen«, erwiderte er. »Ich muß einfach fliegen, und ich habe auch das Gefühl, daß ich es kann. Wenn ich den Steuerknüppel nur mal in die Hand bekommen könnte!«

Sobald es nichts mehr für ihn zu tun gab und Joan im Haus beschäftigt war, zog er sich in die Mansarde zurück. Wenn sie hineinkam, saß er oft am Giebelfenster und sah über die Hügel und Felder. »Wenn ich hier oben sitze, kommt es mir manchmal fast so vor, als ob ich fliegen würde. Ich blicke über die Ulme hinweg in das Tal und denke, ich schwebe am Himmel.«

Ja, sie wußte, daß es besser war, wenn Francis ging. Die anderen drängten ihn förmlich hinaus durch ihr Schweigen — dieses beharrliche, mißbilligende Schweigen.

Eines Morgens nach dem Frühstück, als Francis noch nicht einmal drei Wochen auf dem Hof war, machte Sam mit seinem großen Daumen Joan ein Zeichen. Sie folgte ihm auf den Flur, und er schloß die Tür.

»In etwa einer halben Stunde kannst du mir nachkommen«, flüsterte er. »Ich bin in der Scheune und miste die Ställe aus. Habe dir etwas zu sagen.«

»Warum kannst du es mir nicht gleich sagen, Sam?« fragte sie überrascht. Sein volles rotes Gesicht erschien, aus der Nähe gesehen, merkwürdig unjugendlich. Er hatte schon seine seitlichen Zähne verloren und war noch nicht fünfundzwanzig Jahre alt.

»Du wirst deinem Schöpfer noch danken, daß ich es dir nicht hier sage«, erwiderte er. »Es handelt sich um deinen Bruder.«

Ein lähmender Schrecken durchfuhr sie. »Na schön, Sam, ich komme«, sagte sie gelassen.

In der Küche beim Geschirrspülen suchte sie nach Vorwänden, um in die Scheune gehen zu können. »Ich glaube, ich hole mal ein paar Maiskolben aus der Scheune, um das Feuer besser in Gang zu bringen. Ich will nämlich Apfelbrei kochen«, sagte sie zu Barts Mutter.

»Ich habe Sam gestern abend schon darum gebeten«, erwiderte die Mutter.

»Er hat es wohl vergessen. Ich hole sie selber.«

Sam stand vor dem dampfenden Dünger, auf die Mistgabel gestützt. Seine kleinen, brennenden Augen, die dreist auf sie gerichtet waren, streiften hin und wieder ihren schwangeren Leib.

»Ich habe gestern abend etwas gehört, Jo«, flüsterte er heiser. »Frag mich nicht wo. Ich hab's direkt von einer Negerin. Sie sucht deinen Bruder. Behauptet, er schuldet ihr etwas, und sie wird dafür sorgen, daß sie es bekommt. Es ist keine vollblütige Negerin — fast drei Viertel weiß. Ihr Name ist Fanny. Sie hat gehört, daß er wieder zurück ist.«

»Wie hat sie das erfahren?« fragte Joan. Er wandte sich ab und stocherte befangen im Mist herum. »Oh, solche Frauen haben Mittel und Wege — sie machen alles ausfindig, was sie wissen wollen.«

Joan sprach kein Wort. Sie beobachtete, wie er mit der Forke einen Haufen Dünger in die Höhe hob. Der durchdringende, heiße Gestank, in dem er seelenruhig ein- und ausatmete, überwältigte sie. Rasch verließ sie die Scheune, um an die frische Luft zu kommen.

Aber am nächsten Nachmittag war sie für diese Warnung dankbar. Wie hätte sie sonst so prompt handeln können? Es war ein stiller, schöner Nachmittag. Sie kam gerade von der Mansarde. Eigentlich hatte sie mit Francis plaudern wollen, doch er schlief, die Hände unter dem Kopf gefaltet. Leise machte sie die Tür wieder zu. Er sollte nur ruhen — er schien sich so selten zu entspannen.

Sie trat hinaus in den nachmittäglichen Sonnenschein und wandte sich nach Westen, der Sonne zu, um einen kleinen Spaziergang zu machen. In der Scheune waren die Männer beim Melken.

Bald war sie außer Hörweite.

Dann sah sie auf einmal das Mädchen auf sich zukommen. Sie bewegte sich mit einem federnden Tanzschritt und hatte einen kleinen Jungen bei sich. Zuerst hatte sie ihn getragen, aber als sie Joan sah, stellte sie ihn auf die staubige Straße und führte ihn an der Hand.

Joan blieb wartend stehen und sah die beiden prüfend an. Dies war natürlich Fanny. Sie erinnerte sich jetzt, daß sie das Gesicht schon einmal gesehen hatte — dieses heitere, sorglose, leidenschaftliche, hübsche Gesicht, und zwar, als sie zum letztenmal mit ihrem Vater in der Kapelle in South End war. Dieses Mädchen war auch dort gewesen. Sie hatte ein dünnes, rotes, geblümtes Kleid getragen, das ihre Haut wie Gold schimmern ließ. Jetzt sah sie zu Joan auf. Sie hatte volle rote Lippen, große, dunkle Augen, deren Weiß völlig klar war — leidenschaftliche Augen und einen leidenschaftlichen Mund —, glatte, runde Wangen, kräftiges, kurzes, lockiges schwarzes Haar unter einem hellroten Filzhut.

»Sind Sie Frank Richards' Schwester? Sie sehen ihm sehr ähnlich.« Ihre Stimme war weich und tief.

»Ja«, sagte Joan — es hatte keinen Sinn, es abzuleugnen. »Ich bin seine Schwester. Was wollen Sie von ihm?«

»Ich habe gehört, er ist hier.«

Joan blickte in die schwarzen Augen.

»Er ist schon wieder fort«, log sie. »Er ist an seinen Posten zurückgekehrt.«

»Könnten Sie mir vielleicht sagen, wo er ist?«

»Weit weg — im Westen.«

»Kommt er bald zurück?«

»Nein — nicht bald — vielleicht nie. Er hat nichts davon gesagt.«

In der zunehmenden Dämmerung begann das Kind plötzlich leise zu weinen, und das Mädchen gab ihm eine kräftige Ohrfeige. »Sei still, du Bengel!« Der Junge drehte sich um, verbarg das Gesicht in ihrem Rock und schluchzte lautlos. Er war zu dünn gekleidet, und Joan sah, daß er vor Kälte zitterte.

»Er friert«, bemerkte sie.

»Es wäre ihm wärmer, wenn er mehr gelaufen wäre, anstatt sich dauernd von mir tragen zu lassen«, erwiderte das Mädchen verdrießlich. Aber Joan, die das lautlose Weinen des Jungen nicht ertragen konnte, kniete neben ihm nieder. Ein kleines Kind sollte nicht still weinen können, dachte sie. Er muß oft Angst ausgestanden haben, ehe er zu solcher Disziplin fähig war.

Sie begann ihre Jacke aufzuknöpfen.

»Ich habe noch ein Wolljäckchen darunter«, sagte sie. »Darin möchte ich ihn einwickeln.« Im Nu hatte sie das Jäckchen abgestreift und dem kleinen Jungen übergezogen. Während sie ihm die zu langen Ärmel aufkrempelte, redete sie ihm gut zu. »So, Kleiner! Jetzt noch diese Hand, und nun knöpfen wir es bis zum Hals zu. Sieh mal, wir bilden deinen eigenen Gürtel darum, damit es dich schön warm hält. So, kleiner Mann, nun bist du fertig.«

Mit ihrem zärtlichen Ton hatte sie bald sein Herz gewonnen, und er blickte sie schüchtern an. Zum erstenmal sah sie sein Gesicht ganz deutlich aus der Nähe, und das Herz drehte sich ihr im Leibe um. Francis war ja ein reizendes Kind gewesen, aber einen so hübschen Jungen wie diesen hatte sie noch nie im Leben gesehen. Sein kleines Gesicht war bezaubernd. Zitternd verschlang sie es mit den Augen, halb gefesselt, halb abgestoßen. Francis, ihre Mutter, ihr Vater, sie selbst — alle sahen ihr aus dem lieblichen Gesicht entgegen.

»Er ist das Kind Ihres eigenen Bruders«, hörte sie die tiefe, wilde Stimme des Mädchens sagen. »Er hat mich immer da unten im Wald am Bach getroffen und dieses Kind gezeugt. Dann ist er davongegangen und hat mich damit sitzenlassen. Ich kann es nicht aufziehen. Wenn ein Mann mich schwanger macht, muß er entweder das Kind zu sich nehmen oder seinen Unterhalt bezahlen — eins von beiden. Sonst kann ich nicht meinem Erwerb nachgehen. Außerdem möchte ich gern einen Hausstand gründen. Ich habe einen farbigen Freund, der mich heiraten will, wenn ich dieses Kind irgendwo unterbringen kann. Es stammt von Ihrem Bruder — das kann ich beweisen.«

»Sprechen Sie nicht weiter!« flüsterte Joan. »Ich glaube, was Sie mir gesagt haben. Aber ich will nichts mehr hören. Lassen Sie mich überlegen.«

Sie stand vom Boden auf und sah auf den Jungen hinab. Er erwiderte ihren Blick schweigend. Offenbar freute er sich über die Jacke, und er preßte die Lippen zusammen, damit sie nicht mehr zittern sollten. Die Augen unter den unglaublich langen Wimpern waren übernatürlich groß. Er konnte unmöglich verstehen, worüber sie sprachen — dazu war er noch zu klein. Und doch schien er mit seinen Lebensumständen vertraut zu sein. Joan hatte ihn schon zu lieben begonnen und wußte, daß sie sich um ihn kümmern mußte. Das Blut ihrer Mutter, ihres Vaters, Francis' floß in seinen Adern.

»Wenn Sie vielleicht ein paar Tage warten wollen«, sagte sie aufgeregt, ohne ihren Blick von dem Jungen zu lösen, »will ich

Ihnen etwas Geld bringen. Ich muß es erst von der Bank holen. Viel habe ich nicht, aber es wird Ihnen sicher eine kleine Hilfe sein. Ich werde mir durch den Kopf gehen lassen, was sonst noch zu machen ist. Einstweilen gehen Sie am besten nach Hause. Sagen wir, heute in einer Woche um dieselbe Zeit bin ich hier mit dem Geld. Sie können sich auf mich verlassen. Mein Vater hat früher immer in South End gepredigt.«

»Ja, ich habe mir seine Predigten öfter angehört.« Das Mädchen lachte plötzlich – ein volles, tiefes Lachen. »Viele Male habe ich gedacht: er würde Zustände kriegen, wenn er wüßte, daß er Großvater wäre!«

»Unsere Eltern sind tot«, sagte Joan ernst.

»Ja, ich weiß. Die Kapelle ist jetzt geschlossen. Man spricht davon, daß sie im nächsten Sommer in eine Tanzhalle umgewandelt wird. Ein junger Mann namens Jack Week richtet dort einen Bierausschank ein, sobald die Hauptstraße fertig ist – ein kleiner, schmächtiger Weißer, aber er hat das Geld dazu von seinem Vater. Der bringt auch die Fabrik wieder in Gang. Der Staat baut eine neue große Straße, die mitten durch South End führt, und alle sagen, das bringt Aufschwung – wir werden alle viel Geld verdiene.« Das Mädchen sprach mit Begeisterung, und ihr Mund leuchtete rot in dem glühenden Gesicht. Sie war jetzt wieder guter Laune. »Ich sollte jetzt gehen. Mein Freund wartet unten an der Straße. Er hat ein Auto. Nun, wenn Sie mir helfen wollen, Ma'm, bin ich Ihnen sehr dankbar. Dieses Kind habe ich Frankie genannt – nach seinem Vater. Ich nenne sie alle nach ihren Vätern. Bei den beiden Mädchen, die ich habe, mußte ich die Namen etwas verdrehen ... Hier, Frankie, zieh mal rasch die Jacke der Dame aus.«

»Nein, er soll sie nur behalten«, sagte Joan. »Und sorgen Sie recht gut für ihn.« Sie wandte sich zum Gehen.

»Oh, ganz gewiß. Ich bin immer gut zu ihnen – keiner kann mir nachsagen, daß ich die Kinder nicht gut behandle.«

Joan drehte sich nur einmal rasch um und sah ihnen nach. Der kleine Knirps trippelte wacker über die holprige Landstraße, warm in ihre Jacke gehüllt.

Mein Gott, was hatte Francis nur getan?

Im Haus roch es nach dem Holzfeuer, das im Küchenherd brannte. Die Männer waren gerade dabei, sich in der Küche zu waschen. Sie hörte Bart fragen: »Wo ist Jo?«

»Oben wahrscheinlich«, erwiderte seine Mutter. »Sie hat mir jedenfalls heute nachmittag noch nichts geholfen.«

Doch Joan ließ sich in der Küche nicht blicken, sondern schlich auf Zehenspitzen durch das Eßzimmer und dann die Treppe hinauf zur Mansarde. Francis schlief nicht mehr. Er hatte die Kerze angezündet und lag wach auf seinem Bett.

»Bist du's, Joan?« fragte er, als sie die Tür öffnete.

Sie setzte sich auf die Bettkante. Es war keine Zeit zu verlieren. In wenigen Minuten würde Bart nach ihr rufen.

»Francis«, begann sie ...« Francis – heute nachmittag war ein Mädchen hier – von South End – sie suchte dich. Ich traf sie hier auf der Straße.«

Sie fühlte, wie sich sein Körper unter der Decke verkrampfte. »Sie war hier? Und hat mich gesucht?«

»Ja – aber ich wußte bereits Bescheid.«

»Du wußtest es?«

»Ja.«

Beide sprachen im Flüsterton. Er richtete sich auf. »Warum hast du es mir dann nie gesagt?«

»Das konnte ich nicht – du hattest ja mit mir nicht darüber gesprochen.«

Ich wollte unbedingt fort ... Zum Teufel mit ihr! Immer hat sie behauptet, sie würde mich finden, wohin ich auch ginge. Deshalb konnte ich nicht nach Hause kommen. Dachte, auf dieser Farm sei ich sicher. Wie hat sie erfahren, daß ich hier bin?«

»Es ist ihr irgendwie zu Ohren gekommen.« Er sprach nicht von dem Kind, dachte Joan.

»Ich muß jetzt von hier fort, Joan.«

»Aber warum fürchtest du dich vor ihr, Frank?«

»Ich fürchte mich nicht vor ihr – sie ist nur eine Hure. Aber das kannst du nicht vestehen.«

»Wovor fürchtest du dich dann, Frank? Wenn ich es wüßte, könnte ich dir helfen.«

»Nein, das kannst du nicht – du weißt nicht, worum es geht.« Er zupfte nervös an der Steppdecke. »Nicht vor *ihr* fürchte ich mich, sondern vor mir selbst. Wie soll ich dir das erklären? Ich bin verdorben, verstehst du? Ich habe Angst, daß ... daß es mich zu ihr zurücktreibt. Ich – ich habe kein Ehrgefühl. Eine solche Frau zu begehren – wie furchtbar! Ich weiß nicht, was mit mir los ist. Es macht mich ganz krank. Mir wird übel, wenn ich an sie denke, aber es drängt mich nach ihr. Frauen ihrer Art sind die einzigen, zu denen ich mich hingezogen fühle. Du wirst nie begreifen können, was ich meine – niemand kann es verstehen. Ich komme aus diesem Zwiespalt nicht heraus – ich möchte davon los, doch es gelingt mir nicht.«

Aber er sprach nicht von dem Kind. Wahrscheinlich wußte er nichts davon. Er durfte nie etwas darüber erfahren ...

»Jo!« schallte Barts Stimme die Treppe herauf. »Das Essen ist fertig!«

»Du sollst davon los, armer Frank. Du sollst fliegen!« versprach sie ihm. Irgendwie, sagte sie sich entschlossen, würde sie es schon durchsetzen. Sie hatte noch stets einen Weg gefunden, das zu tun, was notwendig war.

Rücksichtslos setzte sie sich über allen Widerspruch hinweg. Der erstaunte Bart protestierte: »Aber du kannst dich nicht einmal in der Großstadt zurechtfinden! Du wirst dich verirren — und ich kann dich jetzt nicht begleiten. Wir schlachten diese Woche. Weiß nicht mal, ob Sam weg kann.«

»Ich brauche keine Begleitung. Frank kennt den Weg zu seinem Ziel, und ich finde schon wieder zurück.«

Skrupellos erzwang sie ihren Willen.

»Du stehst kurz vor der Entbindung. Du könntest unterwegs niederkommen«, sagte Barts Mutter. New York! dachte sie verächtlich. Die Stadt war ja hundertfünfzig Kilometer weit entfernt. Und außerdem passierten furchtbare Dinge da — das stand in den Zeitungen zu lesen. Keine zehn Pferde brächten sie dorthin.

»Ich habe noch mehr als drei Wochen Zeit«, erklärte Joan.

»Das kann man nicht so genau wissen«, nörgelte die Frau.

»Dr. Crabbe hat es mir gesagt«, erwiderte Joan seelenruhig.

»Wie kann *er* das wissen? Kann überhaupt jemand ganz genau wissen, wann es bei einer Frau soweit ist?«

Joan schwieg. Unbeirrt fuhr sie mit ihrer Arbeit fort. Sie wischte den Tisch ab, stellte das Geschirr weg, kehrte die Krumen zusammen und schmiedete unaufhörlich ihre Pläne. Dieses Mal würde sie selbst mit Frank zu Roger Bair gehen und mit ihm über ihren Bruder sprechen. Sie fühlte sich durchaus dazu imstande.

»Es ist nicht anständig, wenn sich eine hochschwangere Frau wie du unter fremdes Mannsvolk begibt.« Barts Mutter maß Joan mit einem vielsagenden Blick.

Joan fuhr sie an. »Ist es etwa eine Schande für eine Frau, wenn sie ein Kind kriegt?«

»Nein«, antwortete die ältere Frau verlegen. Sie säuberte gerade den verzinkten Ausguß und sah nicht auf. »Nach der Geburt ist es keine Schande. Aber vorher zeigt sich eine anständige Frau nicht.«

»Ich doch«, sagte Joan. »Ich mache mir nichts daraus — ich bin stolz darauf.« Sie triumphierte jetzt über dieses Haus, triumphierte über das Schweigen und den Eigensinn seiner Bewohner.

»Wir fahren morgen«, sagte sie heiter und zuversichtlich. »New York habe ich schon immer sehen wollen.«

Aber an New York hatte sie später kaum eine Erinnerung. Sie hielt sich dicht an Francis' Seite, als sie aus dem Zug stiegen, mit Hoch- und Untergrundbahnen fuhren und durch überfüllte Straßen wanderten. Francis kannte sich hier offenbar aus und ging zielbewußt von einem Ort zum anderen. Joan sah in die Gesichter der Menschen, die an ihr vorüberglitten, und es kam ihr vor, als wirbelten sie planlos umher, als hätten nur sie und Francis ein bestimmtes Ziel.

Schließlich kletterten sie in einen Bus. »Jetzt sind wir beinahe da«, sagte Francis, als er sich neben sie setzte. »Aber wir dürfen uns keine falschen Hoffnungen machen, Joan. Unsere Fahrt hierher ist völliger Unsinn. Roger Bair wird sich nicht an mich erinnern — und dich kennt er überhaupt nicht.« Sein Gesicht wirkte blaß im Morgenlicht.

»Bist du sicher, daß er um diese Zeit anzutreffen ist?« fragte sie. Seine pessimistische Stimmung beachtete sie nicht. Sie war bereit, alles zu versuchen. Alle diese Häuser und Menschen schüchterten sie nicht ein. Sie fürchtete sich vor keinem.

»Ja«, sagte er lustlos. »Ich habe den Flugplan angesehen. Wenn er nicht tot ist, wird er schon da sein. Ich habe ihn immer beim Starten und Landen beobachtet. Er ist ganz versessen auf sein Flugzeug.«

»Dann werde ich mit ihm sprechen«, versetzte sie in aller Ruhe. »Selbst wenn ich eine Flugkarte kaufen muß, um in seiner Maschine mit ihm reden zu können. Ich habe genug Geld mitgenommen.«

Der Flugplatz war so groß wie die ganze Farm zu Hause. Noch nie hatte Joan ein so riesiges flaches Gelände gesehen.

Joan und Francis schritten über den weiten, ebenen Platz zu den Flugzeugen hin.

»Hier ist seine Maschine«, sagte Francis.

Joan vernahm den begeisterten Klang seiner Stimme nicht. Sie sah wie gebannt auf das riesige Flugzeug. Es war ungeheuerlich — so gewaltig, wie sie es sich nie hätte träumen lassen. Sie vergaß alles andere — sich selbst, ihr Leben — über dem Anblick dieses silbrig glänzenden Gebildes, das die Erde so flüchtig zu berühren, ja, sie zu verschmähen schien — stets bereit, sich mit ewig ausgebreiteten Flügeln in die Lüfte zu schwingen.

»Was gibt's denn zu staunen?« fragte plötzlich jemand. Vor ihr stand ein Mann, noch größer als sie selbst, bekleidet mit khakifarbenem Hemd und einer Schirmmütze. Das Gesicht unter der Mütze war hager und scharf ziseliert, der Blick der blauen Augen kühn und offen.

»Oh, dieses Flugzeug!« rief sie. »Ich habe noch nie etwas so Schönes gesehen! Diese klare Form — wie ein verkörperter Flug — es ist gestaltete Bewegung.«

Sie wandte den Kopf und sah wieder verzückt auf die Maschine.

Die Stimme des Mannes brachte sie in die Wirklichkeit zurück. »Sind Sie eine Passagierin? Fahren Sie mit?«

»O nein«, sagte sie rasch. »Leider nicht — ich muß wieder nach Hause — ich bin nur meines Bruders wegen gekommen. Er möchte so gern fliegen.« Sie blickte sich nach Francis um und sah ihn etwas abseits stehen, seinen Hut verlegen in der Hand drehend. »Da ist er! Aber vielleicht könnten Sie uns sagen, wo wir Roger Bair finden können. Er ist nämlich der Pilot dieses Flugzeugs.«

Francis trat zu ihr und flüsterte: »Aber, Joan —«

Der Mann lächelte. »Ich bin Roger Bair!«

»Wirklich?« rief sie und lachte erleichtert. Erst jetzt sah sie seine Züge ganz deutlich: die offene Stirn, die gerade Nase, die tiefen Falten von den Mundwinkeln zum Kinn, die braune, wetterharte Haut. Aus seinem Gesicht konnte man unmöglich auf sein Alter schließen, und die Mütze verbarg sein Haar. Seine Augen waren strahlendblau. Als Joan in dem Morgenlicht zu ihm aufsah, glaubte sie durch diese Augen hindurch in den Himmel zu blicken.

Ein junger Mann im Arbeitsanzug kam schnaufend herbei. »O. K., Sir — die Maschine ist startbereit.«

»Gut — ich komme.« Er wandte sich wieder an Joan. »Was ist das für eine Geschichte mit Ihrem Bruder?«

»Ich habe immer den Wunsch gehabt zu fliegen, Sir«, warf Francis rasch dazwischen.

Der Mann musterte ihn. »Sie kommen mir bekannt vor.«

»Ich habe hier eine Zeitlang gearbeitet.«

»Bodenpersonal?«

»Nein, Sir. So weit bin ich nicht vorgedrungen. Ich hatte nur einen Aushilfsposten. Dann wurden viele entlassen, und ich gehörte auch dazu.«

Roger Bair sah die beiden der Reihe nach an. In ihren Augen lag ein stummes Flehen. »Hören Sie«, sagte er eilig zu Francis. »Ich entscheide keine Personalfragen. Aber — haben Sie dieselbe Einstellung zu dieser Maschine wie Ihre Schwester?«

»Ja, Sir«, sagte Francis schlicht. Er netzte seine trockenen Lippen und hielt dem Blick dieses Gottes stand, der ihn erlösen konnte.

»Na schön. Kommen Sie in zwei Tagen um dieselbe Zeit wieder her, und ich werde sehen, was ich tun kann. Jetzt muß ich gehen.« Er wandte sich an Joan, mit einem so warmen Lächeln, wie Joan es lange nicht mehr gesehen hatte. »Und Sie werden eines Tages mit mir fliegen.«

»Meinen Sie?« fragte sie strahlend. Als sie ihn so ansah, mußte sie sein Lächeln erwidern und seinen Worten glauben.

»Aber gewiß«, rief er zuversichtlich über die Schulter, lief auf das Flugzeug zu und verschwand darin.

Die Treppe wurde weggerollt, die Tür geschlossen, und die gewaltige Maschine setzte sich brüllend in Bewegung, um mit der Leichtigkeit eines Adlers in die Luft zu steigen. Joan sah ihr nach, wie sie höher und höher flog und sich schließlich im fernen Morgennebel verlor. Nun war er fort. Wortlos folgte sie Francis, und er brachte sie wieder zum Zug.

»Es wird schon klappen«, meinte sie.

»Ja«, sagte er, »das glaube ich auch.«

Allein fuhr sie zurück in das schweigende Haus. Doch jene Worte begleiteten sie — wie ein Andenken, wie ein Blumenstrauß, den ihr jemand zum Abschied in die Hand gedrückt hatte: »Und Sie werden eines Tages mit mir fliegen.« Solange man noch einen Funken Leben in sich spürte, war ja alles möglich. Das Herz tanzte ihr vor Freude und folgte ihm hinauf in die glänzenden Wolken. Sie rief sich sein Bild wieder ins Gedächtnis zurück: seinen Gang, die Linien seines Gesichts, die Farbe seiner Augen. Und belebt wurde dieses Bild durch die Erinnerung an sein Lächeln.

Das Haus war dunkel und unzugänglich. Es war Joan, sie kröche tief in die Erde, als sie in dieses Haus zurückkehrte. Solange sie lebte, würde sie niemals das weite, glatte Gelände vergessen, das Flugzeug, das im Licht der aufgehenden Sonne silbern glänzte. Und Roger Bair gehörte mit dazu. Er war die Verkörperung jenes Morgens — wie Bart die Verkörperung dieser zermürbenden Felder war, dieses erdgebundenen Lebens. Denn hier verbrachten sie ihre Tage damit, Nahrung zu gewinnen und zu verzehren. Sie führten das Dasein von Maulwürfen. Niemals hoben sie die Augen von der Erde zum Himmel. Die Jahreszeiten wurden danach bemessen, wie sie die Früchte wachsen und reifen ließen. Schnee mochte fallen, aber sie sahen keine Schönheit darin. Er war nur Anlaß zum Ärger, wenn er zu lange fiel; fiel zu wenig, dann litt der Weizen. Frühling bedeutete für sie nicht Blutkraut im Walde, kriechende Heide unter den braunen Blättern am Fuß einer alten Eiche, sondern Frost, der die Obstbäume beschädigte. Der Sommer war ihnen verwünscht, weil er Ungezieferplagen für Kartoffeln und Bohnen und zu heftige Gewitterstürme für das reifende Korn brachte. Und der Herbst wurde ihnen verdüstert durch eine zu dürftige Ernte. Mit Körper und Geist waren sie an die Erde gefesselt, und ihre Seelen hoben sich nicht darüber hinaus. Die Gebete des alten Mannes zogen Gott zur Erde herab.

Als der Winter nahte, verbrachte sie immer mehr ihrer freien Zeit oben in der Mansarde bei den Baumwipfeln. Oft saß sie dort in der rasch niedersinkenden Dämmerung und sah aus dem Giebelfenster, durch die kahlen Äste hindurch, die knarrend im Winde schwankten. Francis hatte Arbeit, schrieb er ihr. Roger Bair war sehr gut zu ihm gewesen. Eines Tages würde man ihm das Fliegen beibringen. Inzwischen lernte er alles, was mit einem Flugzeug im Zusammenhang stand. Wenn er frühmorgens auf dem Flugplatz war, gab Roger Bair ihm Unterricht. Deshalb war er immer zeitig da ... Francis war jetzt geborgen, dachte sie; um ihn brauchte sie sich nicht mehr zu sorgen. Und hier in diesem zwischen den Bergen vergrabenen Haus, das so sehr einem Erdloch glich, konnte sie an den Himmel denken und an das Flugzeug, das wie ein Pfeil in die Höhe gestiegen war.

Wenn es in der Mansarde dunkel wurde — so früh in diesen Tagen —, kroch sie ins Bett, in dem Francis geschlafen hatte. Sie hatte es so gelassen, wie es war, und jetzt diente es ihr als Lager; denn sie konnte nicht mehr mit Bart in einem Bett schlafen. Sie war ruhelos, wenn sie neben ihm lag — diese Unruhe hatte sie gleich am ersten Abend nach ihrer Rückkehr wie eine Krankheit befallen, und allmählich fürchtete sie sich davor. Nachts rückte sie so weit wie möglich von ihm ab, damit sie ihn nicht zufällig berührte oder er ihr mit seinem schweren Arm in den Körper stieß, und sie war dankbar für die Breite des alten Bettes. Dann aber schlich sie sich eines Nachts in die Mansarde, und sobald sie allein lag, sank sie sofort in einen tiefen Schlaf. Bart entdeckte sie dort, erstaunt und zornig. Sie erwachte in dieser Nacht zum zweitenmal und sah ihn im Türrahmen stehen in seiner wollenen Unterwäsche, die er Tag und Nacht trug.

»Warum bist du hierher gegangen?« fragte er grollend und starrte sie über die brennende Kerze hinweg an, die er in der Hand hielt. »Was ist in letzter Zeit eigentlich mit dir los?«

»Ich bin unruhig«, erwiderte sie. »Meine Zeit ist so nahe.« Ihr Gewissen regte sich. Auch ohne das Kind wäre sie unruhig gewesen. Das war eine andere Art von Ruhelosigkeit. Dann faßte sie wieder Mut. Sie wollte sich ein eigenes Leben aufbauen und fürchtete sich nicht vor Bart. Obwohl ihr Herz klopfte, fuhr sie gelassen fort: »Ich werde hier schlafen, sooft es mir gefällt, Bart. Ich tue fortan das, was für das Kind am besten ist. An sein Wohl muß ich in erster Linie denken.«

»Ich habe aber meine Rechte«, knurrte er. »Du mußt mir das geben, was mir zusteht.«

»Ich bleibe hier«, erklärte sie. Sie mußte sehr deutlich mit ihm reden. Anders verstand er sie nicht. »Ich bleibe hier, solange es für das Kind am besten ist.« Sie drehte sich um und lag wartend da, bis Bart die Treppe hinuntergestolpert war und unten die Tür zuschlug.

An dem Tag, an dem sie Fanny treffen sollte, ging sie die Landstraße hinunter bis zur nächsten Biegung. Es war ein trüber, kalter Tag, und der Schnee rieselte aus einem grauen Himmel herab. Sie hatte etwas Geld bei sich. Vorläufig wollte sie Fanny jede Woche etwas Geld bringen. Aber bald mußte sie überlegen, wie sie etwas hinzuverdienen konnte. Sie hielt sie fest in der Hand, diese kostbaren Münzen, die für Fanny nicht wertvoller sein konnten als für sie selbst. Sie würde Fanny sagen, daß sie sehr wenig Geld habe und zudem ihr eigenes Kind erwarte. Doch Fanny war nicht da. Joan wartete auf- und abgehend so lange, bis sie durchgefroren war und befürchten mußte, es könne ihrem Kind schaden. Voller Unruhe beschloß sie, in der nächsten Woche um dieselbe Zeit wieder herzukommen. Sie suchte die immer weißer werdende Landschaft ab, während ihr der Wind an Mantel und Haar zerrte, aber es war kein lebendes Wesen zu sehen. Sie kehrte um und ging nach Hause.

Doch bevor die Woche um war, wurde ihr Kind geboren — am Heiligabend. In diesem Jahr hatte sie keine Weihnachtsvorbereitungen getroffen. Ihre Mutter war jetzt drei Jahre tot. Sie dachte an sie und schob dann die Erinnerung beiseite. Ein Jahr später wäre Grund vorhanden, Weihnachten zu feiern — ein kleines Kind, für das man Geschenke machen und einen Baum schmücken konnte. Bei Anbruch der Abendämmerung begann dann die Geburt.

Aber sie bekam das Kind so spielend leicht, daß es wie ein Geschenk war. Sie hatte sich auf jeden Schmerz gefaßt gemacht, denn sie erinnerte sich an geflüsterte Unterhaltungen, die sie hin und wieder während ihrer Jungmädchenzeit gehört hatte.

Hannah hatte einmal etwas geziert gesagt: »Es hat auch seine guten Seiten, daß ich nie geheiratet habe. Jedenfalls sind mir gewisse Qualen erspart geblieben.«

Joan war daher auf Schmerzen vorbereitet gewesen, obwohl Dr. Crabbe gesagt hatte: »Du bist für so etwas wie geschaffen, Joan. Man sieht heutzutage nicht oft solche Frauen. Die meisten sind spindeldürre Geschöpfe, die von Ananas und Spinat leben und wie gelbe Wachsbohnen aussehen!«

Am Nachmittag saß sie am Giebelfenster der Mansarde und bewunderte das tiefe Orangerot des Sonnenuntergangs. Plötzlich spürte sie ein leises Ziehen und wußte sofort, daß die Wehen begonnen hatten. Sie legte sich auf das Bett und wartete. Fast sofort setzte die Wehe ein. Sobald sie vorüber war, ging sie nach unten und rief Bart.

»Hol bitte Dr. Crabbe«, sagte sie. Dann wandte sie sich gelassen an Barts Mutter: »Meine Zeit ist gekommen. Ich bin oben in der Mansarde in meinem eigenen Bett.«

»Du wirst das Kind nicht in der Mansarde gebären!« rief Barts Mutter entsetzt. »Was werden die Leute nur sagen, wenn die Frau meines Sohnes wie eine Dienstmagd in der Mansarde liegt!«

»Wer sollte es schon erfahren?« erwiderte sie in aller Ruhe von der Treppe her. Sie wollte, daß ihr Sohn da oben bei den Baumwipfeln, hoch über der Erde, geboren werde. Dort war alles für ihn bereit: seine winzigen Sachen im Einsatz ihrer eigenen Truhe, und alle die Dinge, die Dr. Crabbe erwähnt hatte.

»Der Doktor wird es überall erzählen«, rief Barts Mutter ihr nach. »Eine regelrechte Schande für uns! Und wenn ich dich bedienen muß, habe ich eine Treppe mehr zu steigen. Habe sowieso alle Hände voll zu tun.«

»Bart wird besser schlafen«, erwiderte Joan und hörte keine Antwort.

Zwischen den einzelnen Wehen, die jetzt immer schneller aufeinander folgten, bereitete sie alles vor. Sobald eine neue Wehe einsetzte und ihr auf Stirn, Oberlippe und Handflächen der Schweiß ausbrach, legte sie sich aufs Bett und starrte unentwegt auf die Dachbalken, um sich für den Höhepunkt des Schmerzes zu sammeln. Bald würde Dr. Crabbe hier sein. Er hatte gesagt: »Fünf Stunden vielleicht, weil es das erste Mal ist.« Drei Stunden waren schon verstrichen. Er mußte jeden Augenblick kommen. Ein paarmal glaubte sie schon, den Lärm des alten Autos zu hören. Hoffentlich fuhr Bart vorsichtig! Er war so lächerlich stolz auf seine Fahrkünste, daß er Vorsicht verschmähte.

Doch jetzt wollte sie nicht an Bart denken. Das war etwas, was sie allein vollbrachte. Sie gebar ihr erstes Kind, das erste von vielen. Kinder sollten ihr Leben füllen, das erst jetzt eigentlich begann. Sie hatte so lange darauf gewartet. Der Schmerz in ihr wuchs, ein tiefer, unermeßlicher Schmerz, der an allen Fasern ihres Körpers zerrte. Warum sprachen die Menschen von einem dunklen, dumpfen Schmerz? Wenn man ihn nicht über sich dahinbrausen ließ – wie sie es jetzt tat –, wenn man sich ihm völlig hingab, ihn schwellen und ansteigen ließ, dann war er klar und scharf – ein geflügelter Pfeil, der sich höher und höher schwang, bis in den Himmel. Über ihr war der Himmel dunkel, weich – eine sammetartige Schwärze, die ihr Schmerz durchdrang – die er durchdrang und in Stücke riß.

Etwas in ihr platzte, und ein warmer Strom ergoß sich aus ihrem Körper, als würde ihr ganzes Wesen fortgeschwemmt. Es hätte ihr angst und bange dabei werden können, aber sie fürchtete sich nicht. Instinktiv wußte sie, daß dies so sein mußte. Fast unmittelbar danach wurde das Kind geboren. Unwillkürlich stieß sie einen gewaltigen Schrei aus, der sich mit dem ersten Schrei des Kindes vermischte. Sie hörte Schritte auf der steilen Treppe und Dr. Crabbes tiefe Stimme. Dann sah sie ihn an der Tür. »Mein Gott, Joan!« stieß er hervor und war mit einem Satz im Zimmer. Sie lächelte ein wenig erschöpft und konnte nur immer wieder sagen: »Dr. Crabbe – Dr. Crabbe –«

Vor sich hinfluchend, eilte er geschäftig hin und her. Aber sie hatte alles bereit. Schmunzelnd knurrte er sie an: »Mußtest es natürlich unbedingt allein schaffen, nicht wahr? Zum Kuckuck mit euch tüchtigen Frauen! Eine böse Sache für die Ärztewelt, wenn die Frauen ihre Kinder allein zur Welt bringen. Das ist praktisch die einzige Beschäftigung, die mir heute noch bleibt. Keiner wird mehr so richtig krank. Die alte Mrs. Kinney hat den Löffel auch noch nicht weggelegt. Es ist ein ziemlich großes Kind, Joan – ein Junge!«

Am Weihnachtstag lag sie oben in der tiefen Stille unter dem Gebälk, neben ihr das Kind – nun würde sie niemals mehr einsam sein. Ihr Körper hatte sich geteilt und dieses zweite Ich hervorgebracht. Sie war zufrieden wie nie zuvor. Es war eine körperliche Befriedigung, eine Befriedigung ihrer Natur. Der Verstand regte sich nicht, das Herz schlummerte, aber ihr Körper hatte seine Erfüllung gefunden. Sie schlief, und das Kind schlief. Zweimal erwachte sie, einmal bei Barts schwerem Schritt auf der Treppe. »Diese verdammte Treppe - hier ist dein Essen, Jo.«

»Danke, Bart.« Sie war hungrig und aß, während er wartend am Bett saß, den Stuhl nach hinten zurückgekippt. Er hatte ein einziges Mal das Baby neugierig angestarrt. »Fast so groß wie ein Kalb«, bemerkte er grinsend. Sie antwortete nicht. Er hatte nichts mit ihrem Kind zu tun.

»Sieht nach Schnee aus«, meinte er.

»So?« sagte sie und sah zum Fenster. Ja, den Himmel überzog ein weiches, tiefes, gleichmäßiges Grau. Bart trug ihren Teller und Löffel hinunter. Sein Getrampel war kaum verhallt, da schlief sie schon wieder. Zum zweitenmal wachte sie auf, als Dr. Crabbe an ihr Bett trat und auf sie herabblickte. »Schlaf nur, Mädchen«, murmelte er. »Das tut dir gut. Alles in bester Ordnung — nichts für mich zu tun. Will sehen, daß ich heimkomme, ehe noch mehr Schnee fällt. Er liegt schon fünfzehn Zentimeter hoch.«

Es schneite also. Darüber war sie froh. Fanny würde nicht durch den Schnee kommen. Sie und ihr Baby waren sicher unter diesem Dach. Der Schnee deckte sie zu und gewährte ihnen Schutz. Sie schlüpfte tiefer unter ihre Decke und spürte den warmen Körper ihres Kindes. Dann schlief sie wieder ein.

Dieses Kind war gewiß das beste Baby, das je geboren wurde. Es lag stundenlang still in der kleinen, primitiven Wiege, die sie auf dem Boden entdeckt hatte. Sie hatte ein altes Kissen gereinigt und eine Matratze daraus gemacht. Aus zwei Leinentüchern ihrer Mutter hatte sie kleine Laken geschnitten. Auch ein kleines Kopfkissen hatte sie genäht und es mit feiner Häkelspitze umsäumt, die sie vom Brautkleid ihrer Mutter getrennt hatte. Dieses Kleid hatte sie in ihrer Truhe gefunden — etwas vergilbt, aber noch sehr schön. Oft wünschte sich Joan im stillen: »Ich wollte, ich könnte das Kind meiner Mutter zeigen. Wenn sie es doch nur einmal sehen könnte! Vielleicht kann sie es doch.«

Aber selbst wenn sie aus einem fernen Himmel der Toten auf ihn niedersah, war das nicht genug. Es verlangte Joan danach, zu ihrer Mutter zu sagen: »Sieh mal, diese kleinen Hände und Füße! Wie ruhig er immer liegt! Ich glaube, er wird lockiges Haar bekommen, ist sein Haar nicht das reinste Gold?«

Sie wollte die lebhafte, erregte Stimme ihrer Mutter hören, wenn sie ihn bewunderte: »Ein bezauberndes Baby, Liebling! Ich habe immer gewußt, daß du schöne Kinder haben würdest.«

Aber es umgab sie nur Schweigen. Sie saß allein an der Wiege und hielt seine kleine, rundliche Hand. Und er war ja so artig. Er ließ alles über sich ergehen: sie konnte ihn hätscheln, fest an sich drücken, er weinte nie. Er trank seine Milch und schlief und protestierte nicht, wenn sie ihn absetzte. Selbst Barts Mutter gab halb unwillig zu: »Er ist sehr brav. Aber ich muß schon sagen, es ist wirklich nicht nötig, daß du jedesmal seine Windeln auswäschst, wenn sie ein bißchen naß sind. Der Seifentopf ist schon wieder fast leer. Es ist eine ziemliche Arbeit, immer wieder Seife zu machen.«

Joan kam rasch wieder zu Kräften und ging nach unten. Alles war noch genauso wie früher und doch ganz anders, seitdem ihr Kind geboren war. Dies war ihr Heim. Sie war jetzt hier verwurzelt.

»Es wäre wohl an der Zeit, daß du wieder in deinem richtigen Bett schlafen würdest«, sagte Bart eines Abends zu ihr, als sie seine blauen Hemden, die sie gerade gebügelt hatte, in die Schubladen räumte. Er lag bereits schlaftrunken im Bett.

Diese Bemerkung verschlug ihr den Atem. »Das Kind würde dich stören, Bart.«

»Er macht ja keinen Radau«, brummte er mürrisch. Er beobachtete sie, und sie sah wieder den sinnlichen Ausdruck um Lippen und Nasenflügel. Aber sie dachte an ihr Kind und fürchtete sich nicht mehr. Ohne etwas darauf zu erwidern, stellte sie seine schweren Schuhe ordentlich hin und hängte sein Arbeitszeug an den Haken. »Soll ich das Fenster ein klein wenig öffnen?« fragte sie gelassen.

»Nein«, knurrte er. »Es ist verteufelt kalt draußen.«

»Dann gute Nacht«, sagte sie. Sie blies die Lampe aus, stieg zu ihrer Mansarde hoch und zog sich aus. Das Kind lag schlafend in der Wiege. Sie riß das Fenster weit auf und spürte die klare, eisige Luft hereinströmen. Mein Sohn soll da schlafen, wo ich ein Fenster öffnen kann, dachte sie. Er bleibt hier oben bei mir.

Sie lag wach in der Dunkelheit, und die frische, beißende Luft gab ihr Energie. Ja, sie war stark – stark genug, um es mit allem und jedem aufnehmen zu können.

Fanny schlich sich plötzlich in ihre Gedanken. Sie konnte jetzt jeden Tag kommen – der schwere Schnee schmolz. Sie mußte Fanny helfen; das kleine Negerkind gehörte ihr auch. Sie mußte überlegen, wie sie sie benachrichtigen konnte. Jetzt, wo sie wieder bei Kräften war, würde ihr schon etwas einfallen. Das geschah immer, wenn sie sich stark fühlte.

Am nächsten Tag, als sie Sam die Hintertreppe heruntersteigen sah, kam ihr der Gedanke. Sein Gesicht hatte wieder den Ausdruck, den sie so haßte. Offenbar war es ihm nicht möglich, eine Frau anders anzusehen. Aber selbst diesen Blick konnte sie sich zunutze machen. »Sam«, flüsterte sie, »willst du mir einen Gefallen tun?«

»Sicher«, erwiderte er und klopfte ihr derb auf die Schulter, aber sie zuckte nicht zusammen.

»Triffst du dich manchmal noch mit Fanny?«

Er ließ seine Hand fallen, und sein Grinsen wurde breiter. »Nun willst du hinter meine Geheimnisse kommen.«

»Nein, nein«, sagte sie rasch. »Ich möchte nur, daß du ihr etwas von mir ausrichtest — bestell ihr, daß ich bereit bin, mein Versprechen einzulösen.«

»Was hast du ihr versprochen?«

Sie parierte. »Na, jetzt willst *du* hinter meine Geheimnisse kommen.«

»Ja«, gab er zu. Seine Hand lag wieder schwer auf ihrer Schulter. »Jetzt habe ich dich in meiner Gewalt.«

»Ich dich auch«, erwiderte sie aalglatt. »Ich könnte es nämlich deinem Vater sagen.«

Wie Blei lag seine Hand auf ihrer Schulter. Sein Grinsen verschwand. »Um Gottes willen! Das ist doch nicht dein Ernst!« flüsterte er.

»Natürlich nicht!« Sie lachte, innerlich angeekelt. »Selbstverständlich sage ich keinen Ton. Du wirst es ihr aber ausrichten, nicht wahr, Sam?«

»Darauf kannst du dich verlassen«, versprach er. »Vielleicht noch heute abend.«

Sie ging nach oben, nahm das Kind aus der Wiege und drückte es an sich. Sie war von tiefem Abscheu erfüllt. Aber sie mußte an das engelhafte Gesicht des kleinen Negerkindes denken. Was sie tat, geschah für ihn — für ihre Familie.

Sie betrachtete ihren Jungen. Er war so blond, seine Augen waren so blau wie die ihres Vaters. Ich werde ihn Paul nennen, dachte sie, nach meinem Vater. Bisher war sie sich nicht klar gewesen, was für einen Namen sie ihm geben sollte. Einmal hatte sie Bart plötzlich gefragt: »Wie findest du den Namen Roger, Bart?«

»Für wen?« hatte er einfältig gefragt.

»Für das Kind.«

»Ich weiß nicht recht«, hatte er nachdenklich geantwortet. »Wir hatten mal einen Rotfuchs, der Roger hieß. Vater hat ihn verkauft, weil er nicht im Gespann gehen wollte. Sobald er mit einem anderen Pferd zusammen eingespannt wurde, stellte er sich auf die Hinterbeine und bockte.«

Nein, dachte sie, als sie die breite, blasse Stirn und die großen blauen Augen des Kindes betrachtete, der Name Roger paßte nicht für ihn. Roger bedeutete jemand anders. Paul — das war der richtige Name.

»Sollen wir das Kind Paul nennen?« fragte sie lebhaft beim Abendessen.

Sie schreckten aus ihrem Schweigen auf. Jedesmal, wenn sie sprach, sahen sie sie erstaunt an, unfähig, ihre Worte sofort zu begreifen, da sie nicht von den Dingen redete, mit denen sich ihre Gedanken beschäftigten — dem eben gesäten Feld, einem Pferd, das beschlagen werden mußte, einem Wurf Ferkel. Sam sprach als erster: »Paul — der Name gefällt mir gut. Vater mag ihn sicher auch.«

»Er ist kurz und praktisch«, meinte Bart.

»Sie können keinen Spitznamen daraus machen, wenn er zur Schule geht«, sagte Barts Mutter.

Der alte Mann, der an einer trockenen Brotkruste herumkaute, wartete noch mit seiner Antwort. Er würgte und trank einen Schluck Magermilch. »Es ist ein guter, biblischer Name«, sagte er schließlich.

»Na, dann wollen wir ihn Paul nennen«, erklärte Joan lächelnd. Das stand für sie schon lange fest.

Im Schweigen dieses Hauses hatte Joan oft von Kinderstimmen geträumt, die sangen und plapperten, kreischten und lachten. Selbst das kräftige Schreien eines Säuglings klänge angenehm in den Ohren.

Aber Paul war so still. Er schrie nie — nur manchmal, wenn er Schmerzen hatte. Joan wartete sehnsüchtig auf das erste gurgelnde Lachen, auf kleine Zornesregungen. Sie erinnerte sich daran, daß Frank in diesem Alter stets Geräusche von sich gegeben hatte: er hatte gegluckst, gelallt, gelacht und gebrüllt. Aber vergebens versuchte sie, einen Laut aus Paul herauszulocken. Sie nahm ihn in die Arme und schüttelte ihn zum Spaß, doch er ließ es geduldig über sich ergehen und sah sie nur ruhig und ernst an. Bloß ein einziges Mal reagierte er schwach, als sie ihm mit dem Finger über die Wange, das rundliche Kinn und die Lippen strich. Da lächelte er für einen Augenblick, als habe sie einen Nerv oder einen Muskel berührt. Aber als sie vor Entzücken aufschrie, war es bereits vorbei. Sie war nicht einmal sicher, ob es überhaupt ein Lächeln war.

Sie schrieb an Rose. »Lacht David? Gibt er Töne von sich?« Rose antwortete überrascht: »Du hast wohl vergessen, daß David fast ein Jahr ist. Er versucht zu sprechen. Er ist sehr zart und war häufig krank.« Sie schickte ein Bildchen mit einem ernsten kleinen Jungen, den eine heitere Chinesin in den Armen hielt. Aufmerksam betrachtete Joan den kleinen Kerl. Er hatte ein zartes Gesicht und einen mageren Körper, aber er hielt sich sehr gerade. Der gespitzte Mund wirkte leicht rebellisch, und die Augen hatten einen etwas tragischen Ausdruck. Sie schloß ihn sofort ins Herz. Wenn ich ihn nur hier hätte, ich würde ihn schon aufpäppeln, dachte sie. Er braucht gutes Essen. Auch müßte er aus dem Klima heraus. Sie ging hin und nahm Paul aus seinem Bettchen. Es war ein schönes, gesundes Kind, gut genährt. Aber er war so träge.

»Faulpelz, Faulpelz!« rief sie ihm lachend zu und drückte ihr Gesicht an seinen Hals. »Setz dich mal, du fauler Schlingel! Es wird allerhöchste Zeit!«

Aber wenn sie die Hand von seinem Rücken nahm, fiel er sanft zusammen und lehnte sich an sie. »Du gibst dir keine Mühe«, schalt sie und preßte ihn voller Liebe an sich. Kinder waren nicht alle gleich, dachte sie. Und man konnte ihn so schön halten. Er war ein reizendes Kind, wenn er sich so willig in ihre Arme schmiegte.

»David ist so eigenwillig«, schrieb Rose. »Es ist sehr schwierig, ihn im Bett zu halten, wenn er krank ist. Er läßt sich kaum bändigen.«

Pauls rosige Wange lag an ihrer Brust. Er schrie nicht einmal, wenn er gefüttert werden wollte. Es war, als kennte er ihre Brust nicht — seine Lippen suchten nie. Er war wie eine hübsche, rundliche Puppe. Sie küßte sein weiches blondes Haar.

»Kinder können nicht alle gleich sein«, sagte sie sich.

Und dann ging der Winter zu Ende, und der Frühling zog wieder ins Land. Paul hielt allmählich das Köpfchen etwas aufrecht und griff manchmal nach den Spielsachen, die sie für ihn gemacht hatte — ein roter Hund, ein grünes Kaninchen. Wenn die Spielsachen helle Farben hatten, dachte sie, sähe er sie vielleicht besser. Er hielt sie eine Weile, aber dann fielen sie ihm aus der Hand und er vermißte sie nicht.

Dennoch war das Schweigen im Hause nicht dasselbe wie vor Pauls Ankunft. Es war kein einsames Schweigen. Er war da — er wuchs, trank und schlief. Sie konnte ihn in ihren Armen tragen. Im Frühling legte sie ihn am Waldrand an die warme Sonne, während sie Blutkraut und Veilchen suchte. Sie mußte ihn überall bei sich haben. Wenn sie arbeitete, saß er, mit Kissen gestützt, in ihrer Nähe. Und wenn er schlief, rannte sie alle Augenblicke hin, um zu sehen, ob er noch atmete.

Alles andere war für sie unwesentlich. Bart war in dieser Zeit recht griesgrämig ihr gegenüber. »Ich stille ihn noch, Bart«, sagte sie unerschütterlich. »Ich will nicht unten schlafen — jedenfalls nicht, solange ich das Kind noch stille.« Barts Augen unter den buschigen roten Brauen wanderten häufig zu ihr hin. Wenn sie zufällig an ihm vorbeikam, nahm er sie linkisch in die Arme. Aber sie blieb kalt und stemmte sich gegen ihn, und dann ließ er sie gehen. Einmal sprach seine Mutter deswegen mit ihr. »Wenn du dich in acht nimmst, brauchst du Bart nicht warten zu lassen, bis das Kind entwöhnt ist«, sagte sie, rot vor Verlegenheit. Joan bügelte gerade ein Hemdchen für Paul und wandte sich hastig wieder ihrer Arbeit zu. Bart hatte sich also bei seiner Mutter über sie beklagt.

»Ich will dir verraten, was mir meine eigene Mutter gesagt hat«, fuhr die alte Frau stockend fort. »An dem Tag, als ich Abram heiratete, sagte sie zu mir: ›Ein Mann kann immer neben den Topf spucken.‹ Das hat sie mir zu verstehen gegeben.«

Joan bügelte unentwegt weiter. Während sie das winzige Kleidungsstück faltete, ließ sie ihren Blick für einen Augenblick zum Fenster schweifen, zu den Ahornbäumen, die jetzt in sommerlicher Pracht dastanden. Auf die Worte der Mutter konnte sie nichts erwidern. Sie empfand eine zu tiefe Abscheu. Lieber wollte sie an etwas Schönes denken, an die Farnkräuter im Felsgestein, an die Lilien im Wald. Doch vor ihrem inneren Auge tauchte das Gesicht eines Mannes auf – das Gesicht Roger Bairs, schmal und fein geschnitten. Und sie wußte, daß sie nie zu Bart zurückkehren konnte. Sie nahm ihren Stapel Wäsche, stieg zur Mansarde hoch und legte sie in die Truhe. Dann trat sie an die Wiege und sah auf das Kind hinab. Es war gerade wach und blickte sie an. »Paul«, flüsterte sie. »Paul.« In ihrer Einsamkeit klammerte sie sich an dieses Kind. »O wenn du doch nur schon mit deiner Mutter reden könntest!«

Er war beinahe acht Monate alt. Sie fiel auf die Knie, schlang ihre Arme um ihn und hob sein Köpfchen mit der Hand. Sie zwang sich zu einem Lächeln und nickte ihm zu, um seinen wandernden Blick wieder auf ihr Gesicht zu lenken. Endlich kehrten sie zaudernd wieder zu ihr zurück, die großen, schönen blauen Augen. Einen Augenblick sahen sie sie voll an, ehe sie wieder abglitten. In diesem einen Augenblick suchte sie die blauen Tiefen zu ergründen. Sie waren leer. Er konnte nicht auf sie reagieren, weil er sie nicht kannte. Erschrocken hielt sie ihn eine Weile starr in den Armen. Etwas stimmte nicht mit Paul. Als sie ihn hinlegte, war es ihr, als sei er für immer von ihr weggegangen. In ihrer Phantasie sah sie einen kleinen Jungen, der sich auf Zehenspitzen zur Tür hinausgeschlichen und sie wieder allein gelassen hatte.

In der frühen Morgendämmerung kam ihr der Gedanke, daß der wirkliche Paul vielleicht überhaupt nicht geboren war. Sie hielt ihn an sich gepreßt, diesen Körper, den sie zur Welt gebracht hatte. Die ganze Nacht hindurch hatte sie ihn bei sich behalten, denn sie konnte es nicht ertragen, ihn in sein Bettchen zu legen. Sie mußte wenigstens seinen warmen Körper in ihren Armen haben. Aber es ist, als hielte ich einen leblosen Körper, dachte sie, als hielte ich mein totes Kind. Paul ist tot.

Eine Zeitlang später hörte sie Barts Schritte auf der Treppe. Er stolperte an der Schwelle und hielt sich am Türrahmen fest. »Sag mal, wo sind meine blauen Sommerhemden? Ich muß heute Heu machen und komme um bei dieser Bruthitze.« Er sah, daß sie sich über das Kind neigte. »Kind krank?« fragte er. Er kam zu ihr herüber und nahm die Hand des Kindes in seine große Tatze.

»Bart«, sagte sie, »mit diesem Kind stimmt etwas nicht.« Langsam und nachdrücklich brachte sie jedes Wort hervor.

Aber Bart grinste nur. »Er sieht ganz wohl aus – hat kein Fieber – Hand ist so kühl wie eine Gurke.«

»Er kennt mich nicht – er kann nicht allein aufrecht sitzen.«

»Er ist noch zu klein.«

»Nein. Rose schreibt, David habe schon viel früher allein sitzen können.«

»Kinder sind nicht alle gleich. Du machst zuviel Aufhebens, Jo.

Sam war auch etwas langsam, das fällt mir gerade ein, aber er ist ein ganz ordentlicher Kerl geworden. Laß ihm Zeit. Hier, Kind —« Er kitzelte Paul mit seinem dicken Finger unter dem Kinn. Die kleinen Lippen verzogen sich langsam zu einem unbestimmten Lächeln. »Du bist ganz in Ordnung, was? Hör mal, Jo, könntest du nicht eben kommen und mir die Hemden heraussuchen? Vater ist schon ganz ungeduldig.«

»Ja, Bart.«

Es war ganz gut, wenn man etwas zu tun hatte, gut, zu wissen, daß die Nacht vorüber war.

Sie holte die Hemden und gab sie Bart. Dann ging sie nach unten und machte sich in der Küche zu schaffen. Die Sonne ging gerade auf, und ihr Licht ergoß sich über die Erde wie ein glänzender Strom. Im Scheunenhof spannte Sam die Pferde an. Die Kühe kamen gemächlich aus dem Tor und trampelten die Straße hinunter zu den üppigen Weiden. Hinter ihnen erschien Barts Vater, die Schultern gebeugt unter der Last der schweren Milcheimer, die er in beiden Händen trug. Joan holte sich eine Tasse und ging ihm entgegen, um sie in die frische Milch zu tauchen. Der alte Mann sah ihr zu, schweigend und mürrisch, und ging dann weiter in den Keller.

Joan trank die Milch draußen im Sonnenschein. In diesem Augenblick genoß sie die Helle des Morgens. Nacht lag hinter ihr und vor ihr, aber jetzt war es Tag. Rasch blickte sie suchend zum Himmel. Es war ihr schon zur Gewohnheit geworden, den Himmel abzusuchen. Aber der klare blaue Dom über ihr war leer.

»Wann hat Bart zum erstenmal gesprochen?« fragte sie seine Mutter, als Paul weit über ein Jahr alt war. Seit vielen Monaten hatte sie jede freie Minute damit zugebracht, Paul zu beobachten. Vergleiche anzustellen und seine Reaktionen zu prüfen. Hörte er sie, wenn sie ihn rief? Ja, er drehte langsam den Kopf. Konnte er sehen? Ja, seine Augen folgten dem Hund aus roter Wolle, wenn sie ihn langsam genug bewegte. Würde er seine Hand danach ausstrecken? Ja, er nahm ihn, aber er ließ ihn fallen. Er erinnerte sich nicht mehr daran, daß er ihn gehabt hatte.

»Bart?« antwortete seine Mutter vage. »Ach, ich weiß nicht recht. Er hat ziemlich spät damit angefangen. Richtig geredet hat er wohl nicht, ehe er fünf Jahre alt war. Ich entsinne mich, daß eine lästige Nachbarsfrau eines Tages ins Haus kam, als er drei Jahre alt war, und sich darüber wunderte, daß er noch nicht sprach. Aber ich habe immer gesagt, er würde schon reden, wenn er so weit wäre, und so ist's auch gekommen. Aber Em hatte ein Mädchen, das tatsächlich nie sprach. Sie wäre gefallen, behaupteten sie immer. Sie war nie ganz richtig im Kopf. Sie haben sie schließlich in die Anstalt gebracht. Em konnte sie nicht um sich haben, als sie größer wurde — sie benahm sich merkwürdig vor anderen Leuten.«

Eines Morgens im Frühling wartete Joan unter dem Eichbaum an der Biegung auf Fanny. Als die beiden erschienen, nahm sie Frankies Hand und sagte: »Sieh mich mal an, Frankie.« Er blickte sofort zu ihr auf und sah ihr mit intelligenten Augen direkt ins Gesicht.

»Wann hat er zu sprechen begonnen, Fanny?«

»Dieses Kind hier? Ich glaube, als er anfing zu laufen. Er war noch kein Jahr alt, da plapperte er schon.«

»Er ist aber sehr ruhig«, sagte Joan.

»Er redet genug, wenn er will«, erwiderte Fanny gleichgültig. »Und singen kann er erst! Sing mal, Frankie!«

Er verschränkte die Hände auf dem Rücken und begann ein Lied zu singen. Seine Stimme war klar, voll und wenig kindlich. Joan hörte schweigend zu. Über ihnen in den Zweigen zwitscherte wild ein Vogel.

»Hier«, sagte Joan zu Fanny und gab ihr einen Dollar, wie sie es jede Woche getan hatte.

»Vielen Dank«, sagte Fanny. »Komm, Frankie, wir gehen.«

Joan sah ihnen nicht nach. Innerlich aufgewühlt, stapfte sie die Straße hinab. Was für ein Gott war das eigentlich, von dem ihr Vater so zuversichtlich gesprochen hatte, dieser Gott, der keinen Sperling vom Dache fallen ließ? Ein namenloses Negerkind, das ungewollt geboren war, hatte er mit solchen Gaben ausgestattet. Aber ihrem Kind, das sie so herbeigesehnt hatte, war nichts gegeben worden.

An einem Augusttag zog sie ihn sorgfältig an und fuhr mit ihm nach Middlehope zu Dr. Crabbe. Diesmal hatte sie keinen Blick für ihre Umgebung. Sie hatte das Verdeck des Wagens hochgeschlagen, um sich und das Kind vor der Sonne zu schützen. Auf diese Weise brauchte sie auch niemanden zu sehen. Sie würde um die Mittagszeit dort sein. Dr. Crabbe war dann zu Hause — und alle anderen saßen am Mittagstisch. Sie überlegte sich unterwegs, was sie zu ihm sagen würde. Sie würde sehr ruhig und sachlich sein. »Dr. Crabbe, ich mache mir Sorgen um Paul. Er ist so langsam in allem, was er tut. Ich möchte Sie bitten, ihn zu untersuchen und mir die Wahrheit zu sagen.«

Ja, sie mußte die volle, grausame Wahrheit wissen. In aller Ruhe würde sie auf das Ergebnis der Untersuchung warten. Sie hatte alle diese Monate gewartet, sich gesammelt, um stark und ruhig zu sein.

Sie setzte sich in das kleine, dunkle Sprechzimmer, und seine Haushälterin steckte den Kopf zur Tür herein. »Ach, Sie sind's, Joan. Er ist gerade beim Essen. Meine Güte, was für ein hübsches Kind! Ihr eigenes?«

»Ja«, sagte Joan. »Ich werde warten, Nellie.«

Sie war froh über diesen kleinen Aufschub, froh über die Gelegenheit, sich etwas zu sammeln, denn die Kehle war ihr wie zugeschnürt. Aber Dr. Crabbe war gleich da.

»Na, Joan?« Oh, es war gut, seine herzliche, warme Stimme zu hören!

»Du bist gerade noch rechtzeitig gekommen. Ich war drauf und dran, Mrs. Marks einen Besuch zu machen. Hin und wieder sehe ich nach ihr, obwohl sie nicht will, daß ich komme. Aber, Joan, was ist denn nur?«

Sie war bei seinen Worten in heftiges Schluchzen ausgebrochen. Mit ihrer Fassung war es vorbei. Sie konnte sich einfach nicht mehr beherrschen. Wortlos hielt sie ihm das Kind hin, und er nahm es ihr ab. »Ich weiß nicht, was mit ihm ist – er kennt mich nicht«, stieß sie mühsam hervor.

Sie hatte ihre Last auf den Arzt abgewälzt und fühlte sich erleichtert. Sofort hörte sie auf zu schluchzen. Zum erstenmal seit all diesen schlaflosen Nächten und ruhelosen, angstvollen Tagen war sie von ihrer Last befreit. Das lange Schweigen in ihr brach. Jetzt sprudelte alles aus ihr hervor: »Er liegt immer so still da – so teilnahmslos – es ist schrecklich – ich kann Ihnen gar nicht sagen, wie schrecklich das ist – das Schweigen in dem Haus hat ihn vergiftet. Keiner sagt etwas. Sie halten nichts vom Reden – es ist, als hätten sie wie ein Pesthauch auf ihn gewirkt –« Sie redete in einem fort, während er das Kind auszog und seine Untersuchung begann.

»Schöner Körper«, unterbrach er ihren Redefluß. »Hat deinen schönen Körper mitbekommen, Joan.«

Angst packte sie. Ihre Lippen waren trocken. Aber sie mußte jetzt der Wahrheit ins Auge sehen.

»Ja, Dr. Crabbe, aber wo ist sein Verstand?«

Die Schmerzen der Geburt waren nichts im Vergleich zum Schmerz dieses Augenblicks, als sie atemlos auf seine Antwort wartete. In der ganzen Welt gab es für sie nichts weiter als diesen kleinen Raum, diesen alten Mann und dieses Kind. Aber er ließ sich lange Zeit. Langsam und sorgfältig untersuchte er den Kleinen, langsam und sorgfältig kleidete er ihn wieder an. Dann erst blickte er Joan mit schmerzlicher Miene in die Augen und sagte:

»Sein Verstand ist nie geboren worden, Joan – mein liebes Kind –«

Langsam fuhr sie durch die Dorfstraße nach Haus.

Oben in der Mansarde legte sie den Jungen aufs Bett, nahm ihm Mütze und Mantel ab und wusch ihm mit einem weichen, feuchten Lappen Gesicht und Hände. Dann setzte sie sich ans Bett und stillte ihn. Es gab ihr einen gewissen Trost, daß sie diese Dinge für ihn tun konnte. Obgleich er nicht geschrien hatte, war er hungrig. Sie betrachtete forschend sein Gesicht. Wenn er schlief, wenn er trank, sah er wie jedes andere Kind aus. Dr. Crabbe war ein alter Mann – vielleicht hatte er sich geirrt. Sie hatte auch ganz vergessen zu erwähnen, daß Bart erst mit fünf Jahren gesprochen hatte. Und Bart war jetzt ganz normal. Oder etwa nicht?

Dr. Crabbe war so hitzig; er kam immer so rasch zu einem Schluß.

... Sie besaß immer noch fast dreihundert Dollar. Damit konnte sie nach New York fahren und einen Spezialisten aufsuchen. Ja, das würde sie tun. Die Aussicht, etwas unternehmen zu können, stimmte sie wieder froh. Bis dieser Gang hinter ihr lag, konnte sie den lauernden Schmerz beiseite drängen.

»Du regst dich ganz unnötig auf«, erklärte Bart.

Als er sich unten in der Küche nach dem Melken wusch, hatte sie es ihm gesagt: »Dr. Crabbe hat festgestellt, daß Paul nicht richtig im Kopf ist, Bart.«

»Von Ärzten halte ich nichts«, sagte Barts Mutter. »Ich wollte, ich hätte es dir nie gesagt, daß Bart erst so spät geredet hat. Aber ich wollte dich nur beruhigen. Bart ist ganz in Ordnung.«

Joan erwiderte nichts darauf. Es war leichter zu schweigen. Sie nahm sich vor, morgen zu fahren. Wenn sie wußte, daß es mit Paul nichts auf sich hatte, konnte sie wieder schlafen. Sie überlegte rasch. Morgen war Donnerstag. Da würde Fanny auf sie warten. Sie mußte ihr durch Sam ausrichten lassen, daß sie diese Woche am Sonnabend kommen sollte. Als er die Milcheimer ins Haus trug, fing sie ihn vor der Küchentür ab. Doch er schüttelte abweisend den Kopf.

»Ich sehe sie nicht mehr. Sie ist jetzt verheiratet.«

Joan seufzte. Fanny würde enttäuscht sein, aber es war nicht zu ändern. Sie ging zur Mansarde zurück und packte einen kleinen Handkoffer.

Als sie in der Telefonzelle stand und mit einer Hand im Telefonbuch blätterte, während sie Paul auf dem anderen Arm trug, fragte eine Frau, die vor der Zelle wartete: »Kann ich Ihnen behilflich sein?«

»Ich möchte gern den Namen des besten Kinderspezialisten in New York wissen«, erwiderte Joan. Pauls Kopf rutschte ihr von der Schulter, und sie hob rasch die Hand, um ihn festzuhalten.

»Dann gehen Sie am besten zur Edmonds-Klinik«, riet ihr die Frau, die recht freundliche Augen hatte. »Wenn Sie kein Geld haben, kostet es Sie keinen Pfennig. Lieber Himmel, er scheint recht schwer zu sein, wie?« Sie drehte langsam die Seiten um und fuhr mit dem Fingernagel über die Namen. »Ah, ich hab's schon.« Sie schrieb Joan die Adresse auf und sagte ihr Bescheid, wie sie am schnellsten hinkommen könne. »Was fehlt dem kleinen Burschen eigentlich?«

»Er kann weder gehen noch sprechen«, antwortete Joan.

Die Frau wollte etwas erwidern, aber ein ungeduldiger Mann klopfte mit seinem Regenschirm an die Tür, und Joan schlüpfte hastig hinaus.

Sie fand ohne weiteres ihren Weg zur Klinik. Die Menschen waren überall nett und hilfsbereit, viel netter als Bart und seine Familie. Jemand half ihr beim Einsteigen. »Der Junge ist zu schwer für Sie«, murmelte eine sanfte, wohlklingende Stimme. Im Bus bot ihr ein alter Herr, höflich lächelnd, seinen Platz an! Sie war dankbar für all diese kleinen Gefälligkeiten, für jedes freundliche Wort. Bei der Klinik angekommen, trat sie ein und setzte sich auf eine der Bänke in der langen Halle. Hier warteten lauter Frauen mit kranken Kindern, die schrien, stöhnten oder benommen in den Armen der Mütter lagen. Neben ihr saß eine junge Frau mit einem schmalen, blassen Gesicht und übermüdeten Augen, ein kleines Mädchen im Schoß, das einen riesigen, mißgestalteten Kopf hatte. Sie blickte neidisch auf Paul, der so tief schlief, als läge er zu Hause in seinem Bettchen.

»Man sollte es nicht für möglich halten, daß einem so reizenden Kind etwas fehlt«, meinte sie.

»Ja, es scheint etwas merkwürdig«, sagte Joan dankbar. Unter all diesen kranken Kindern wirkte Paul allerdings gesund und schön. Unwillkürlich war sie ein wenig stolz auf ihn. Das Kind der anderen Frau begann verdrießlich zu weinen.

»Können sie denn gar nichts für Ihre Kleine tun?« fragte Joan. Das Kind hatte eine ungeheure vorspringende Stirn und ein winziges, zusammengeschrumpftes, mausartiges Gesicht, auf dem der Ausdruck uralten Leidens lag.

»Ich gebe die Hoffnung nicht auf«, erklärte die Mutter inbrünstig. Sie beugte sich hinab und küßte die Riesenstirn. »Die Hoffnung darf man nicht verlieren.«

Sie hegten alle die gleiche Hoffnung, dachte Joan und blickte sie der Reihe nach an. Die Augen dieser Frauen wanderten interessiert zu den anderen Kindern, und sie spürte, wie erleichtert sie waren, wenn sie ein Kind sahen, das noch schlimmer dran war als ihr eigenes. Von Paul wandten sie den Blick rasch ab und ließen ihn lieber auf den verküppelten Kindern ruhen.

Als der Arzt eintrat, folgten sie ihm mit ihren Augen, begierig, forschend. Er war ein robuster Mann in mittleren Jahren. Er sprach laut und bestimmt mit einem jüngeren Arzt, der ihn begleitete.

»Ich sage Ihnen, Procter, die Diagnose ist in neunzig Prozent dieser Fälle völlig klar. Das von Natur aus unentwickelte Gehirn ist durchweg verschieden von dem bei der Geburt verletzten Gehirn, das unter Umständen normal sein kann. Ich verwechsle diese beiden Fälle nie. Werfen Sie nur mal einen Blick auf dieses Kind hier —«

Er blieb unmittelbar vor Joan stehen. Sie konnte die haarige Unterseite seines Kinns, das scharfe Dreieck seiner Nase und die kalten, grauen, abwärts blickenden Augen sehen. Diese Augen sahen sie nicht. Sie sahen nur Paul, der inzwischen aufgewacht war und ruhig in ihren Armen lag.

»Ich bin seine Mutter«, sagte sie standhaft.

»Sie brauchen nicht zu warten, meine gute Frau. Ich kann Ihnen keine Hoffnung machen. Nehmen Sie ihn mit nach Hause. Wenn er Ihnen zu sehr zur Last fällt, bringen Sie ihn in eine gute Anstalt.«

Er ging weiter, unaufhörlich redend. In ihrer Qual wandte sich Joan an den jungen Arzt. Aber er beachtete sie nicht, sondern horchte aufmerksam und ehrerbietig auf die sachliche Stimme des intelligenten, wissenden Mannes. Joan erhob sich und setzte Paul die kleine Mütze auf.

Nur rasch nach Hause in ihre Mansarde! Bis dahin konnte sie den Schmerz unterdrücken, bis dahin wollte sie nicht über die Worte des Arztes nachdenken. Erst wenn sie dort angelangt war, würde sie sich eingehend damit befassen und dem zurückgedämmten Schmerz endlich freien Lauf lassen.

Bart holte sie mit seinem Auto vom Bahnhof ab. Sie stieg ein und saß schweigend neben ihm. Er fuhr knatternd über die steinige Landstraße.

»Was hat der Doktor über das Kind gesagt?«

So sehr es sie auch schmerzte, es auszusprechen, erwiderte sie: »Er sagt: Paul wird nie normal sein.«

Sie ließ den Blick über die Felder schweifen. Der Mais blühte, und die Wälder waren dunkelgrün. Der Sommer hatte seinen Höhepunkt erreicht.

Wenn Bart ein reifer Mann wäre, könnte sie die Last mit ihm teilen und ihren Kopf an seine Schulter lehnen. Dann wäre dieser Schmerz begrenzt und kein endloser schwarzer Tunnel, durch den sie ihr ganzes Leben lang allein wandern mußte.

»Bah! Du kannst nicht alles glauben, Jo, was diese Doktoren dir erzählen. Der Junge strotzt vor Gesundheit.«

»Körperlich fehlt ihm nichts.«

»Es wird schon noch werden«, meinte Bart in aufmunterndem Ton. »Wart nur ab.«

Sie erwiderte nichts darauf. Auf der Straße lag dicker Staub, und die aufgewirbelten Staubwolken schimmerten orangerot im Schein der untergehenden Sonne.

Bart räusperte sich. »Brauchen Regen«, bemerkte er. »Aber der Mais wächst gut bei solchem Wetter.«

»Ja«, sagte sie.

Und bald waren sie zu Hause. Barts Mutter stand am Küchenherd und machte Bratkartoffeln.

»Das Abendessen ist fertig«, rief sie, ohne sich umzudrehen.

»Ich bin gleich wieder unten — wartet nicht auf mich«, antwortete

Joan. Sie trug Paul nach oben, wusch ihn, stillte ihn und legte ihn in sein Bettchen. Er war müde und schlief sofort ein. Sie holte die Petroleumlampe von der Kiste, die ihr als Tisch diente, und ließ das Licht auf ihn fallen. Das waren künftig die Augenblicke, wo sie träumen konnte, diese Augenblicke abends, wenn er in tiefem Schlaf lag. Dann konnte sie träumen, daß er wie jedes andere Kind sei. Das war der Schmerz, der auf sie gewartet hatte. Jetzt war er da und ließ sich nicht länger beiseite schieben – Tag und Nacht würde er nicht von ihrer Seite weichen, solange sie lebte. Wohin sie auch ging, er würde sie begleiten – im Wachen oder Schlafen. Es war ihr, als könnte sie nie wieder schlafen.

Sie öffnete eine Schublade, um Pauls Mütze hineinzulegen, und da lag das Lied, das sie vor seiner Geburt begonnen hatte. Die ersten Zeilen standen da – fröhlich, triumphierend. Aber das Ende fehlte. Heute wußte sie es – Sie nahm den Bogen und zerriß ihn in kleine Stücke. Dann trat sie ans Fenster und ließ sie in die zunehmende Dunkelheit hinausflattern. Sie blies die Lampe aus und tastete sich die Treppe hinunter.

Bei Tisch blieb ihr jeder Bissen im Hals stecken. Dauernd mußte sie einen Schluck Wasser trinken, um das Essen hinunterzuwürgen. Essen mußte sie natürlich; denn sie mußte sich für Paul kräftig erhalten.

»Was hat der Doktor denn gesagt?«

Die Frage von Barts Mutter kam wie aus weiter Ferne, riß sie nicht aus der Einsamkeit ihres Schmerzes.

»Er sagte, Paul würde nie wie andere Kinder sein.«

Immer wieder mußte sie bereit sein, dies zu sagen. Wohin sie auch kam, würden die Leute fragen: »Was ist mit Ihrem Kind?« Und nach einer Weile würde es heißen: »Was ist mit Ihrem Jungen?« Und dann: »Was ist nur mit dem jungen Mann?« Nie durfte sie vor dieser Frage zurückschrecken.

»Reich mir das Brot«, sagte Bart. »Ich gebe überhaupt nichts darauf.«

Sam gab es ihm.

»Es hat keinen Sinn, auf Ärzte zu hören«, bemerkte er heiter. »Mir hat mal ein Doktor gesagt, ich hätte Knocheneiterung. Dabei war es nur ein kleines Geschwür.«

»Ich wollte, ich hätte dir nichts gesagt, von Tante Ems Tochter«, meinte Barts Mutter verärgert. »Das setzt dir nur verrückte Ideen in den Kopf. Sie sind sich kein bißchen gleich, die beiden. Ems Tochter kränkelte, nachdem sie gefallen war. Paul ist in jeder Beziehung anders. Er ist genauso wie Bart. Bart war ein kerngesundes Baby, und ich habe immer gesagt, er würde sprechen, wenn er dazu bereit wäre, und das hat er auch getan. Und so wird's mit Paul auch sein.«

»Hol mir noch etwas Milch«, unterbrach Barts Vater. »Ich hab's heute abend eilig. Es findet eine Versammlung in der Kirche statt. Ein Missionar aus Afrika spricht. Der Pastor hat es mir als Leiter der Sonntagsschule warm ans Herz gelegt, hinzukommen. Sam, du ziehst dir deinen Sonntagsanzug an und gehst auch mit. Du ebenfalls, Mutter. Er zeigt Lichtbilder.«

»Ich bin gar nicht darauf eingerichtet«, jammerte seine Frau. »Das hättest du mir früher sagen sollen, damit ich die Arbeit nach dem Essen besser einteilen konnte.«

»Ich werde alles erledigen«, versprach Joan.

»Möchtest du nicht lieber selbst gehen?« fragte Barts Mutter. »Es wäre für dich gewiß sehr interessant, wo deine Schwester doch auch Missionarin ist. Ich bleibe bei Paul.«

»Nein, ich bin sehr müde«, erklärte Joan.

»Na, dann –, meinte sie zögernd, aber im stillen hocherfreut. Rasch setzte sie hinzu: »Ich gehe natürlich nicht nur wegen der Bilder hin. Ich finde, man muß sich für die Arbeit interessieren, die die Kirche unter den Heiden leistet.«

»Ja«, sagte Joan und wandte sich an Bart: »Warum gehst du nicht auch, Bart? Die Bilder würden dir sicher gefallen.«

»Kein schlechter Gedanke«, meinte er.

Im Nu war das Haus menschenleer. Nur sie selbst und Paul waren noch da. Es herrschte völliges Schweigen. Sie spülte das Geschirr und deckte den Frühstückstisch. Dann nahm sie ein Bad, bürstete ihr Haar und zog sich das Nachthemd an. Es kam ihr so vor, als legte sie sich nieder, um durch ihre eigene Hand zu sterben. Aber sie konnte nicht sterben, so lange Paul am Leben war. Im Dunkeln trat sie an sein Bett und horchte. Er atmete regelmäßig. Sie fühlte seine Hand an – sie war warm und schlaff. Da ihr nichts mehr einfiel, was sie noch tun könnte, ging sie zu Bett und gab sich endlich hemmungslos ihrem Schmerz hin.

Aber wie konnte man Tag und Nacht, jahrein, jahraus in dieser Qual leben? Nachts schlief sie jetzt ein wenig und wachte morgens halberstickt auf – wie in dichtem Rauch oder unter einer schweren Last. Jeden Morgen wartete der Schmerz auf sie – neu, scharf und frisch.

Hin und wieder hatte sie Augenblicke des Vergessens – wenn das Sonnenlicht durch glänzende Blätter fiel, wenn das Phloxbeet in der Mittagssonne flammte, wenn der mondbeglänzte Nebel aus den Tälern stieg. Aber hinterher stürmte der Schrecken gleich wieder mit erneuter Heftigkeit auf sie ein. Vielleicht war es besser, nie zu vergessen, als immer wieder zurückgerissen zu werden. »Wie schön sind doch heute die Berge unter den wandernden Wolkenschatten! – Ja, aber Paul wird niemals sein wie andere Kinder.«

Sie sehnte sich danach, andere Kinder zu sehen, und überschüttete Rose mit Fragen nach David. Aber Rose schrieb recht unglücklich, daß sie ein zweites Kind erwarte. »Ich habe jetzt so wenig Zeit für unsere Arbeit.«

»Es ist mir unverständlich, wie sie so reden kann«, sagte sich Joan voller Neid. Als sie Fanny unter der Eiche an der Straßenbiegung traf, flehte sie: »Bringen Sie doch den kleinen Frankie das nächste Mal wieder mit. Ich habe ihn so lange nicht mehr gesehen.«

»Aber gewiß«, versprach Fanny, die in den letzten zwei Jahren etwas rundlicher geworden war und jetzt in ihrem scharlachroten Batistkleid wie eine große Mohnblume aussah.

Und in der nächsten Woche konnte sie Fanny kaum zuhören, als sie von ihrem Zank mit ihrem Mann erzählte. Sie mußte nur immer den Jungen anschauen.

»Liebling«, sagte sie zu ihm, während sie neben ihm niederkniete, »du bist ja so groß geworden. Gehst du bald in die Schule?«

Das Kind starrte sie verzückt an. Seine großen schwarzen Augen waren sanft und unergründlich.

»Wenn es Fanny mir erlaubt —«, flüsterte er.

»Sagst du nicht ›Mama‹ zu ihr?«

»Das hat sie nicht gern.«

Fanny lachte aus voller Kehle. »Nein, ich lasse mich von keinem meiner Kinder ›Mam‹ nennen. Es ist besser so. Wenn ich ihn irgendwohin mitnehme, sage ich immer, es ist mein Bruder.«

Das Kind blickte sie ernst an, als sie so lachte. Dann wandte es sich wieder Joan zu und betrachtete sie neugierig und gelassen. So rege, so wach müßten Pauls Augen auch sein.

»Was haben Sie mit diesem Kind vor, Fanny?« fragte Joan besorgt.

Das Mädchen zuckte sorglos die Achseln. »Ihm kann nichts passieren, solange ich mich nicht entschließe fortzugehen, das heißt, solange dieser Mann sich anständig aufführt.« Sie zog die Stirn in finstere Falten. »Nicht viele Männer haben mir so gut gefallen wie Frank. Manchmal, wenn ich an ihn denke, verliere ich einfach den Geschmack für alle anderen. Kommt er eigentlich nicht mal wieder nach Hause? Ich würde ihn nicht belästigen — würde ihm nur den Jungen zeigen und ihn begrüßen.«

»Nein«, erwiderte Joan rasch, »er kommt nie wieder zurück — das hat er mir gesagt.«

Das Mädchen seufzte tief.

»Na, jetzt muß ich aber gehen. Vielen Dank noch mal für den Dollar. Es ist immerhin eine Hilfe. Ich kleide Frankie am besten von allen meinen Kindern.«

Aber Joan konnte ihn noch nicht von sich gehen lassen. Sie tastete den kleinen Körper von oben bis unten ab. Er war fest, hart und wohl geformt. Aber er hatte nicht Pauls Trägheit. Auch der Griff seiner Hand war so ganz anders als Pauls lockere Berührung.

Sie hielt Frankies Hand für eine Weile. Die glatte, frische Haut war fast weiß. Aber in seinen Adern floß dunkles Blut.

»Ist ihr kleiner Junge wohlauf?« fragte Fanny.

Joan zögerte mit der Antwort. Dann sagte sie mit fester Stimme: »Nein, bei ihm ist etwas nicht in Ordnung.«

Fannys Gesicht bekam einen warmen, mitleidigen Ausdruck. »Das ist schade! Meine Kinder sind alle gesund. Aber ich kenne ein Mädchen mit einem schwächlichen Baby. Sie hat die Kleine mit zu einer Gebetsversammlung genommen, und der Prediger hat die Hand auf sie gelegt. Jetzt geht es ihr besser – das behauptet wenigstens ihre Mutter. Komm, Frankie – Lem geht hoch, wenn er so lange auf uns warten muß!«

Jetzt mußte Joan ihn fortlassen. Sie erhob sich und blickte ihm nach, wie er so energisch davonmarschierte. Als sie die beiden nicht mehr sehen konnte, setzte sie sich am Straßenrand nieder, wieder völlig vereinsamt. Der Sommer schwand dahin. Das Korn reifte. Nichts wuchs jetzt mehr in Feld und Wald. Der Herbst stand vor der Tür, und dann kam das große Sterben. Sie stand auf und ging wieder nach Hause zu Paul.

Es hat nun keinen Sinn mehr, sich einzubilden, daß Paul Fortschritte machte. Von irgendeiner Besserung war keine Spur zu entdecken. Sie spielte jeden Tag mit ihm und sang ihm die fröhlichen Kinderlieder vor, die ihre Mutter mit ihnen gesungen hatte. »Backe, backe Kuchen, der Bäcker hat gerufen.« Tag für Tag nahm sie seine Hände und schlug sie zusammen. Tag für Tag wartete sie darauf, daß er seine Hände aus eigenem Antrieb ein wenig bewegen würde. »Backe, backe Kuchen –« Jedesmal ließ sie seine Hände fallen und stand schweigend auf, um sich einer anderen Beschäftigung zuzuwenden. Es nahm viel Zeit in Anspruch, wenn man kleinen Kindern etwas beibringen wollte –, viel, viel Zeit. Wie oft hatte sie ihre Mutter rufen hören: »Mir scheint, als müßte ich euch Kindern immer wieder dasselbe sagen.« Jeden Tag sagte sie Paul immer wieder dasselbe.

Eines Tages, als er fast fünf war, ging sie zur Truhe und holte eine kleine Schachtel mit Spielsachen hervor, die sie schon für Weihnachten hergerichtet hatte. Jedes Jahr hatte sie glückselig Pläne geschmiedet. »Nächstes Jahr werde ich einen winzigen Baum schmücken. Paul wird dann sicherlich groß genug sein, um die Kerzen wahrzunehmen und sich an Spielsachen zu freuen.«

Diesmal wollte sie nicht bis Weihnachten warten. Sie zündete die Lampe an und stellte sie dahin, wo er sie sehen konnte. Dann öffnete sie die Schachtel und holte eine Rassel hervor, die kleine Glocken am Griff hatte. Diese ließ sie nahe an seinem Ohr erklingen. Dann legte sie seine Finger um den Griff und bewegte seine

Hand auf und ab. Sobald sie aber ihre Hand fortnahm, fiel die Rassel zu Boden.

»Es hat keinen Sinn, sich noch etwas vorzumachen«, sagte sie laut und ungestüm und räumte die Spielsachen fort. Nie würde in diesem Haus Weihnachten sein. Das wußte sie jetzt. Sie begann wieder zu schluchzen wie früher. »O Gott, hilf mir doch!«

Einmal hatte sie aus tiefstem Herzen für das Leben ihrer Mutter gebetet, doch ihre Mutter starb. Aber ihre Mutter war schließlich nicht mehr jung gewesen, und für alle kommt einmal die Zeit, wo sie sterben müssen. Doch Paul war noch ein Kind. Sie sank neben dem Bett nieder, faltete krampfhaft die Hände und betete inbrünstig, mit ganzer Seele. Sie fühlte sich von einer gewaltigen Kraft durchströmt, die empordrang bis zu dem kalten Sternenhimmel – die leuchtende Verkörperung eines sehnlichen Wunsches. »O Gott, mache Paul gesund!«

Sie wollte Gott Zeit lassen. Verbissen stürzte sie sich auf die Hausarbeit. Dienstags ging sie in die dunkle, unbenutzte »gute Stube« und wischte den Staub von den Bilderrahmen und den Möbeln mit den vielen Schnitzereien. Sie kannte jetzt alle Gegenstände, aber sie liebte sie nicht. Sie waren völlig bedeutungslos. Noch nie hatte sie jemanden auf diesen Stühlen sitzen sehen. Außer dienstags wurden die Fensterläden nie geöffnet. Mittwochs machte sie sich an den Geschirraum. Dort standen drei vollständige Eßservice auf den Regalen. »Du sollst sie haben nach meinem Tod«, sagte Barts Mutter oft.

»Warum benützt du sie nicht«, erwiderte Joan dann.

»Was? Ich soll das gute Geschirr meiner Mutter täglich benützen?« fragte Barts Mutter voller Entsetzen. »Das hat meine Mutter nie getan, und ich auch nicht. Außerdem müßte das Geschirr ja jeden Tag gespült werden, und ich könnte es nie verwinden, wenn etwas dabei zerbrochen würde.« Also aßen sie weiter von billigem Warenhausgeschirr. Joan säuberte wütend das altmodische Porzellan, das keinen Zweck erfüllte.

»Ich sage ja immer«, kam die verdrossene Stimme der Mutter aus der Küche, als Joan mit dem Geschirr klapperte, »wenn man seine paar guten Sachen zerbricht, weiß man nicht, wo man neue hernehmen soll.«

Joan erwiderte nichts darauf. Sie rückte die Schüsseln hin und her und wischte die Ränder der Teller ab. Dinge, Dinge, nichts als Dinge. Das Haus war voll von leblosen, schweigenden Dingen, die gepflegt werden mußten. Am liebsten wäre sie auf und davon gegangen, irgendwohin, und nie wieder zurückgekehrt.

»Ich *muß* Geduld haben«, sagte sie sich erschrocken. »Wie kann ich erwarten, daß Gott gnädig ist mit mir, wenn ich so aufsässig bin?«

Es fiel ihr schwer, geduldig zu sein. Tag für Tag wartete sie auf ein Zeichen, daß ihre Gebete erhört würden — diese heißen, zudringlichen Gebete, die sie dauernd zum Himmel schickte.

Und zwischendurch beobachtete Joan unablässig ihren Paul und versuchte immer wieder, ihn aus seiner Lethargie aufzurütteln. Eines Tages nahm sie ihn mit in die gute Stube und schlug den Deckel des alten, verstimmten Klaviers auf. Mit Paul auf dem Schoß setzte sie sich davor und drückte mit seinen schwerfälligen Händen sachte die Tasten nieder. Es hatte den ganzen Tag geregnet — ein langer, dunkler Tag. Sie war mit Paul in der Mansarde auf und ab gegangen, hatte mit ihm gespielt, bis sie es nicht mehr in ihren vier Wänden aushielt. Da hatte sie Paul auf den Arm genommen und war dreist mit ihm die Vordertreppe hinuntergegangen und dann ans Klavier. »Backe, backe Kuchen«, sang sie und tippte mit seinen Fingern auf die Tasten.

Plötzlich öffnete sich die Tür, und Barts Mutter stand mit wutverzerrtem Gesicht auf der Schwelle.

»Joan, das dulde ich auf keinen Fall. Ich habe mir schon genug mit angesehen. Nie habe ich meinen Kindern erlaubt, das Piano anzurühren, und das gilt auch für Paul!«

Mit schweren Schritten kam sie durch das Zimmer und ließ den Deckel dröhnend zufallen. Joan stand auf. Sie haßte diese Frau, das wußte sie jetzt. Sie haßte sie alle. Es war sinnlos, etwas anderes vorzutäuschen. Voller Haß starrte sie in die kleinen, geblich-braunen Augen und drückte Paul so heftig an sich, daß er zu weinen begann. Dann drehte sie sich um und rannte hinaus . . . Und während der ganzen Zeit wußte sie, daß sie selbst Gott im Weg stand. Denn wie konnte Gott ihr helfen, wenn sie so sündhaft und haßerfüllt war? Oben in der Mansarde begann sie zu schluchzen. »Dieses alte, wertlose Klavier — das Kind ihres eigenen Sohnes — ich will sie ja nicht hassen —« Sie legte Paul nieder und warf sich weinend auf ihr Bett. Sie weinte neuerdings viel. Jede Kleinigkeit löste eine Flut von Tränen aus.

Sie mußte einfach wieder von neuem beginnen, dachte sie, als sie sich beruhigt hatte. Es gab so manches, was sie hätte tun sollen, aber nicht getan hatte. Sie zündete die Lampe an und blätterte in der Bibel ihrer Mutter. Dabei stieß sie auf eine Stelle, die dick unterstrichen war: »Wer Gott sucht, muß erst an Ihn glauben —«

Sie hatte nicht fest genug geglaubt. »Ich glaube, ich glaube!« flüsterte sie inbrünstig.

Sie war jetzt sehr streng mit sich, las täglich die Bibel und betete regelmäßig eine gewisse Zeit, wie ihr Vater es getan hatte. Voller Entsetzen erinnerte sie sich daran, daß sie in ihrer Jugend über solche Leute gelacht hatte. Das Gebet war etwas, was in die Kirche gehörte oder was man abends vorm Schlafengehen murmelte, wie man auch sein Haar bürstete oder seine Schubladen aufräumte —

eine nette Gewohnheit. Nichts entsprang ja daraus — man hatte eben nur das Gefühl, etwas Anständiges getan zu haben. Aber vielleicht steckte doch etwas dahinter — eine Macht, die sie noch nicht erfaßt hatte.

Bete, Rose, schrieb sie, *bete für Paul.*

»Gott«, rief sie zu den Bergen und zum Himmel oder wenn sie durch die Wälder wanderte, die wieder hellgrün leuchteten — unglaublich, daß es trotz allem Leid Jahr für Jahr wieder Frühling wurde! — »Gott, hilf meinem kleinen Jungen!«

»Bart«, sagte sie eines Tages, »ich möchte mal wieder in unsere alte Kirche gehen. Da könntest du wohl einmal am Sonntag mit Paul zu Hause bleiben.« In der ihr so vertrauten Kirche konnte sie vielleicht das Gefühl wiedererlangen, das sie als Kind empfunden hatte — das Gefühl, daß Gott nahe war und liebevoll für sie alle sorgte.

»Du brauchst nichts zu tun«, fuhr sie fort, »nur im Haus zu sein. Faß ihn nicht an — bloß wenn er schreit.« Sie wollte nicht, daß Bart ihn mit seinen schwieligen Händen anrührte.

»Sicher — ich bleibe bei ihm«, versprach Bart.

Er sagte es in einem so herzlichen Ton, daß sie überrascht aufsah. Seit einiger Zeit sprach er selten mit ihr und sie mit ihm nur, wenn es unbedingt nötig war. Anfangs schwebte immer seine unausgesprochene Frage zwischen ihnen. Jedesmal, wenn er den Mund aufmachte, strengte sie ihre ganze Phantasie an, um ihm eine passende ablehnende Antwort zu geben. Sie vermied es, ihn anzureden, weil das zu der verhaßten Frage führen konnte. Im Schweigen lag Sicherheit. Zuerst hatte er oft ihre Hand berührt und ungeschickte Annäherungsversuche gemacht, wenn sie an ihm vorbeiging. Aber inzwischen hatte sie es gelernt, seine Nähe zu meiden. »Man sollte meinen, ich wäre dreckig«, hatte er sie einmal angebrüllt. Sie hatte zur Seite geblickt, ohne etwas zu erwidern. Es stimmte — er war ihr so widerwärtig wie Schmutz.

Schließlich gab er sich keine Mühe mehr. Abends, wenn er von seiner Arbeit kam, aß er gewaltig viel und legte sich dann sofort schlafen. Sie spürte nicht mehr dieses Drängen in ihm. Er schien bereit, sie mit in das allgemeine Schweigen einzubeziehen. Sam verkehrte jetzt mit einem Mädchen, der Tochter eines Farmers, die nur wenige Kilometer vom Hof entfernt wohnte. Jeden Abend nach dem Melken warf er sich in Schale und verzehrte sein Abendbrot in steifem Unbehagen. Er gab seine derben Späße auf und warf ihr keine heimlichen Blicke mehr zu, denn er wollte bald heiraten. Seine Mutter stöhnte ein wenig. »Annie Beard soll ja eine sehr gute Köchin sein, aber sie ist so verschwenderisch mit Butter und Zucker.« Mehr durfte sie nicht sagen. Ihre Söhne waren Männer und mußten ja wohl wissen, was sie taten. Da Bart sich nicht mehr beklagte, nahm sie an, daß zwischen ihm und Joan alles wieder in Ordnung sei.

Schließlich lag sein Zimmer gerade am Fuß der Bodentreppe, und sie hatte Joan ja gesagt –

»Du kannst unbesorgt fortgehen«, sagte Bart ungestüm am Sonntagmorgen in der Mansarde. »Paul ist bei seinem Vater gut aufgehoben, nicht wahr, Paul?« Er schnitt eine Grimasse für seinen Sohn.

Sie setzte sich einen weißen Strohhut auf, den sie bereits vor ihrer Ehe hatte. Ihr weißes Leinenkleid war auch alt, aber so schlicht, daß es nicht auffallen würde. Sie hatte an Gewicht abgenommen, und es war ihr etwas zu weit. Auch im Gesicht war sie dünner geworden; ihre Knochen traten schärfer hervor. Ihr Mund war nicht mehr so voll wie früher und hatte einen beherrschten, etwas verbissenen Ausdruck. Aber sie hatte eine reine Haut, und ihre Lippen waren immer noch rot.

Sie wandte sich von Bart ab – sie wußte, daß sie immer noch recht hübsch war, und wollte seine Aufmerksamkeit nicht auf sich lenken. »Ich kann mit deinen Eltern bis zur Kreuzung mitfahren und von da aus zu Fuß gehen. Das ist nur ein kurzer Weg.«

Aber Bart sah sie überhaupt nicht. Er hatte sich auf ihr Bett geworfen und starrte ins Gebälk.

Sie kam ein wenig zu spät in die Kirche. Die Leute sangen bereits, als sie auf einen der letzten Plätze schlüpfte. Sie neigte einen Augenblick den Kopf und begann plötzlich zu zittern. Sie war sehr müde. Erst jetzt in dieser vertrauten Umgebung merkte sie, wie erschöpft sie war. Die Orgel spielte eine gedämpfte Begleitung. Wie früher fiel das Sonnenlicht in Streifen über den Boden. Wieder überkam sie das Verlangen, zu weinen und laut zu rufen: »Ich habe eine schwere Zeit durchgemacht – eine sehr schwere, einsame Zeit.«

Obwohl Joan die anderen nur von hinten sah, erkannte sie doch die meisten wieder. Miß Kinneys Sommerhut – ein gelbbrauner Strohhut mit einem Kranz roter Kirschen – war unverkennbar. Nicht weit von ihr saßen Mr. und Mrs. Billings. Mr. Billings war fetter denn je, und die gute Mrs. Billings nickte schon wieder vor sich hin. Aber ihre Söhne waren nicht da. Im Orgelchor sah sie Martin Bradley, elegant und schmächtig wie immer. Sein Haar war fast weiß geworden. Der alte Mr. Parker war tot, das hatte sie in der Zeitung gelesen. Er war gerade gestorben, als er genug Geld beisammen hatte, um davon leben zu können. Daß es so kommen würde, hatte er immer befürchtet. Sein ganzes Leben lang hatte er gespart, um im Alter unabhängig zu sein, und nun fiel der Segen irgend jemandem in den Schoß, der nie etwas für ihn übrig hatte, denn er war nicht verheiratet. Bei einem für die Kirche veranstalteten Abendessen hatte er gesagt: »Ich habe Gott den Herrn wegen einer Frau befragt, aber keine Antwort bekommen. Ich fürchte, ich habe wohl falsch gefragt.« Darauf hatte Mrs. Marks gerufen:

»Ganz recht, Bruder Parker, Sie hätten ein Mädchen fragen sollen!« Und alle außer Mr. Parker hatten sie laut gelacht.

Joan mußte lächeln, als ihr dies alles wieder einfiel, und vergaß für den Augenblick ganz, warum sie hergekommen war. So viele alte Erinnerungen stürmten hier auf sie ein – an ihre Mutter, an Francis, an Rose und an sich selbst. Am meisten schmerzte es sie, wenn sie an sich selbst dachte, an das junge Mädchen von damals – voller Begeisterung und Zukunftsträume.

»Die heutige Lektion steht geschrieben –«

Der junge Pfarrer las den Text rasch, ohne die poetischen Schönheiten hervorzuheben. In der Chorgalerie erhob sich eine Frau und sang in einem klaren Sopran – es war seine Frau.

Joan neigte den Kopf und wartete auf das Ende des Liedes. Beim Gesang der Gemeinde, beim gedämpften Klang der Orgel, konnte sie sich wieder ihren Erinnerungen überlassen, konnte sie vielleicht an Gott denken. Ihr Vater hatte es so gut verstanden, an dieser Stätte Gott herbeizurufen. Ach, wenn sie doch nur die Nähe Gottes wieder spüren könnte!

Es folgte eine kurze, sachliche Predigt, und dann wurden einige Bekanntmachungen verlesen. »Nach dem Gottesdienst findet die übliche Versammlung in der Sakristei statt. Während meiner Ferien im Juli fallen die Abendandachten mittwochs aus.« Ein fremder junger Mann reichte den Klingelbeutel herüber, und Joan schüttelte den Kopf. Sie hatte vergessen, etwas Geld mitzunehmen.

Als sich dann alle erhoben, um das letzte Lied zu singen, hatte sie plötzlich das Gefühl, daß sie den anderen nicht gegenübertreten könne. Sie könnte die vielen Fragen, die auf sie einstürmen würden, nicht ertragen. Daher verließ sie rasch die Kirche, noch ehe das Lied zu Ende war, und eilte die Dorfstraße hinunter.

... »Mit Paul alles in Ordnung?« fragte sie Bart.

»Aber sicher.« Seine Stimme klang merkwürdig.

Joan sah ihn prüfend an. Aber er schlug die Augen nieder. Sein rotes Haar war zerzaust, und er versuchte es mit den Fingern zu glätten. »Du hast geschlafen«, sagte sie.

»Ja«, murmelte er.

»Du solltest aber doch auf Paul achten?«

»Na, ihm ist doch nichts passiert, wie?«

Plötzlich stieg ihr die Galle hoch. Sie konnte Barts Anblick nicht mehr ertragen und schwieg still. Es machte nichts, wenn Paul nur unversehrt war.

Sie bestürmte Rose, für sie zu beten, während sie selbst Gott Tag und Nacht anflehte. Tagsüber glaubte sie fest, daß ihre Gebete an Gottes Ohr drangen. Aber wenn sie allein mit Paul in der Dunkelheit ihrer Mansarde lag, die Truhe fest gegen die Tür gerammt, kamen ihr oft Zweifel.

Demütig dachte sie an Rose, die so gut, so sicher in ihrem Glauben war. Roses Gebete würden gewiß bei Gott ins Gewicht fallen. Der Gedanke, daß Rose für Paul betete, war ihr nachts ein großer Trost. Und morgens, wenn die Sonne durch die Baumwipfel strömte, schien es ihr, als müßten Roses Gebete erhört werden.

Aber sie hatte schon lange nichts mehr von Rose vernommen. Eines Morgens im Spätsommer ging sie hinaus zum Briefkasten, der an einem Pfosten an der Straße angebracht war. Als sie den Briefträger in seinem alten Ford dort sah, begann sie zu laufen. Er hielt nur selten bei ihnen – höchstens einmal in der Woche, um die Sonntagsschulzeitung oder ein landwirtschaftliches Rundschreiben zu bringen.

»Guten Morgen, Mr. Moore!« rief sie fröhlich. Es war einer jener Augenblicke, wo sie ihr Leid vergessen konnte. Die Berge hoben sich klar vom blauen Himmel ab, die Sonne schien hell, und die Luft war still und verheißungsvoll. Joan war zuversichtlich, als sie mit sicheren, kräftigen Schritten über das dichte Gras ging. An einem solchen Morgen war es unmöglich, den Mut sinken zu lassen. Paul war ja so ruhig, so brav.

»Brief aus dem Ausland für Sie!« rief Mr. Moore grinsend. Es freute ihn immer, wenn er einen solchen Brief für sie hatte. »Bringt Glanz in Ihre Augen«, sagte er wie stets.

»Fein!« rief sie hocherfreut. »Ich wußte ja, daß mir etwas Schönes bevorstand. Dieser Morgen ist wie geschaffen dafür!«

Sie nahm den Brief entgegen und lächelte Mr. Moore warm an. Ja, es war ein Brief aus China, die Adresse säuberlich mit der Maschine geschrieben. Rob hatte nie geschrieben. Er hatte so viel zu tun, sagte Rose immer, und außerdem mußte er an seine eigenen Eltern schreiben. Rob erschloß immer neue Gebiete. Er drang jetzt nach Nordwesten unter die Mohammedaner vor, über die Wüsten hinweg zu dem unfruchtbaren Hochland von Tibet, wo die Männer so dunkel und wild aussahen.

»Na, Sie wollen gewiß Ihren Brief lesen«, meinte der Postbote und stieg wieder in seinen Klapperkasten. Dann knatterte er, umhüllt von dichten Staubwolken, davon.

Joan stieg mit ihrem Brief zur Mansarde hinauf. Die kurze Zeit, bis sie wieder in die Küche gehen und Kartoffeln schälen mußte, gehörte ihr. Die Mansarde sah immer wohnlicher aus: Joan besaß ein unbeirrbares Talent, einen Raum hübsch herzurichten. Sie hatte kleine, grüne, gekräuselte Vorhänge für das Giebelfenster und eine Decke für die Holzkiste gemacht. Im vergangenen Winter hatte sie einen runden Teppich genäht – aus verwaschenen Resten alter Arbeitshemden, die sie grün und braun gefärbt hatte. Sie setzte sich nun in den alten Stuhl mit hoher, runder Lehne, den sie einmal auf dem Boden gefunden und dann mit dem grünen Vorhangstoff bezogen hatte, und riß erwartungsvoll den Umschlag ihres Briefes auf.

Es war stets ein Hochgenuß für sie, Roses Briefe immer wieder langsam durchzulesen, um sich aus den mageren Beschreibungen ein anschauliches Bild von ihrem dortigen Leben zu machen. So war vor ihren Augen ein viereckiges Missionshaus erstanden, in dem dunkelfarbige Diener ein und aus gingen, und ein Garten, der dicht mit Farnkräutern, gefleckten Lilien und schnell wachsenden Pflanzen bewachsen war. »Aber leider sind Schlangen und Tausendfüßler darin«, hatte Rose geschrieben, »und wir müssen sehr auf David Obacht geben.« Joan sah David deutlich vor sich: ein kleiner, zu dünner, unerschrockener Junge. David lief dauernd fort. Man mußte ihn ständig suchen. Meist fanden sie ihn unten am Fluß unter den Trödlern oder auf dem Marktplatz. Manchmal klopfte es auch ans Tor des mit einer Mauer umgebenen Grundstücks, und draußen stand ein nacktbeiniger Farmer oder ein Rikscha-Kuli, der den kleinen Jungen herbrachte.

»Trotz aller Ermahnungen rennt er davon«, schrieb Rose besorgt. »Er läßt sich einfach nicht innerhalb der Mauern halten.«

Jeden Brief hatte Joan voller Interesse gelesen, begierig, Neues von David zu hören, über seine Dummheiten zu lachen.

Sie entfaltete den dünnen chinesischen Briefbogen ... Aber dies war ja nicht wahr, was hier stand — diese spärlichen, maschinegeschriebenen Worte konnten nicht wahr sein! Ein Brief, ein gewöhnlicher Brief konnte nicht eine solche Botschaft übermitteln! Die Zeilen verschwammen vor Joans Augen. Sie mußte sich zusammennehmen, sorgfältig wieder von vorn anfangen und in aller Ruhe den Text entwirren. John Stuart lautete die Unterschrift — das war der Arzt der Missionsstation — Rose hatte ihr ein wenig von ihm erzählt. »Er ist ein treuer Helfer, ein Mann, der nicht viel Worte macht.« Nicht viel Worte! Nein, mit ganz wenigen berichtete er hier das Schreckliche: »Völlig unerwartet stürmten Banditen in die Stadt und sprengten das Tor unserer Siedlung. Mr. und Mrs. Winters wurden auf der Stelle getötet, wie wir später von Leuten hörten, die den Vorgang aus der Menge heraus beobachteten. Die Kinder wurden durch ihre treue Kinderfrau gerettet. Das kleine Mädchen war erst elf Tage alt. Wir entkamen —« Hier liefen die Zeilen wieder ineinander.

»Man fand sie später«, so stand es im Brief, »ihn auf der Schwelle, erstochen, und sie, völlig entkleidet und erstochen, im Schlafzimmer ihres kleinen Hauses an der Stadtmauer. Wahrscheinlich geschah alles sehr schnell. Freunde haben sie heimlich bei Nacht im Garten begraben ... Ich bringe die Kinder nach Hause.«

Joan ließ den Brief in den Schoß fallen und versuchte sich klarzumachen, daß sie tot waren. Sie hatte sich auf Roses Gebet verlassen, und Rose hatte schon seit Wochen im Grab gelegen. Sie hätte es doch irgendwie spüren müssen — aber sie hatte nie das Gefühl gehabt, daß Rose tot sei.

Jeden Tag nun konnte dieser Mann über das weite Meer kommen, um ihr Roses Kinder zu bringen, die jetzt ihr gehörten. Unter diesem Dach mußte sie auch für sie Platz schaffen. Sie sah sich um. Die Mansarde war ja groß. Vielleicht konnte sie zwei kleine Betten an die Südwand stellen . . .

Verstört, in stiller Trauer ging sie einher, Tränen in den Augen. Bei allem, was sie tat, sah sie Rose in irgendeinem Augenblick ihrer gemeinsamen Vergangenheit vor sich — Rose, die schon als kleines Kind so gesetzt und entschlossen war, die stets wußte, was sie wollte, die mit ruhiger Sicherheit ihr Leben plante. Aber über den Tod konnte sie nicht bestimmen. Der Tod war ebenso sinnlos wie Schwachsinn. Beides konnte man nur hinnehmen.

Den ganzen langen Tag und auch den nächsten bewahrte sie das Geheimnis dieses Todes in ihrem Herzen. Den anderen bedeutete es nichts, daß Rose tot war. Sie hatten Rose nie gesehen — Rose, wie sie vor ihr stand und das Batistkleid wie ein Blumenregen über ihre weißen Schultern fiel, Rose, die mit verklärtem, strahlendem Blick durchs Haus ging.

Barts Vater sagte gereizt: »All dieses Trara der Regierung um die Landwirtschaft führt zu nichts Gutem. Die Lage wird von Tag zu Tag schlimmer. Zu Lebzeiten meines Vaters —«

Rose lag zehntausend Meilen entfernt auf einem niedrigen Hügel, der eine riesige Ebene überblickte, in einem Garten an einer Mauer.

. . . »Äpfel bringen in diesem Herbst nichts ein«, fuhr er fort. »Koche so viel ein wie möglich, Mutter. Wir können dann von Äpfeln leben.« Und John Stuart brachte ihr zwei Kinder, zwei kleine Esser mehr . . .

»Kann mir vorstellen, wie Annie und ich von dem bißchen, was ich bekomme, leben sollen«, bemerkte Sam. Er fürchtete sich vor seinem Vater, und sein Gesicht war röter denn je. »Sie kann ja gut wirtschaften, aber —«

»Das wird sie auch wohl müssen«, erwiderte sein Vater. Er tunkte eine Kruste in seine Milch und lutschte sie auf . . . Die Kinder, dachte Joan, können vorerst von Äpfeln, Brot und Milch leben. Die weitere Nahrung würde sie schon beschaffen. Sie mußte sich eben eine Arbeit suchen. Von den fünfhundert Dollar waren nur noch zweihundert übrig. Woche für Woche hatte sie dem kleinen Frank etwas zukommen lassen.

»Sie kann aber nicht wirtschaften, wenn sie nichts zum Wirtschaften hat!« rief Sam, zur Wut gereizt.

»Ich wüßte nicht, daß ich verpflichtet wäre, die Frauen und Kinder meiner Söhne zu unterhalten.«

Joan setzte sich plötzlich für alle ein. »Wir arbeiten ja — alle miteinander«, sagte sie mit klarer Stimme. Sie hatte keine Angst vor Barts Vater.

»Viele Frauen im Haus«, murmelte er, den Mund voll triefender Krusten.

»Nicht alle Kinder sind so artig wie Paul«, meinte Barts Mutter. »Er macht jedenfalls nicht viel Arbeit.«

»Nein«, sagte Bart und hielt einen Augenblick mit Kauen inne, »da hast du recht. Paul macht keine Arbeit.«

... Nein, dachte Joan trübselig, er bricht nur seiner Mutter das Herz. Und über das Meer kam David, der immer davonlief. Auch von diesem Haus würde er weglaufen wollen. Wände konnten David nicht halten. Sie hatte weniger als zweihundert Dollar und drei Kinder — mit Frankie vier.

Am Sonntag saß sie, angstvoll überlegend und planend, in der Kirche. Paul mußte noch geheilt werden, und die beiden anderen waren unterwegs. Sie konnte nicht beten. Auch war die Kirche diesmal nicht mit Erinnerungen angefüllt. Joan konnte jetzt nicht hier sitzen und an die Vergangenheit denken, nicht einmal an ihre Eltern. Sie mußte für die Zukunft planen. Der Pfarrer begann zu sprechen. »Heute müssen wir für zwei Mitglieder unserer Gemeinde beten, die von tiefem Leid befallen sind. Gott in seinem unerforschlichen Ratschluß hat Robert Winters, den Sohn von Mr. und Mrs. Winters, der als Missionar in China weilte, und seine Frau als Märtyrer zu sich gerufen. Vor acht Jahren zog das junge Paar von dieser Kirche aus, und heute liegen sie beide im Grab. Lasset uns beten für die trauernden Eltern, die verwaisten Kinder —« Ihren Namen, dachte Joan, erwähnte er nicht bei den trauernden Hinterbliebenen. Er kannte sie nicht.

Joan schossen die Tränen in die Augen, und sie stand plötzlich mitten im Gebet auf. Ja, aber irgend etwas mußte doch für die Kinder getan werden. Sie fühlte sich von allen im Stich gelassen ... Rasch ging sie die Straße hinunter zum Haus der Winters. Sie eilte die Stufen empor und drückte auf die Klingel. Mr. Winters öffnete die Tür. Die beiden alten Leute waren an diesem Sonntag nicht zur Kirche gegangen, aber er trug seinen Rock, weil es schicklicher war bei einem so großen Leid. Er war tief erschüttert und würgte ein wenig, als er sie sah. Dann sprach er lauter als gewöhnlich. »Ich habe dich so lange nicht mehr gesehen, Joan. Komm herein. Mattie hat sich etwas hingelegt. Sie ist ganz durcheinander. Es ist, als ob sie Rob und Rose dafür schelten würde.«

Er führte sie in das säuberlich aufgeräumte Wohnzimmer. »Ich will sie rufen«, sagte er. An der Tür blieb er stehen und blickte sie mit seinem langen, bleichen Gesicht tieftraurig an. »Es hat mir immer leid getan, daß wir Rose nicht das Parfüm geschickt haben«, sagte er unvermittelt. Seine Stimme brach, und er trippelte mit schlappenden Pantoffeln davon.

Auf einmal stand Mrs. Winters im Zimmer. Sie sah älter aus und war viel dünner geworden – ihre Haut hing in Falten am Hals. Obgleich es ein warmer Tag war, trug sie ein altes schwarzes Tuchcape um ihre Schultern.

»Joan –«, brachte sie mühsam hervor.

Joan erhob sich rasch und schloß sie in die Arme. Mrs. Winters lehnte sich einen Augenblick lang an sie. Dann aber entzog sie sich ihren Armen und setzte sich auf einen Stuhl, rasch ein paar Tränen fortwischend. »Wenn man nur auf mich gehört hätte«, sagte sie, und ihre vollen bläulichen Lippen zitterten ein wenig. »Aber keiner hat es für nötig gehalten. Und jetzt ist es so gekommen – die beiden Kinder – mir selbst geht es gar nicht gut, und mit dem Laden ist es in den letzten zwei Jahren auch bergab gegangen. Wenn Rob nur auf mich gehört hätte und zu Hause geblieben wäre! Wer sind diese Roten eigentlich? Das habe ich nicht so richtig verstanden.«

Joan sagte rasch: »Wir werden es nie verstehen. Ich soll die Kinder haben.«

Mrs. Winters blickte sie zweifelnd an. »Aber bist du auch dazu in der Lage?« fragte sie.

Joan lächelte. »Seien Sie unbekümmert«, erwiderte sie. »Ich lebe auf einer Farm und habe selbst einen kleinen Sohn. Wir wohnen in einem großen Haus, in dem viel Platz ist.« Sie würde schon dafür sorgen, daß die Kinder – ihre Kinder – darin untergebracht wurden.

»Mir geht es nicht gut«, wiederholte Mrs. Winters und blickte sich in dem aufgeräumten Zimmer um. »Rob war immer so artig. Er hat nie etwas in Unordnung gebracht. Ich sage ja immer, die Menschen haben kein Recht, bis ans Ende der Welt zu gehen und dann ihre Kinder von anderen Leuten aufziehen zu lassen. Aber ich werde natürlich an den Kindern meines eigenen Sohnes meine Pflicht tun.«

Mr. Winters saß niedergeschlagen dabei und sagte nichts.

»Ich möchte sie aber nehmen – es sind schließlich auch Roses Kinder«, rief Joan. »Aber dann und wann komme ich zu Ihnen, und Sie können mir raten und helfen.«

Mrs. Winters schüttelte traurig den Kopf. »Ich werde alles tun, was in meinen Kräften steht«, versprach sie. »Immer will ich tun, was ich kann – ich –«

»Das weiß ich«, sagte Joan beruhigend. Mrs. Winters sah müde und verwirrt aus, noch verwirrter als an dem Tag, an dem Rob und Rose getraut wurden. »Leben Sie wohl. Und machen Sie sich keine Sorgen. Ich werde es schon schaffen.«

Mit großen Schritten ging sie die Dorfstraße und dann die Landstraße hinab. Die Trauer in ihrem Herzen mischte sich mit der Freude darüber, daß sie die Kinder bekam. Dieser Gedanke machte sie mutig. Sie wußte zwar nicht, wie sie alles bewerkstelligen sollte, aber sie würde schon einen Weg finden.

Sie kam an dem kleinen Steinhaus vorbei, in dem Mrs. Marks lebte. Da es noch früh war, konnte sie rasch zu ihr hineingehen. Seit langer Zeit hatte sie nichts über Mrs. Marks gehört und sie auch nicht besucht. Also öffnete sie die Tür und rief Mrs. Marks' Namen. Eine zaghafte Stimme antwortete. Mrs. Marks lag unter einer dicken Baumwollsteppdecke – den Ausdruck eines alten, leidenden Äffchens auf dem verwelkten Gesicht. »Ich bin froh, daß du gekommen bist, Joan«, sagte sie. »Eine Ewigkeit hab' ich darauf gewartet, daß mal jemand vorbeikommen würde. Seit gestern mittag bin ich von den Hüften abwärts vollständig gelähmt. Ich werde nie mehr von diesem Bett aufstehen.«

»O Mrs. Marks!«

Ein wenig stöhnend lag die alte Frau da und wartete, bis Joan die Suppe, die sie in einem Topf vorfand, erhitzt hatte. Sie löffelte sie langsam aus, und ihre runzeligen Züge schienen etwas aufzutauen. »Wasch mich«, befahl sie. »Heiß oder kalt von der Hüfte abwärts, dort hat's nichts zu sagen, aber heiß oberhalb.«

Als Mrs. Marks sauber und satt war, meinte Joan besorgt: »Ich muß jemanden finden, der Sie betreut.«

»Ich will keine Menschenseele hier haben«, erklärte Mrs. Marks prompt. »Du kannst etwas Brot und Milch neben mich auf das Tischchen stellen, ein sauberes Stechbecken unter das Bett schieben und in ein oder zwei Tagen wiederkommen. Ich hasse jeglichen Umstand. Es dauert nur noch eine Woche – allerhöchstens zwei. Noch ein paar Zentimeter, und dann ist das Herz gelähmt.«

»Und dann sind Sie womöglich ganz allein!« rief Joan.

»Wenn wir sterben, sind wir alle allein.«

»Ich würde Sie nicht hier allein lassen, wenn ich nicht für Paul sorgen müßte«, sagte Joan.

»Geh nur«, erwiderte Mrs. Marks. »Marsch, fort mit dir.« Sie schloß die Augen und wartete, daß Joan ging.

»Ich komme morgen wieder«, versicherte ihr Joan. Sie gab keine Antwort darauf, und Joan verließ das Haus.

Sie hatte sich bei der alten Frau länger aufgehalten, als sie dachte. Als sie die Kreuzung erreichte, war die Sonne schon über den Zenit hinaus. Von der Kutsche war nichts zu sehen. An den Spuren im Straßenstaub erkannte sie, daß der Wagen bereits heimgefahren war. Man hatte nicht auf sie gewartet.

Sie preßte die Lippen aufeinander und machte sich eilig auf den Weg.

Paul war gewiß hungrig, und sie würden ihn nicht füttern. Sie war die einzige, die ihn versorgte. Es gehörte sehr viel Geduld dazu, Paul sein Essen zu geben. Sie mußte einen weichen Brei kochen und ihm diesen immer wieder in den Mund stopfen, wenn er ihn an den

Seiten herauslaufen ließ. Sie würden ihn hungrig liegen lassen, bis sie kam. Es schien keinem von ihnen einzufallen, daß Paul genauso zur Familie gehörte wie Bart oder Sam. Aber sie durfte sich nicht verbittern lassen.

Sie ging immer schneller, bis sie fast durch den heißen Staub lief. Sie nahm ihren Hut ab und ließ die Sonne auf sich herabscheinen. Ihre Gedanken hielten Schritt mit ihren Füßen. Unbedingt mußte sie morgen Zeit finden, zu Mrs. Marks zurückzukehren. Sie hatte Brot, Milch, Tee und zwei Dosen Suppe ans Bett gestellt und den kleinen Spirituskocher neu gefüllt. Wenn sie nur jemanden finden könnte, der jeden Tag nach dem Rechten sähe. Vielleicht würde Fanny es tun, wenn sie ihr jede Woche einen Dollar mehr gäbe. Auf alle Fälle mußte sie sehen, daß sie mehr Geld bekam. Vielleicht konnte Francis ihr etwas schicken, wenn sie ihn darum bat.

Vielleicht konnte sie sich auch etwas verdienen. Sie hatte früher immer geglaubt, sie würde einmal Lieder komponieren. Aber wovon sollte sie jetzt singen? Ihre Lieder waren verstummt. Ein Leben, wie sie es führte, erweckte keine Lieder in ihr. Sie konnte nicht einmal für Paul singen. Seitdem sie wußte, daß sie nicht mehr beten würde, lebte sie im tiefsten Schweigen. Der Weg unter dem heißen blauen Himmel schien kein Ende zu nehmen.

Als sie bei der großen Ulme um die Biegung kam, hörte sie Lärm. Sie war so an das ewig lastende Schweigen gewöhnt, daß sie erst nicht glauben konnte, der Krach komme aus dem Haus. Irgend jemand schrie etwas – eine Männerstimme, laut, heiser. Dann hörte sie das Krachen umgestürzter Möbelstücke. Eine Frau schrie auf – eine fremde, ihr unbekannte Stimme. Joan fing an zu laufen. Sicher war Paul etwas zugestoßen. Joan rannte über das Gras. Jetzt konnte sie die einzelnen Stimmen erkennen: Barts Vater, Bart, der eine mürrische Antwort gab, Barts Mutter, die den Vater zu beschwichtigen suchte, die fremde Frau, die dauernd weinte, Sams selbstgefällige Stimme: »Laß ab, Vater – es ist nun mal geschehen und nicht zu ändern.« Sie rannte durch die offene Seitentür ins Eßzimmer und stieß keuchend hervor: »Ist Paul –« Mitten im Satz brach sie ab.

Barts Vater und Bart rangen miteinander, und Barts Mutter und Sam versuchten, sie auseinanderzuziehen. Sam zerrte an Bart herum, und seine Mutter klammerte sich an den alten Mann. Bart stand da in seiner ganzen Größe und wehrte plump die steifen, ungeschickten Schläge seines Vaters ab. Als sie ihre Stimme hörten, trennten sie sich. Sie schämten sich vor ihr.

»Setz dich hin!« brüllte Barts Vater.

Bart hob den umgeworfenen Stuhl auf und setzte sich mürrisch darauf. Der alte Mann nahm ebenfalls Platz und wischte sich keuchend den Staub vom Anzug. Barts Mutter ließ sich auf einen Stuhl fallen und stützte die Ellbogen auf den Tisch. Sie hatten noch nicht zu Mittag gegessen, und aus der Küche kamen keine Kochgerüche.

Dann sah Joan das Mädchen – ein törichtes, ordinäres Mädchen, die Tochter des Pachtbauern hinter dem nächsten Hügel. Es kam manchmal, um Milch zu holen – nicht ins Haus, nur in die Scheune, wo Bart am Melken war. Nun saß sie hier. Sie hatte sich das Gesicht angemalt, und die Farben waren durch die Tränen ganz verschmiert. Ihre Arme waren entblößt, und sie hatte genauso dicke, rote Hände wie Bart. Sie blickte Joan nicht an. Keiner von ihnen blickte sie an. Aber der Lärm hatte aufgehört, seit sie da war.

»Ist mit Paul alles in Ordnung?« fragte sie noch einmal scharf.

Barts Mutter hob den Kopf. »Das ist das einzige, woran du denkst!« rief sie. »Du denkst an nichts anderes als an das blöde Kind –« Rote Flecken erschienen auf ihrem groben, blassen Gesicht. »Du hast Bart ruiniert!«

Das Mädchen begann wieder zu weinen. Es war ein albernes, lautes Weinen.

»Ich weiß nicht, was das heißen soll«, erwiderte Joan. Das Mädchen starrte auf ihre großen roten Hände, die zusammengeballt im Schoß ihres rosafarbenen Baumwollkleides lagen.

»Ich will dir sagen, was das heißen soll!« schrie Barts Vater sie plötzlich an. »Wir kamen aus der Kirche nach Hause und fanden Bart mit diesem Mädchen im Heu liegen! Du und dein feines Getue! Glaubst wohl, du bist zu gut für uns. Zu vornehm, um deinen ehelichen Pflichten nachzukommen! Du hast Bart dazu getrieben. Jahrelang hat er praktisch keine Frau mehr gehabt!«

Sie starrte Bart an – seinen schweren, trägen Körper, sein zerwühltes Haar, sein dickes rotes Gesicht, seine riesigen Hände, die zwischen seinen Knien herabbaumelten. Bart und dieses Mädchen – bei dieser Vorstellung drehte sich ihr der Magen um.

Das Mädchen heulte immer noch und fuhr sich mit einem Zipfel ihres dünnen weißen Unterrocks über die Nase.

»Liebt Bart dieses Mädchen?« fragte Joan.

»Hör auf mit diesem hochtrabenden Geschwätz!« brüllte Barts Vater. Er keuchte, als wäre er immer noch bei einer Schlägerei. »Wenn du deine ehelichen Pflichten erfüllt hättest –« Seine Stimme brach. Er wischte sich mit dem Ärmel über die Stirn. »Es ist schrecklich, daß so etwas im Haus eines gottesfürchtigen Mannes, eines eifrigen Kirchgängers passieren mußte«, flüsterte er stöhnend.

»Bart ist ein guter Junge«, begann die Mutter. »Ein wirklich guter Junge. Meine Söhne sind alle zu anständigen Menschen erzogen worden.«

Bart hustete, verschränkte die Hände und ließ sie wieder fallen. Sam lehnte sich mit seinem Stuhl zurück. In seinem Kirchenanzug wirkte er neben Bart sauber und gefällig. Bart trug sein Arbeitszeug und war barfuß. Aber Joan erinnerte sich, daß er am Morgen, als sie fortging, seinen blauen Sonntagsanzug angehabt hatte.

Sie stand an der Tür und sah sie der Reihe nach an. Alle warteten darauf, was sie tun würde. Aber sie wußte es selbst nicht. Sie merkte nur, daß die beiden alten Leute tief bekümmert waren.

Sie hatte Bart tatsächlich ungerecht behandelt. Allen hatte sie ein Unrecht zugefügt. Diese Menschen waren einfach, aber gut. Auch Bart war nicht schlecht — er war nur beschränkt. Seitdem sie Paul hatte, verstand sie vieles besser.

»Ja«, sagte sie. »Es stimmt. Ich habe ein großes Unrecht begangen.« Sie blickten sie erstaunt an. Eine solche Sanftmut hatten sie nicht erwartet, denn von Natur aus war sie nicht sanft. Aber Paul hatte sie gelehrt, unendlich sanft zu sein.

Bart begann zu murmeln: »Ich bin nicht —«

»Ich mache dir keine Vorwürfe«, fuhr sie rasch fort. »Du brauchst mir nichts zu sagen, Bart. Vielleicht hätte dieses Mädchen dich glücklich gemacht. Ich habe dir ein bitteres Unrecht angetan.«

Das Mädchen hörte auf zu weinen und horchte auf, den Blick auf Joans staubige Schuhe gerichtet. Die groben Lippen waren aufgeworfen, und die kleinen blassen Augen verschwanden unter den geschwollenen Lidern.

»Eine Scheidung gibt's nicht in diesem Haus«, rief Barts Vater mit lauter Stimme. »Das ist noch schlimmer. Wer sich einmal verbunden hat —«

»Bart und ich sind nicht miteinander verbunden — das können wir unmöglich sein, selbst wenn wir unser ganzes Leben zusammen verbrächten.« Diese ruhig gesprochenen Worte verblüfften sie vollends. Sie konnten sie einfach nicht verstehen. Joan blickte die verwirrten Gesichter der Reihe nach an. Essen, Trinken, Arbeit — das begriffen sie. Alles andere ging über ihr Verständnis hinaus. Dennoch fuhr sie fort: »Ich sehe jetzt, wie schwierig es für euch war, meine Gegenwart hier zu ertragen.« Sie zögerte und zwang sich zu einem Lächeln. Dann setzte sie rasch hinzu in einem freundlichen, aber entschlossenen Ton, wie man ihn Kindern gegenüber gebraucht: »Es ist mir jetzt alles so klar. Und deshalb werde ich fortgehen — das ist das einzige, was ich für euch tun kann. Ihr könnt dann wieder so leben wie früher, ehe ich in dieses Haus kam. Nach einer Weile werdet ihr vergessen, daß ich jemals hier war.«

Ohne eine Antwort abzuwarten, eilte sie durch das Zimmer und dann die Hintertreppe hinauf zur Mansarde. Sie mußte sich sofort auf den Weg machen. Sie durfte nicht warten, bis Bart ihr nachstieg, um zu versuchen, sie in seiner linkischen, störrischen Art zurückzugewinnen. Sie durfte nicht warten, bis die anderen ihren Aufbruch verhinderten, um nicht ins Gerede der Leute zu kommen. Paul wimmerte vor Hunger. Beim Fortgehen würde sie ihm etwas Milch aus dem Keller holen. In größter Hast begann sie zu packen.

Aber wohin sollte sie gehen? Nirgendwo in der Welt gab es jemand, der sie aufnehmen würde. Dann dachte sie an Mrs. Marks. Sie konnte sich zu ihr flüchten und sie pflegen. In ein paar Wochen mochte sie etwas anderes finden. Sie machte aus den Sachen, die sie mitnehmen wollte, ein Bündel — es war leichter zu tragen als ein Koffer. Dann öffnete sie die Truhe und nahm aus der Sandelholzschachtel ihr ganzes Geld — ein großer Trost, daß sie es hatte. Alles, was sie nicht mitnehmen konnte, schloß sie in die Truhe, die sie bei Gelegenheit abholen lassen wollte.

Sie schlich die Vordertreppe hinunter und zur Haustür hinaus, stahl sich an der Veranda vorbei in den Keller und füllte eine Tasse mit Milch. Während Paul trank, horchte sie auf die Stimmen im Haus. Barts Vater redete immer noch.

Dann war sie auf der Landstraße. Niemand kam hinter ihr her, niemand rief sie zurück. Sie ging durch den stillen Herbstnachmittag und sah zum Himmel auf — zu dieser tiefen, leeren Schale aus reinem Blau. Die Sonne verwandelte den Staub in Gold. Als sie vor einer Stunde über diese Straße wanderte, hatte sie es sich nicht träumen lassen, daß alles so kommen würde. Aber jetzt schien es das unvermeidliche Ende, zu dem das Leben sie geführt hatte.

Bei Sonnenuntergang, spätestens im Zwielicht, würde sie Mrs. Marks' Haus erreichen. Der Tag würde sich seinem Ende zuneigen und morgen ein neuer beginnen. Sie konnte nichts verhindern, nichts erzwingen. Das wußte sie jetzt. Alles, was ihr das Leben bisher gebracht hatte, nahm sie hin, und sie besaß die Kraft, mit dem fertig zu werden, was ihr noch bevorstand. Frei und einsam zog sie unerschütterlich ihres Wegs und trug ihre eigene Last.

Viertes Buch

Das Haus lag im Dunkeln. Mrs. Marks muß wohl schon schlafen, dachte Joan, und öffnete leise die Tür. Doch sie schlief nicht.

»Wer ist da?« tönte ihre dünne Stimme aus der Dunkelheit.

»Ich bin's nur – Joan – bin wieder zurück.«

»Weshalb kommst du denn so spät wieder hierher?«

Joan hörte, wie Mrs. Marks ein Streichholz anriß, und im nächsten Augenblick fiel der flackernde Schein der Kerze auf das welke Gesicht der alten Frau.

»Meiner Treu, Joan, was hast du denn da?«

Joan stand immer noch an der Tür mit ihrem Bündel und Paul auf dem Arm.

»Ich habe meinen – ich habe Pounders Haus verlassen. Ich kann nicht wieder zurück. Wenn ich die Nacht über hierbleiben könnte, wäre ich sehr dankbar.«

Mrs. Marks rückte die Kerze zurecht. »Du lieber Himmel«, murmelte sie, »man kommt nicht zur Ruhe.«

»Es ist ein friedliches Kind«, versicherte ihr Joan rasch.

»Ihn meine ich nicht ... Na, komm schon herein. Laken findest du in der Kommode und Decken in der alten Kiste. Ich weiß allerdings nicht, wo du schlafen kannst.«

»Im anderen Zimmer auf dem Sofa – das geht ganz gut.«

Joan war entsetzlich müde. Paul lag ihr wie Blei auf den Armen. Sie legte ihn auf das Fußende des Bettes, und Mrs. Marks sah ihn neugierig an.

»Er ist reichlich groß, um getragen zu werden«, meinte sie. »Ist er eingeschlafen, oder weshalb trägst du ihn?«

Joan hielt es für besser, Mrs. Marks gleich klaren Wein einzuschenken. »Er ist nicht normal – von Geburt an.«

»Du liebe Güte«, flüsterte sie. »Gib ihn mir mal.«

Mrs. Marks hielt ihn in ihren spindeldürren Armen und betrachtete ihn mit den kleinen, unergründlichen Augen, einen Ausdruck tiefsten Mitleids auf dem Gesicht.

Joan setzte sich auf die Bettkante. Plötzlich fühlte sie das alte Schluchzen wieder in ihrer Kehle hochsteigen, dieses trockene, quälende Schluchzen. Aber sie kämpfte dagegen an. Es hatte wirklich keinen Sinn zu weinen. Sie biß die Zähne aufeinander. »Haben Sie bitte kein Mitleid mit mir«, bat sie. »Ich kann es nicht ertragen, wenn mich jemand bedauert.«

»Das tue ich auch nicht«, erwiderte Mrs. Marks. »Was hat's für einen Sinn? Na, nun geh hin und mach dir dein Bett zurecht. Es ist spät. Es müßte noch etwas Milch und Brot in der Küche sein.«

Sie legte sich in die Kissen zurück, und Joan nahm ihr den Jungen aus den Armen. In dem kleinen Wohnzimmer richtete sie ihr Lager auf dem Sofa her, zog den Jungen aus und legte ihn darauf. Dann ging sie zu Mrs. Marks zurück und ergriff ihre dürre, gelbe Hand. »Soll ich Ihnen erzählen, warum ich das Haus verlassen habe? Ich habe das Gefühl, daß ich es Ihnen sagen sollte, nachdem ich Ihnen einfach so ins Haus gefallen bin.«

»Es ist mir ganz gleich«, sagte Mrs. Marks. »Schon seit langem habe ich nicht mehr wissen wollen, warum dies oder jenes geschieht. Wie es kommt, so kommt's. Du bist fortgegangen, nehme ich an, weil du dazu gezwungen warst.«

»Ja, ich war dazu gezwungen«, sagte Joan.

»Die meisten Dinge tun wir, weil wir dazu gezwungen sind. Nun geh zu Bett. Ich möchte auch schlafen.«

Sie blies die Kerze aus, und Joan tastete sich im Dunkeln aus dem Zimmer.

Als Joan am nächsten Morgen erwachte, war es hell, und das kleine Steinhaus umgab sie mit einem warmen Frieden. Sie stand auf und versorgte Paul. Sobald sie selbst angezogen war, öffnete sie leise die Tür zu Mrs. Marks Zimmer. Aber Mrs. Marks war auch schon wach. Sie hatte sich das Haar gebürstet und die Bettjacke angezogen. Nun lag sie ruhig da und blickte erwartungsvoll zur Tür.

»Ich war mir nicht ganz sicher, ob ich das Ganze nicht geträumt hatte«, sagte sie in ihrer hellen, dünnen Stimme. »Neuerdings bin ich dauernd am Träumen. Zu Zeiten bilde ich mir ein, mein Mann sei im Haus oder meine kleine Tochter, die mit sechs Jahren gestorben ist.«

»Ich bin keine Traumgestalt«, erwiderte Joan lächelnd. Nein, dieser Morgen gehörte dem wirklichen Leben an. Die Sonne strömte durch die Fenster. Joan fühlte sich stark und fähig, mit allem, was vor ihr lag, fertig zu werden. »Zunächst einmal bringe ich Ihnen warmes Wasser, und wenn Sie sich gewaschen haben, kommt das Tablett mit dem Frühstück. Ich will nicht lange fragen, was Sie haben möchten – ich bringe es einfach.«

Sie zog die Laken gerade und räumte den kleinen Tisch auf, der neben dem Bett stand. Unter dem Bett hatte Mrs. Marks Schubladen anbringen lassen, die sie ohne Hilfe aufziehen konnte und in denen sie alles aufbewahrte, was sie brauchte.

»Du läßt mir keine Wahl, wie?« brummte sie, aber mit einem liebenswürdigen Ausdruck in ihren traurigen Augen.

»Nein«, entgegnete Joan heiter. »Sie führen auch immer ein strenges Regiment über andere.«

Joan eilte geschäftig hin und her. Sie holte das Waschwasser, und da Mrs. Marks diesmal hartnäckig darauf bestand, sich selbst zu waschen, ging sie in die kleine Küche, um inzwischen das Frühstück zu machen.

Sie versuchte sich vorzustellen, daß sie eine Frau war, die gestern ihren Mann verlassen hatte. Aber es wollte kein Schuldgefühl in ihr aufkommen. Sie kam sich eher vor wie jemand, der die ganze Nacht durch einen dunklen Wald gestolpert ist und dann plötzlich auf eine im Morgenlicht glänzende Wiese tritt. Selbst der Sonnenschein war hier anders.

Wenn ich hier wohnte, würde ich gelbe Gardinen aufhängen, dachte sie. Sie liebte dieses kleine, spärlich möblierte Haus. Vielleicht würde Mrs. Marks ihr gestatten, hierzubleiben. Sie konnte einen Garten anlegen, eine Kuh kaufen, und wenn sie dann noch ein ganz klein wenig hinzuverdienen könnte . . . Nun, da ihr Gemüt befreit war, tanzten ihre Gedanken umher wie ein Lichtstrahl. Sie konnte alles mögliche tun. Es fand sich schon irgendein Weg. Sie würde an Francis schreiben. Nein – mitten beim Brotschneiden hielt sie inne, denn plötzlich dachte sie an Roger Bair. Es waren zwar Jahre inzwischen vergangen, aber warum sollte sie nicht an Roger Bair schreiben und ihn fragen, wie eine Frau mit kleinen Kindern etwas Geld verdienen könne? Später, als sie die Spiegeleier briet, fiel ihr ein, daß sie mit Mrs. Marks überhaupt noch nicht über Rose und Roses Kinder gesprochen hatte. Wie immer war sie mit ihren Gedanken weit vorausgeeilt, ohne zu überlegen, wie das Gewünschte zu erreichen sei. Stets sah sie nur die vollendete Tat. Sie ließ die Eier und den Speck aus der Pfanne auf einen Teller gleiten. Dann lief sie in den verwilderten Garten und pflückte eine kleine scharlachrote Ranke vom wilden Wein, legte sie auf das Tablett und goß den Kaffee in die Kanne.

»So, nun sind wir so weit«, sagte sie, als sie voller Freude das Tablett vor Mrs. Marks hinstellte.

Mrs. Marks sah erstaunt zu ihr auf, betrachtete dann das Tablett und netzte die welken bläulichen Lippen.

»Meiner Treu!« rief sie aus. »Zwei Eier kann ich nicht essen. Ich mache doch keinen Kilometermarsch mehr. Beine, die sich nicht einmal von einer Bettseite zur anderen bewegen können, werde ich nicht noch lange hegen und pflegen.«

Aber sie begann zu essen.

»Schmeckt's gut?« fragte Joan, die sie lächelnd beobachtete.

»Der Toast ist 'ne Idee braun«, meinte die alte Frau. Sie trank ein wenig Kaffee. »Du gehst doch nicht wieder fort, wie?«

»Nein«, erwiderte Joan, »wenn ich hierbleiben darf.«

»Kaffee ist 'ne Idee stark«, sagte sie, während sie ihn gierig trank. »Treibt mir die Tränen in die Augen – ich bin nicht daran gewöhnt.« Ihre Augen glänzten verdächtig.

»Ich hole etwas heißes Wasser, um ihn zu verdünnen«, sagte Joan sanft.

Die befreiende, friedliche Atmosphäre dieses Hauses drängte Joan, Mrs. Marks alles zu erzählen.

Sie sprach von Rose. »Rose ist tot – meine kleine Schwester.«

»Was du nicht sagst! Das kleine Ding! Sie hat mich manchmal so geplagt mit ihren guten Werken – wollte mir immer vorlesen, wenn ich schlafen wollte. Meine Güte«, seufzte sie, »warum muß ein so wohlmeinendes junges Ding sterben und ich nutzloses altes Wesen so lange leben?«

»Sie ist fern von uns gestorben, und ich soll ihre beiden Kinder zu mir nehmen. Es ist alles, was ich für sie tun kann.«

»Weshalb?« fragte Mrs. Marks. »Man nutzt dich weidlich aus. Diese Winters haben ein großes Haus und einen Laden, und du hast nichts.«

»Ich möchte Roses Kinder aber gern haben.«

»Wie willst du sie alle ernähren?«

»Ich werde schon irgendeinen Weg finden.«

Mrs. Marks betrachtete sie eine Weile schweigend. Ihre lidlosen Augen blinkten wie Vogelaugen. Schließlich brummte sie: »Na, du bist ja wohl groß und kräftig genug, um deinen Willen durchzusetzen. So leicht wird wohl niemand einer solchen Riesin etwas abschlagen – haben wahrscheinlich Angst vor dir – ich auch. Ich wollte die zwei Eier nicht, aber ich traute mich nicht, sie auf dem Teller zu lassen.«

Sie lachte – es war ein trockenes, krächzendes Lachen. Joan brach in schallendes Gelächter aus und war darüber ganz bestürzt und verlegen. So unbekümmert hatte sie noch nie wieder gelacht, seit ihre Mutter gestorben war, und sie hatte es getan, obwohl sie von Rose sprachen. Aber mit ihrem Leid mischte sich ein seltsames Glücksgefühl. Paul stand neben ihr und lehnte sein Köpfchen an ihr Knie. Er hob den Kopf ein wenig, und sofort galt ihm ihre volle Aufmerksamkeit.

»Ich glaube gar, er versucht wirklich, allein zu gehen«, rief sie voller Eifer. Sie beobachteten ihn, und beiden verging die Lust am Lachen. Traurig meinte sie: »Aber ich glaube nicht, daß er mich überhaupt kennt – Paul, sieh mal – Paul!«

Mrs. Marks ließ ihren Blick beobachtend auf dem Jungen ruhen. »Macht nichts«, sagte sie. »Du kennst ihn jedenfalls, nicht wahr? Du hast doch etwas von ihm. Du hast ihn geboren – du gibst ihm zu essen und pflegst ihn. Es ist mir genauso ergangen mit meiner toten Tochter. Ich habe sie geboren und sie versorgt. Es war ein Leben, obgleich sie starb. Paul hat auch ein gewisses Leben.«

»Barts Mutter wollte, daß ich ihn in eine Anstalt bringe«, sagte

Joan. Nach und nach kam die aufgestaute Bitterkeit an die Oberfläche und brach aus ihr hervor.

»Du kannst ihn nie aus dem Weg räumen«, bemerkte Mrs. Marks. »Das ist etwas, was die Leute nicht verstehen. Seinen Körper fortzuschaffen – das würde nicht helfen. Denn du kannst dein Kind nicht aus dem Herzen entfernen. Außerdem möchtest du nicht alles an ihm aufgeben, nur weil du nicht alles von ihm haben kannst. Er hat sein eigenes Wesen. Er ist Paul. Vergleiche ihn nicht mit anderen. Nimm ihn einfach, wie er ist. Wenn er mal sprechen sollte, werden die wenigen Worte, die er äußert, mehr für dich bedeuten als die vielen Worte der anderen.«

Hingerissen hörte Joan zu. Niemals hatte jemand mit ihr über Paul gesprochen. Es war eine Erlösung, endlich von ihm reden zu können. Den ganzen Morgen lang saß sie bei Mrs. Marks und sprach mit ihr über Paul, während sie ihn auf dem Schoß hielt und mit seinen Fingern und seinen Locken spielte. Hin und wieder mußte sie weinen.

»Roses Kinder kommen auch noch«, sagte Joan.

»Du kannst sie hier unterbringen, wenn diese Winters sie nicht haben will«, sagte Mrs. Marks und schloß die Augen. »Im Dachgeschoß ist noch ein Raum ausgebaut. Es sollte ein Zimmer für meine Tochter werden. Aber da mein Mann starb, habe ich sie unten behalten. Diese Mrs. Winters nennt sich ja wohl eine Christin, nicht wahr? Nun laß mich allein, Joan. Ich bin müde.« Als Joan leise hinausging, öffnete Mrs. Marks noch einmal die Augen. »Wenn dieser Bart Pounder sich blicken lassen sollte, laß dich nicht beschwatzen. Feuer und Lehm vertragen sich nicht, und keine Macht der Welt ändert das. Nun mach, daß du fortkommst, um Himmels willen. Ich bin ganz erledigt.«

In Barts Haus hätte sie es als unüberwindliche Aufgabe empfunden, an Roger Bair zu schreiben. Hier, wo sie sich frei fühlte, wo sie den Beifall einer alten, sterbenden Frau fand, ließ ihr die verzweifelte Lage, in der sie war, diesen Gedanken ganz natürlich erscheinen. Während Mrs. Marks schlief, brachte sie zunächst das Haus in Ordnung und nahm dann Paul mit in den Garten. In einem sonnigen Winkel machte sie ihm auf einem Haufen trockener Blätter ein Lager zurecht, streckte sich neben ihm aus und dachte über den Brief nach. Er brauchte nur ganz kurz zu sein. Sie konnte ohne Umschweife mit ihm reden, wenn sie sich persönlich gegenüberstanden, das fühlte sie, und deshalb konnte sie ohne Floskeln an ihn schreiben. »Lieber Roger Bair . . .«

Sie ließ sich die Sonne ins Gesicht scheinen und schloß die Augen. Auf diese Weise trat ihr das Bild Roger Bairs klarer in Erinnerung. Bald würde sie aufstehen und den Brief schreiben. Aber erst wollte sie noch ein wenig überlegen. Sie freute sich schon auf den Augenblick, wo sie die Feder in die Hand nehmen und die Worte schreiben konnte: »Lieber Roger Bair.« Dann würde sie fortfahren: »Sie haben Francis so sehr geholfen, und nun brauche ich Ihren Rat. Ich kann mich noch gut an Sie erinnern.« Oder aber ... Sie verlor sich wieder in ihren Trräumen, und ehe sie sich's versah, war sie fest eingeschlafen.

Als sie erwachte, war die Sonne bereits untergegangen, und ein kalter Wind wehte vom Wald herüber. Paul war unruhig und bemühte sich aufzustehen. Er versuchte jetzt wirklich manchmal, allein auf die Beine zu kommen. Sie sprang auf und streifte sich die Blätter vom Rock und aus ihrem Haar. Dann hob sie Paul auf und lief mit ihm ins Haus.

»Sie glauben gar nicht, wie fest ich geschlafen habe!« rief sie Mrs. Marks durch die Tür zu, während sie Paul versorgte. Aber Mrs. Marks antwortete nicht. Joan ging hinüber und fragte in munterem Ton: »Schlafen Sie etwa noch?« Doch Mrs. Marks antwortete immer noch nicht. Joan spürte eine seltsame Leere in dem Raum. Sie suchte nach Streichhölzern und zündete rasch die Kerze an. Mrs. Marks lag mit über der Brust gefalteten Händen da. Sie war tot.

Joan breitete ein paar Decken auf den Boden und legte Paul darauf. Dann schloß sie die beiden ein und eilte durch die herabsinkende Dämmerung zu Dr. Crabbe. Er war gerade beim Abendessen und sprang auf, als er sie sah. Doch als sie ihm berichtete, was geschehen war, setzte er sich wieder hin.

»Ich will eben meine Mahlzeit beenden«, sagte er. »Die Zeit hat mich gelehrt, nicht gleich zu rennen, wenn der Patient schon tot ist. Lauf, wenn jemand stirbt, aber wenn's zu spät ist, iß ruhig weiter — das ist ein vernünftiges Motto für einen Arzt.« Als er den letzten Bissen verzehrt hatte, sagte er aufrichtig: »Die arme Seele! Seit Monaten habe ich mit ihrem plötzlichen Ableben gerechnet. Ich habe ihr dringend geraten, sich jemanden ins Haus zu nehmen. Aber sie weigerte sich und meinte, im Leben sei es ihr nicht oft nach Wunsch und Willen gegangen, da wolle sie wenigstens so sterben, wie es ihr passe. Wie kommt's, daß du gerade bei ihr warst, Joan?«

Joan zögerte zuerst. Aber schließlich hatte sie ihr Leben in Dr. Crabbes Händen begonnen. Also sagte sie einfach: »Ich habe meinen Mann verlassen.«

»Potzblitz!« rief Dr. Crabbe. »Du, eine Pastorentochter!« Dann brüllte er: »Nellie!« Die Haushälterin steckte den Kopf zur Tür herein. »Ich gehe jetzt! Mrs. Marks ist endlich gestorben.«

Er zwängte sich in einen fadenscheinigen braunen Mantel und brachte Joan zu seinem kleinen, alten Klapperkasten, den er mit ohrenbetäubendem Krach in Bewegung setzte.

Als sie beim Steinhaus ankamen, ging er in Mrs. Marks' Schlafzimmer und wusch sorgfältig ihre Leiche, während Joan im anderen Raum wartete. Nach einer Weile rief er Joan herein. Er hielt einen

Zettel in der Hand. »Das lag unter ihrem Kissen — hat's wahrscheinlich heute geschrieben.«

Nur wenige Zeilen standen auf dem Blatt.

Joan Richards, verehelichte Pounder, soll mein Haus mit allem, was darin ist, haben. In der Geldkassette befinden sich hundertundsiebenunddreißig Dollar. Ich schreibe dies bei vollem Verstand

Abby Marks

»Hat sie keine Angehörigen?« flüsterte Joan.

»Sie hat nie jemanden erwähnt«, erwiderte Dr. Crabbe.

»Es ist nicht rechtskräftig«, wandte Joan ein.

»Nein, aber wenn jemand Einspruch erhebt, dann schicke ihn nur zu mir, und ich werde ihm Martin Bradley auf den Hals hetzen. Martin ist mir verpflichtet. Jahrelang habe ich ihn aus der Tinte gezogen, und er hat noch keine Gelegenheit gehabt, es mir zu vergelten.« Er trocknete sich die Hände und fragte mit einem Blick auf Mrs. Marks: »Hast du Angst, diese Nacht mit ihr allein zu verbringen?«

Joan blickte zur Mrs. Marks hinüber, die so still und friedlich dalag. »Ich kann mir nicht vorstellen, daß ich Angst vor ihr haben könnte«, erwiderte sie.

Er nahm seine schäbige Ledertasche und trabte davon.

Und so hatte sie keine Zeit gehabt, den Brief an Roger Bair zu schreiben. Aber in der Nacht erwachte sie, und der Gedanke daran war angenehm und tröstlich. Hinter der geschlossenen Tür lag Mrs. Marks tot in ihrem Bett. Schade, daß sie nicht zu ihr sagen konnte: »Ich danke Ihnen, daß Sie mir dieses Haus gegeben haben und damit ein Heim und Geborgenheit.« Sie spürte eine so überwältigende Dankbarkeit, daß sie es kaum ertrug, sie nicht ausdrücken zu können. Aber Mrs. Marks hätte am wenigsten einen Dank geduldet. Sie hätte womöglich ihre kleinen Augen aufgeschlagen und gesagt: »Fort mit dir — laß mich in Ruhe! Siehst du nicht, daß ich tot bin?« Es war typisch für Mrs. Marks, alles hinzugeben und dann zu sterben, ehe man ihr danken konnte. Mit diesem Gedanken schlief sie wieder ein.

Am nächsten Morgen, als Mr. Blum und seine zwei Gehilfen mit dem Sarg erschienen, hatte sie alles vorbereitet. Sie hatte einen Strauß blasser Herbstastern und Goldruten gepflückt und an Mrs. Marks' Bett gestellt. Dann hatte sie die Fenster geöffnet, um Sonne und Wind hereinzulassen, obwohl Mrs. Marks den Totengeruch, an den sie sich so gut erinnern konnte, nicht ausströmte.

»Dr. Crabbe hat alle Anordnungen getroffen«, sagte er salbungsvoll. »Sie sind die einzige Leidtragende, wie ich höre.«

»Ja«, erwiderte Joan. »Sie hatte keine Angehörigen.«

»Ich kann mich noch genau an Ihre Mutter entsinnen«, bemerkte Mr. Blum. »Sie war so schön im Tod. Ich weiß aber nicht, wen Sie geheiratet haben, Miß Richards.«

Sie beantwortete diese Frage nicht, und er vergaß sie über seiner Arbeit. »Vorsichtig, Leute, erst die Füße. – So, jetzt liegt sie gut.«

Er schraubte sorgfältig den Deckel zu, und dann trugen sie Mrs. Marks fort.

Sie schämte sich ein wenig, keine Trauer zu verspüren. Sie war nicht einmal traurig, als sie in einem Winkel des Friedhofs neben dem Grab stand. Ein paar alte Leute hatten sich an der schmalen Grube versammelt – Mr. Pegler, Mr. und Mrs. Billings, Miß Kinney, Dr. Crabbe und Mrs. Parsons. Sie standen da und hörten sich die paar nüchternen Worte des neuen Pfarrers an. Er hatte Mrs. Marks nur als eine alte Frau gekannt, die kein Blatt vor den Mund nahm und meist so tat, als schliefe sie, wenn er sie besuchte, und jetzt brachte er sie so rasch wie möglich unter die Erde.

Es war bald vorüber. Der Pfarrer drückte allen energisch die Hand und ging fort. Die alten Leute verweilten noch etwas und sprachen mit ihr. »Na, Joan, dich sieht man nicht mehr viel.« Und dann unterhielten sie sich noch ein wenig über Mrs. Marks. Mr. Pegler meinte: »Ich hatte ihr seit zwölf Jahren schon keine Schuhe mehr gemacht. Ich erinnere mich noch an den Tag, als sie zu mir kam und erklärte, sie sei so steif in den Beinen. Na ja, einmal müssen wir alle daran glauben. Das Leben ist so schnell vorbei. Und was wir hier auf Erden gehabt haben, das ist alles. Jenseits des Grabes ist nichts mehr zu erwarten.«

Sie schwiegen, diese alten Leute, die so bekümmert und furchtsam auf das frische Grab blickten. Diesmal widersprach keiner von ihnen Mr. Pegler. Täglich mochte für jeden von ihnen die Stunde schlagen. Miß Kinney starrte verwirrt auf den Sarg hinab, auf den schon die ersten Erdbrocken fielen.

»Nun, wir werden alle alt, nicht wahr?« rief Miß Kinney und sah die anderen der Reihe nach an, während sich die Angst in ihren Zügen malte.

»Kommen Sie mit«, sagte Dr. Crabbe und nahm sie am Arm. »Ich bringe Sie jetzt nach Hause. Ihre Mutter wird nach Ihnen verlangen.«

Mr. und Mrs. Billings standen etwas abseits und warteten auf Joan.

»Joan, liebes Kind«, sagte Mrs. Billings, »wie geht es dir? Was machst du eigentlich?«

Alle hatten jetzt den Friedhof verlassen außer diesen dreien, und Joan drängte es, diesem schlichten alten Paar die Wahrheit zu sagen. Sie standen so bieder da im hellen Sonnenschein, diese beiden dicken, gemütlichen Gestalten mit den ehrlichen roten Gesichtern. »Ich habe meinen Mann verlassen«, gestand sie. Sie warfen ihr einen erstaunten Blick zu. »Ich konnte es dort einfach nicht mehr aushalten«, fügte sie rasch hinzu.

Mr. Billings nickte. »Ich kenne die Pounders«, sagte er langsam und bedächtig. »Es sind rechtschaffene Leute – aber merkwürdig. Sie leben sehr zurückgezogen. Ich kaufe hin und wieder ein paar Stiere von ihnen.«

Mrs. Billings stieß einen tiefen Seufzer aus und klopfte Joan beruhigend auf den Arm.

»Ich wohne jetzt in Mrs. Marks Haus«, sagte Joan hastig. »Sie hat es mir vermacht. Ich werde Roses Kinder zu mir nehmen.«

»Ach, diese kleine, hübsche Rose«, klagte Mrs. Billings. »Man kann es gar nicht fassen, was sich in den letzten zehn Jahren alles ereignet hat – so viel Leid und Kummer und die Menschen in alle Winde zerstreut. Und doch kommt es mir vor, als wäre deine Mutter erst gestern von uns gegangen.«

Sie standen alle drei eine Weile schweigend da. Joan spürte ihre Herzenswärme, spürte, daß sie sie nicht verurteilten, sondern sie so nahmen, wie sie war.

»Nun«, meinte Mr. Billings, sich verlegen räuspernd, »mit all den Kindern bist du ja wie der Rattenfänger von Hameln. Da schicke ich dir am besten etwas Fleisch, damit du ihnen eine gute Brühe kochen kannst.«

Er blickte sie schmunzelnd an, und ihr stiegen die Tränen in die Augen. »Sie beide sind die besten Menschen in der Welt«, sagte sie.

Mr. Billings lachte. »Wir sind ganz gewöhnliche Leute«, meinte er.

Der Totengräber hatte mittlerweile das Grab zugeschaufelt und klopfte die Erde sorgfältig zurecht. Es war alles vorüber, und sie brachen auf.

Aber Joan vermochte immer noch nicht traurig zu sein. Als sie am nächsten Morgen in dem kleinen Haus erwachte, war es ihr, als ob sie jetzt erst anfange, richtig zu leben. Mrs. Marks hatte ihr ein Zuhause gegeben und war dann still gegangen.

Sie brachte die drei Räume in Ordnung und packte Mrs. Marks' Kleider zusammen. Es war sehr wenig vorhanden. Mrs. Marks wollte nicht mit vielen Dingen belastet sein. Im Schrank hingen zwei schwarze Kleider, die seit Jahren nicht getragen worden waren. Ihre Sachen füllten kaum einen großen Apfelkorb. Joan legte sie fein säuberlich zusammen und trug sie auf den Boden, wo sie sie in einem Winkel verstaute.

Bis dahin war sie noch nicht im Dachgeschoß gewesen, und sie entdeckte das Zimmer, von dem Mrs. Marks gesprochen hatte. Es war ein sauberer Raum mit ungestrichenen Bretterwänden, den noch niemand bewohnt hatte. Den sollte David haben, entschied sie rasch. Dieses Haus war jetzt ihr Eigentum! Über jedes Zimmer konnte sie nach Belieben verfügen. In keinem Winkel dieses Hauses hatte sie ein Gefühl der Fremdheit. Es war ihr, als habe sie hier schon lange gelebt. Sie liebte die dicken Wände, die vielen kleinen Fenster, die goldbraune Schattierung der Steine. Es war auch noch ein alter Kamin vorhanden. Sicherlich hatte einst jemand die Feldsteine von seinem eigenen Land gesammelt und dieses Haus damit erbaut. Und nun würde sie hier mit allen ihren Kindern leben, sie alle unter diesem Dach versammeln.

Sie machte das ganze Haus sauber, trug die Matratze und Decken nach draußen, um sie gründlich durchlüften zu lassen, und bezog das Bett mit frischen Laken. In der Wiese pflückte sie Blumen – Goldruten und kleine lila Herbstastern – und holte sich ein paar Zweige mit scharlachroten Blättern. Abends, nach einem Tag voll köstlicher Einsamkeit, an dem sie nur Paul und sonst keinen Menschen gesehen hatte, setzte sie sich hin, um endlich ihren Brief zu schreiben.

»Lieber Roger Bair –« schrieb sie. Dann hielt sie inne, und in diesem Augenblick kam es ihr voll zum Bewußtsein, was dieser Name für sie bedeutete. Sie liebte diesen Mann. Alle diese Jahre hatte sie ihn geliebt, aber erst jetzt konnte sie es sich offen eingestehen. Er hatte immer in ihrem Herzen gelebt seit jenem Morgen, als sie ihn auf dem Flugplatz sah. Sie legte die Feder hin und saß eine Weile untätig da in der Abgeschlossenheit ihres Hauses, hinter den zugezogenen Vorhängen, im traulichen Lampenschein. Sie konnte ihn hemmungslos lieben, ganz für sich allein. Sie konnte ganz in ihrer Liebe aufgehen, ohne etwas zu begehren. Diese Liebe füllte sie schon in diesem Augenblick mit einer ungeheuren Lebensenergie. Sie griff wieder nach der Feder und schrieb rasch und klar. *Ich brauche Ihre Hilfe, und ich scheue mich nicht, darum zu bitten.*

Als sie ihm ihre Situation geschildert hatte, unterzeichnete sie den Brief mit ihrem Mädchennamen. Dann zog sie sich aus, um ins Bett zu gehen. Paul schlief bereits. Bevor sie sich hinlegte, sah sie auf ihn hinab, wie immer, ehe sie das Licht löschte. Er war alles, was sie besaß, und sie hatte oft über diese unerbittliche Tatsache geweint. Aber als sie ihn jetzt betrachtete, kam ihr der Gedanke, daß er nicht mehr alles war. Endlich hatte sie etwas mehr. Selbst ihr Weinen konnte fortan nicht mehr so verzweifelt sein.

In den rasch dahineilenden Tagen wurde sie sich oft des silbernen Fadens bewußt, der sich zwischen ihr und Roger Bair gesponnen hatte. Seine Antwort war schnell da. Seine Handschrift war ihr sofort vertraut – eine kleine, klare, feste Schrift. Es war ein kühler Brief, der keine Gefühle zum Ausdruck brachte. Roger Bair war bereit, ihr aus der Ferne zu helfen. Er hatte mit ihrem Bruder gesprochen, so schrieb er, um zu erfahren, wo ihre Fähigkeiten lagen. Ihr Bruder hatte sich daran erinnert, daß sie zu komponieren pflegte, daß sie und Martin Bradley zusammen gearbeitet hatten. Er selbst entsann sich, daß Bradley auf diesem Gebiet ungewöhnlich begabt gewesen sei. Also hatte er Bradley in seinem Büro angerufen und ihn um Vorschläge gebeten. Bradley sagte, es sei möglich, für einen Musikverlag zu arbeiten, Orchestrationen und dergleichen — in gewisser Beziehung musikalische Tagelöhnerarbeit, aber sie habe den Vorteil, daß sie sie zu Hause machen könne. Bradley hatte ihm dann den Namen einer Firma in New York genannt, und er hatte sie aufgesucht. Sie schickten ihr nun einige Sachen zur Probe.

Sie las den langen, engbeschriebenen Brief sorgfältig durch. Aber er handelte nur davon, was er für sie unternommen hatte, ausgenommen die letzte Zeile: *Ihr Bruder ist ein guter Flieger.*

In diesem Augenblick aber spielte Francis keine Rolle. Francis stand nicht zwischen ihnen. Es war etwas anderes. Sie mußte Roger Bair zu verstehen geben, daß Martin Bradley ihr nichts bedeutete. Und so schrieb sie ihm eilends: *Von Martin Bradley möchte ich nichts annehmen — aber auch gar nichts. Erwähnen Sie ihm gegenüber meinen Namen bitte nicht. Nur von Ihnen lasse ich mir helfen.*

Sie schrieb ihm ungezwungen, ohne sich darum zu kümmern, was er dachte. Wenn sie zu frei war, so ließ sich nichts daran ändern. Sie wollte sich vor allem so geben, wie sie war, damit er sich gleich ein richtiges Bild von ihr machen konnte. Postwendend kam seine Antwort: *Ich allein tue dies für Sie. Ihren Namen habe ich keinem Menschen genannt.*

Und so flogen ihre Briefe hin und her wie ein Weberschiffchen und webten ein helles, starkes Gewebe, gleichsam einen silbernen Kettenpanzer, der sie schützte und stark machte.

Joan entschloß sich jetzt dazu, die gelben Vorhänge zu nähen. Sie hatte sie so lange in ihrer Phantasie gegen die rauchgeschwärzten Wände der Küche gesehen, daß sie ohne sie ganz ruhelos wurde. Mit dem Gefühl, eine Ladenkasse zu berauben, nahm sie zwei Dollar von ihrem Geldvorrat und ging damit zu Mr. Winters. »Ich möchte den leuchtendsten gelben Stoff, den Sie haben«, sagte sie zu ihm. Er war sehr dünn geworden, ging etwas gebeugt und wirkte jetzt stets verstört. Mehr denn je vergaß er, wo die einzelnen Sachen lagen.

»Na, dann wollen wir mal sehen«, meinte er und fuhr mit dem Finger über einen Stapel heller Kattune.

»Ich sehe ihn — da!« rief sie. Mr. Winters zog einen goldgelben Ballen hervor und warf ihn auf den Ladentisch. Begehrlich sah sie zu, wie er den kostbaren Stoff abmaß, den sie sich eigentlich nicht leisten durfte, besonders nicht jetzt, wo Fanny, die jeden Sonnabend an ihre Tür kam, dauernd klagte: »Frankie wächst so rasch. Er muß unbedingt einen neuen Anzug haben.« Fanny hatte seelenruhig die Nachricht vom Wechsel des Treffpunktes entgegengenommen. »Ja, viele Frauen können wohl ihre Männer einfach nicht ausstehen. Mir selbst geht es manchmal auch so. Es ist schrecklich, dauernd mit Lem zusammen zu leben. Aber ich glaube, jeder Mann hat seine Mucken.«

»Die Kinder kommen am vierten Oktober«, erwähnte Mr. Winters plötzlich, während seine Schere durch den Stoff glitt. »Mit dem Siebenuhrzug.«

»Ich habe immer schon auf Nachricht gewartet«, sagte Joan. »Ich sehne mich so nach ihnen.«

»Wenn Mattie bei voller Gesundheit wäre«, meinte er düster, »würden Robs Kinder bei ihren Großeltern sein. Ich wollte immer mehr Kinder haben. Aber sie wollte es nicht noch einmal durchmachen, besonders nicht, als unsere Kleine gestorben war.«

»Ich habe alles für sie vorbereitet. Sie können sie oft bei mir besuchen. Ich wohne nämlich jetzt in Mrs. Marks' kleinem Haus.«

»So?« sagte er, während er den Stoff zusammenlegte. Sie merkte, daß er nicht wußte, daß sie allein lebte, und sie sagte es ihm auch nicht. Das konnte erst noch warten. Nicht früher als unbedingt nötig wollte sie Mrs. Winters' entsetzte Stimme hören: »Aber, Joan, du begehst ja eine Sünde!« Erst mußte sie die Kinder sicher unter Dach und Fach haben.

Sie betrachtete Mr. Winters' hageres, graues Gesicht, und er tat ihr in der Seele leid. Den Rest seines Lebens würde er nun allein mit seiner alten Frau in ihrem kleinen viereckigen Haus an der Dorfstraße verbringen. Sie mußte ihm oft die Kinder schicken. Sie fühlte sich so reich im Besitz aller ihrer Kinder. »Ich werde die Kinder auch oft zu Ihnen bringen«, versprach sie.

Sie berührte sanft seine welke Hand, ehe sie fortging. Die Haut war hart, trocken und kalt.

Sie nahm den Stoff mit nach Hause und schnitt ihn zu. Bald hingen die Vorhänge am Fenster wie gelbe Lichtstreifen. Selbst Paul schien sie zu bemerken. Einen Augenblick lang hob er den Kopf und starrte auf die gelben Vorhänge. Seine Augen glitten ab und wandten sich dann wieder dem hellen Fleck zu. Sie hatte doch recht daran getan, sie zu kaufen.

Dann erhielt auch sie einen Brief von John Stuart. Als sie am nächsten Morgen am Küchentisch stand und Pauls Sachen bügelte, warf sie einen Blick durch die Vorhänge und sah Bart den Pfad herunterkommen. Ihr Herz blieb eine Sekunde stehen. Er hatte sie also doch gefunden! Sie hatte natürlich gewußt, daß es sich nicht vermeiden ließ. Im Augenblick fürchtete sie sich. Er sah so groß und stark aus, als er in seinem Arbeitszeug draußen vor der Tür stand. Er klopfte, und schon stand er in der Tür. Sie sah ihn an, äußerlich gefaßt und ruhig, aber das Herz klopfte ihr zum Zerspringen.

»Guten Morgen, Bart«, sagte sie freundlich, aber unnachgiebig.

Sie behielt das Bügeleisen in der Hand. Ein heißes Eisen war eine ganz gute Waffe, wenn sie eine brauchte.

»Vor einer Woche habe ich erfahren, daß du hier bist«, stieß er mürrisch hervor. Sie bügelte emsig und sorgfältig.

»Ich habe es nicht geheimgehalten«, entgegnete sie heiter.

Er fummelte in seiner Tasche. »Hier sind zwei Briefe für dich.«

»Leg sie nur auf die Fensterbank.« Ihr Herzklopfen ließ allmählich nach. Sie brauchte ihn nicht zu fürchten. Er wußte nicht, was er zu ihr sagen, wie er sich verhalten sollte. Sie war stärker als er.

»Willst du nicht wieder zurückkommen?« fragte er, während er ihr beim Bügeln zusah.

»Nein, Bart. Ich komme nie wieder zurück«, erwiderte sie.

»Wir haben dir nie etwas angetan. Wir waren immer gut zu dir«, sagte er nach einer Weile.

»Ich habe mich ja auch nicht beklagt.«

Sein langsam arbeitendes Gehirn suchte nach Worten.

»Mama meint es gut«, brachte er schließlich hervor. »Sie ist nun mal so.«

»Ich weiß.«

»Ich gebe nichts um dieses Mädchen — diese Snade.«

»Das ist erledigt, Bart«, sagte sie rasch. »Sprich nicht mehr von ihr.«

»Wenn du zurückkämst, würde ich sie schnell vergessen. Ein Mann denkt sich nichts dabei. Sie lungerte immer in der Scheune herum.«

»Schwamm drüber! Die Geschichte ist mir völlig gleichgültig.«

»Du machst dir nichts daraus?«

»Nein.«

Er lehnte sich gegen den Türrahmen und dachte darüber nach. Sie bügelte weiter und wünschte brennend, daß er endlich ginge. Wie konnte ein Mensch nur durch seine Langweiligkeit die Lebensgeister eines anderen so dämpfen? Aber ihre Furcht war verschwunden. Das Eisen brauchte sie nicht mehr. Sie konnte es ruhig abstellen.

»Du hast dir nie etwas aus mir gemacht, Jo. Aber ich komme nie darüber hinweg. Ich werd' dich immer gern haben — dich lieben.«

»Es war unrecht von mir, dich zu heiraten, Bart. Das sehe ich jetzt ein. Mit einer anderen wärst du wirklich glücklich geworden — vielleicht sogar mit ihr. Ich werde dafür sorgen, daß das in Ordnung kommt.«

»Es wäre mir lieber, du kämest zurück. Es gefiel mir, wie es war, ehe das Kind kam. Damals schienst du ziemlich glücklich zu sein.«

Darauf gab sie keine Antwort. Sie legte die gebügelten Sachen fort und brachte die Küche in Ordnung, ohne Bart zu beachten. Aber er machte immer noch keine Anstalten zu gehen.

»Willst du wirklich nicht zurückkommen, Jo?« fragte er hilflos. »Bist du ganz sicher?«

In diesem Augenblick war ihr eines klar: wenn sie jemals wieder neben seinem ungeschlachten Körper liegen mußte, würde sie sich umbringen. Schmerz und Kränkung, Recht oder Unrecht — es gab noch andere Dinge im Leben. Ihr Körper konnte ihm einfach nicht mehr willfährig sein, wenn ihre ganze Seele sich dagegen aufbäumte. Sie begann heftig zu zittern.

»Nein, niemals, Bart.«

»Herrje!« brummte er. »Mutter und Vater werden nie darüber hinwegkommen — werden nie das Gerede der Leute verwinden.«

»Davor kann ich sie nicht retten, Bart.«

»Ganz sicher?«

»So sicher, daß ich dich bitte, mir die Truhe mit meinen Sachen zu bringen.«

Er spuckte in den Staub neben der Tür und wischte sich mit der Hand über den Mund. Sie sah, daß er zutiefst betrübt war, und er tat ihr leid. Er litt auf seine Art. Wieder begann er zu sprechen, während er mit der Kappe seines großen Schuhes dauernd gegen die Schwelle stieß. »Du tust immer so von oben herab. Aber Mama sagt, an dem Kind bist du schuld. Dein Alter war verrückt — das wußte jeder —«

»Geh nach Haus, Bart«, sagte sie mit beherrschter Stimme. »Ich möchte dich nicht mehr hier sehen. Ich bin glücklicher, wenn du nicht hier bist.«

Er blickte sie verdutzt an. Jetzt zitterte sie heftig, und es wurde ihr schwindlig. »Wenn du nicht sofort weggehst«, sagte sie mit klarer Stimme, »dann nehme ich Paul und gehe dahin, wo du uns nie finden kannst — und wenn ich in einen Fluß springen muß.«

»Herrje«, brummte er. »Ich tu' dir doch nichts.«

»Geh — geh«, rief sie erregt. Ihre Augen zwangen ihn, ihr Wille trieb ihn fort.

Er starrte sie an und ging dann langsam den Pfad hinunter. Erst, als das Tor zuklappte, ließ ihr Zittern nach. Sie bemühte sich zu vergessen, nur an schöne Farben und Formen zu denken, die die Natur hervorbrachte. Nie wieder wollte sie an Bart denken. Sie wollte Bart, all diese Jahre mit ihm und alles, was er je gesagt hatte, aus ihrem Gedächtnis ausmerzen.

Durch die offene Tür konnte sie die schöngeschwungene Linie der welligen Hügelkette sehen. Darüber wölbte sich ein wolkenloser Himmel, und eine sanfte Brise umwehte sie, rein und mild wie das Wasser in einem sonnigen Strom, und ebenso reinigend.

Nach einer Weile, als sie sich völlig beruhigt hatte, öffnete sie die Briefe. Einer war von John Stuart, der ihr seine Ankunft mitteilte. Er begann sehr formell: »Liebe gnädige Frau.« David ging es gut. Aber die kleine Mary war krank gewesen. Sie vertrug die künstliche

Nahrung nicht. Er hatte alles getan, was in seinen Kräften stand. Sie schrie unaufhörlich, doch wenn sie etwas zu sich nahm, wurde ihr übel. Es war schwer, Gottes Absichten zu verstehen.

Der andere war von Francis – ein paar hingekritzelte Zeilen. Er hatte noch genau dieselbe Handschrift, die er als Schuljunge gehabt hatte – nachlässig, nervös, unregelmäßig.

Daß Rob und Rose umgekommen sind, ist ja schlimm. Aber ich kann mich kaum noch an Rose erinnern. Sie war die einzige von uns, die das getan hat, was sie wollte. Aber sie hat es mit dem Leben bezahlen müssen. So ist das Leben. Ich werde ein regulärer Flieger, sobald eine Stelle frei wird.

Sie las die Briefe durch und zerriß sie in kleine Stücke. Bart hatte sie berührt, er hatte sie aus seiner Tasche genommen. Sie stand auf und wusch sich die Hände. Dann ging sie nach oben und überlegte, was sie noch alles für die Kinder brauchte. Sie mußte Kinderbetten für David und Mary, einen Tisch und einen Stuhl kaufen. Aber sie konnte jetzt ruhig etwas von ihrem Geld nehmen. Gestern war die Partitur vom Musikverleger gekommen, und die Arbeit war nicht zu schwierig. David sollte hier oben schlafen, und Marys Bettchen würde sie neben ihr eigenes stellen.

Die Zukunft erschien ihr wieder warm und rosig. Sie baute sich ein neues Leben auf, in dessen Mittelpunkt die Kinder standen.

An einem Oktoberabend standen sie im Bahnhof und warteten auf den Zug, der ihnen die Kinder bringen sollte, sie, Mr. und Mrs. Winters. Sie hatte sich allmählich daran gewöhnen müssen, Paul hin und wieder allein zu lassen. Sie legte ihn dann immer, in Decken gehüllt, auf den Boden und schloß die Tür ab. Da konnte ihm ja eigentlich nichts passieren. Dennoch war sie stets ein wenig unruhig und wartete jetzt voller Ungeduld auf das Eintreffen des Zuges.

Sie standen schweigsam und etwas verlassen in der zunehmenden Dämmerung, diese drei. »Wenn man zuerst nur auf mich gehört hätte«, sagte sich Mrs. Winters von Zeit zu Zeit. Aber Mr. Winters sprach kein Wort, und Joan konnte nicht reden, weil sie an Rose denken mußte. Rose war mit einem so festen Gottvertrauen in die Fremde gezogen, aber es hatte sie nicht vor dem Tode bewahrt. Der Zug lief pfeifend und donnernd ein, und ein großer, gebeugter, grauhaariger junger Mann stieg aus, der ein schreiendes Baby in den Armen hielt. An seine Rockschöße klammerte sich ein kleiner, dünner Junge in einem braunen Anzug, der ruhig und schweigend alles betrachtete, worauf sein Blick fiel. Joan sah sie zuerst und eilte auf sie zu.

»Oh, geben Sie mir das kostbare kleine Wesen!«

Sie nahm ihm das Kind aus den Armen, dieses Baby, das ihre Schwester Rose ihr gegeben hatte. Es war ihr ein unsagbarer Trost, dieses Kind fest an sich drücken zu können. »Du bist zu Hause, mein Liebling«, flüsterte sie. »David, mein Herz, willkommen in der Heimat! Wie müde ihr alle ausseht!«

»Wir sind hundemüde«, erwiderte der Mann. Er überließ ihr das Baby, behielt David aber an der Hand.

»Ei, ei«, sagte Mr. Winters, »da seid ihr ja nun endlich.«

»Meine Mutter und mein Vater sind tot«, sagte David mit klarer Stimme. »Deshalb konnten sie nicht mit uns kommen.«

Am Abend saß sie mit John Stuart zusammen und hörte sich ihn an. Bevor er kam, hatte sie die jammernde Mary beruhigt, sie gewaschen und ihre wundgescheuerten Glieder eingekremt. Sie hatte die sahnige Milch erwärmt, sie ihr gegeben und dann beobachtet, wie das kleine erschöpfte Wesen einschlief. David, der alles aufmerksam verfolgt hatte, meinte: »Mein Onkel John weiß gar nicht, was er tun soll, damit Mary aufhört zu weinen.«

»Ein Onkel versteht sich nicht so recht darauf«, erwiderte sie, bereit, diesen kleinen Buben zu vergöttern. Aber sie durfte nicht zu hastig sein. Seine Seele war voller Bilder, die sie nicht kannte. Sie mußte warten, bis er aus sich herauskam.

»Werden wir hier wohnen?«

»Ja, David.«

»Hier ist keine Mauer.«

»Nein, David, keine Mauer. Du kannst laufen, wohin du willst. Nur abends mußt du wieder nach Hause kommen.«

Er stieß einen tiefen, befreiten Seufzer aus. »Ich möchte jetzt ins Bett.«

»Ja, dein Bett wartet schon auf dich — ein funkelnagelneues Bett, extra für dich.«

»Ich kann mich selbst waschen. Meine Amah hat mich schon lange nicht mehr gebadet.«

»Du sollst alles allein machen.«

Er blickte auf von seiner Schale mit Brot und Milch. »Ich weiß schon, daß Milch aus einer Kuh fließt. Das hat mir mein Vater einmal gesagt. Aber ich habe das noch nicht gesehen.«

»Diese Milch ist heute frisch geflossen — für dich und Mary und Paul.«

Dann lag er satt und sauber zwischen den Laken und wartete auf John Stuart. »Ich möchte nicht eher einschlafen, als bis ich mein Gebet vor Onkel John aufgesagt habe.«

Sie war froh, daß sie zu John Stuart gesagt hatte, es sei wohl besser, wenn er am ersten Abend herkäme. Bald hörte sie seine Schritte.

»David wartet auf Sie«, sagte Joan, und sie gingen zusammen

nach oben. Aber er hatte doch nicht warten können. Er schlief bereits, auf der Seite liegend, eine kleine, dünne Hand unter die Wange geschoben. Der Mann zauderte. »Ich möchte ihn heute abend nicht für sein Gebet wecken.«

»Nein«, stimmte Joan zu. »Der Schlaf ist besser für ihn.«

Sie setzte sich mit John Stuart an den Kamin, in dem sie ein Holzfeuer angezündet hatte. Er schien völlig erschöpft zu sein, und sie wartete ruhig darauf, daß er sprach. Als das Feuer aufloderte, sah er sich in dem kleinen, stillen Raum um und wandte sich dann an sie:

»Sie können sich nicht vorstellen, was das für mich bedeutet — diese Ruhe, diese Stille im Haus! Ich horche immer.«

»Worauf?« fragte sie und sah den lauschenden Ausdruck in seinem Gesicht.

»Auf das Schreien von Menschen«, antwortete er. »Auf seltsame, vereinzelte Schreie, die von niemandem erhört werden; Schreie von Kindern, die Schmerzen erleiden; auf das Gekeife zankender Leute, auf das monotone Gemurmel von Priestern, auf das Geschrei einer wütenden Menschenmasse. Die Wogen, die an das Schiff schlugen, haben mich nachts so oft geweckt. Das Geräusch erinnerte mich so sehr an das anschwellende Gebrüll der Banditen, als sie die Tore der Stadt stürmten. Ich habe mit eigenen Augen gesehen, wie sie Rob niederschlugen. Er rief mir noch etwas zu, aber bei dem Lärm konnte ich es nicht verstehen. Ich selbst war an ein Bambusrohr gebunden, und man trug mich fort.«

Er starrte ins Feuer und sprach mit leiser, entrückter Stimme.

»Wie sind Sie denn nur entkommen?« fragte sie.

»Ich hatte einen Freund unter ihnen«, erwiderte er, »einen Mann, der in meinem Krankenhaus gewesen war. Er warnte mich im Flüsterton, keinen Widerstand zu leisten, und band mich selbst ganz locker. Mein Krankenhaus haben sie niedergebrannt. Ich muß wieder ganz von vorn anfangen. Es ist nichts übriggeblieben. Sie haben alles restlos zerstört.«

»Sie gehen doch wohl nicht zurück!« rief sie entsetzt.

Er hielt die Hände ans Feuer, und da, wo die Manschetten in die Höhe gerutscht waren, sah sie tiefeingegrabene bläulich-rote Narben, wo die Stricke das Fleisch weggescheuert hatten.

»Doch, das tue ich. Die Menschen dort brauchen ein Krankenhaus. Im Umkreis von tausend Meilen gibt es kein einziges.« Er lächelte flüchtig. »Vielleicht gehe ich auch nur zurück, weil ich mir dort wichtiger vorkomme. Hier würde ich nur ein Arzt unter vielen sein — ein Landarzt vielleicht. Dort bin ich Spezialist, Chirurg, alles. Menschenleben zu retten ist bei mir schon zu einer fixen Idee geworden. Wozu, das weiß ich allerdings nicht —«

»Aber sehen Sie doch mal, was man Ihnen angetan hat«, flüsterte sie.

»Merkwürdig«, fuhr er langsam fort, »der Bursche, der mich gerettet hat, redete fast wie ein Christ. Wissen Sie, er erinnerte mich ein wenig an Rob. Er war so jung und so versessen darauf, Gutes zu tun — dem gewöhnlichen Volk zu dienen. Seltsamerweise glaubte er, daß sie das Recht hätten zu töten. Er hatte sich alles fein säuberlich zurechtgelegt, aber er war durchaus nicht verrückt. Auf seine Art war er ein guter Mensch. Er glaubte nur seine Pflicht zu tun. Im Krankenhaus hatte er oft mit mir darüber gesprochen. Mit seiner Hilfe habe ich nachher auch die Kinder wiedergefunden. Sie waren unverletzt. Die Amah hatte sie mit in ihr heimatliches Dorf genommen und so gekleidet wie die Dorfkinder. Ich glaube nicht, daß David viel gesehen hat. Die Amah hat ihm sofort das Gesicht verdeckt, als sie über seine Mutter herfielen, und ihn dann gleich weggeschafft.«

Joan vermochte nicht zu sprechen.

»Ja, ich muß wieder zurück«, sagte er seufzend.

Aber für den Augenblick saßen sie geborgen in diesem kleinen, stillen Haus, fernab von der Welt. Joan stellte keine Fragen mehr. Als er sich erhob und ihr zum Abschied die Hand gab, sagte sie: »Sie werden doch sicher einmal wieder bei uns hereinschauen? Das ist mehr als eine flüchtige Begegnung, ja?«

Er fuhr sich mit der Hand über die Stirn — eine Geste, die sie von ihrem Vater her kannte.

»Das kann ich noch nicht sagen«, entgegnete er, »ich weiß es nicht im voraus — einen Augenblick mal, es fällt mir gerade ein, daß ich Ihnen noch etwas zu geben habe.« Er griff in die Tasche und holte ein kleines, beschädigtes Buch mit steifen schwarzen Pappdeckeln hervor. »Das hat man noch gefunden. Es ist das Tagebuch Ihrer Schwester.«

Er ging fort, und sie sah ihn nicht wieder.

Als sie, das Büchlein in Händen, wieder allein am Feuer saß, dachte sie bei sich, daß Rose es vielleicht als Ehre empfunden hatte, als Märtyrerin zu sterben. Sie schlug das Buch auf, in dem Rose eigenhändig ihre Gedanken aufgezeichnet hatte. Dies war sicher die Geschichte ihres Lebens in dem fernen fremden Land. Eifrig und mit zärtlichen Gefühlen begann sie darin zu lesen, aber auch mit einer gewissen Scheu, denn hier würde gewiß manches stehen, was Rose keinem anderen anvertraut hätte.

Aber immer wieder war es dieselbe Litanei. »Heute müssen wir Gott danken, daß er —« »Als Soldaten Christi müssen wir tapfer alles Ungemach ertragen.« Es stand überhaupt nichts darin, jedenfalls nichts über Rose.

Joan schämte sich fast, so glücklich zu sein. Sie fühlte sich wie ein Mensch, der nach langer Krankheit, während der er weder schlafen, noch essen, noch sich bewegen konnte, dankbar den ersten Schlummer auf sich herniedersinken spürt, wieder Hunger hat und Herr über seine Glieder ist. Sie verbrachte ihre Tage damit, freudig für diese drei, die ihr nun gehörten, zu sorgen. Als sie einmal David beobachtete, wie er im Wirbel der fallenden Blätter über eine Wiese lief, war sie entsetzt über den Gedanken, der ihr plötzlich durch den Kopf schoß: »Es ist besser, daß Rose gestorben ist.« Er war stets am Laufen. Er konnte einfach nicht langsam gehen. In endlosem Staunen über alles, was es zu sehen gab, rannte er den ganzen Tag von einer Stelle zur anderen. Sie ließ ihn frei laufen, da sie wußte, daß er einen großen Freiheitsdrang besaß. Wenn er abends nach Hause kam und aß, saß sie neben ihm, beobachtete sein schmales, lebhaftes Gesicht, das von seinen Gedanken bewegt wurde, und wartete auf das, was er ihr zu erzählen hatte.

»Im Wald habe ich heute ein merkwürdiges Tier gesehen. Das hatte einen Schwanz, der stand senkrecht auf seinem Rücken in die Höhe.«

»Das war ein Eichhörnchen.«

»Es hielt eine Nuß in den Pfoten wie ein Affe. Es gibt keine Affen in diesen Wäldern. Affen kenne ich.«

»Affen gibt es hier nur in einem Tiergarten.«

»Einen Tiergarten habe ich noch nie gesehen. Aber das kommt noch. Ich will alles sehen. Komme ich bald in die Schule?«

»Du wirst in dieselbe Schule gehen, die deine Mutter, dein Onkel Francis und ich besucht haben, als wir klein waren.«

»Ich möchte die Jungens hier sehen. Hoffentlich sind's keine Feiglinge. Da hinten, wo ich herkomme, waren sie feige. Auf der Straße schrien sie Namen hinter mir her, weil ich ein Ausländer war, und wenn ich ihnen dann nachlief, rannten sie davon und versteckten sich.« Bei dieser Erinnerung verdüsterte sich seine Miene.

Seine Seele war voller Erinnerungen, die sie nicht kannte. Sie mußte warten, bis sie verblaßten, und andere Erinnerungen für ihn schaffen. »Du wirst hier tapfere Jungen finden«, sagte sie ruhig.

Er aß nachdenklich weiter. »Mein Vater wollte nicht, daß ich kämpfte. Es ist unrecht, sagte er. Wenn ich groß bin, will ich kein Prediger sein, damit ich kämpfen kann.«

»Es ist nur unrecht, wenn man nicht anständig kämpft«, sagte sie.

»Sicher — anständig kämpfen muß man schon«, gab er von Herzen zu. Er stand auf, nachdem er tüchtig gegessen hatte, und lachte laut. »Erinnerst du dich noch daran, daß ich zuerst nicht wußte, wie die Milch aus einer Kuh kam? Ich dachte, sie fließt heraus!« Er lachte noch einmal, stolz auf sein neuerworbenes Wissen. »Jetzt bin ich nicht mehr so dumm — man muß sie 'rausziehen! Aber damals wußte ich noch nicht viel über Amerika. In seinem eigenen Land sollte man eigentlich Bescheid wissen. Meinst du nicht auch?«

»Ja«, stimmte sie lächelnd zu. Sie hatte ihn sehr gern und hätte am liebsten den kleinen, mageren Körper in die Arme geschlossen.

Doch sie beherrschte sich. Sie mußte ihn noch in Ruhe lassen. Sie konnte ihm nur das Essen auf den Tisch stellen, ein Buch in greifbare Nähe legen — sie mußte unbedingt Bilderbücher kaufen — und ihn in die Felder laufen lassen. Er stapfte die Treppe zu seinem Zimmer hinauf. Bald würde er sie rufen, und dann konnte sie zu ihm hochgehen, nicht eher.

Aber manchmal. wenn er sie rief, sah sie einen nachdenklichen Ausdruck in seinem Gesicht — ein Zeichen, daß er sich an manches erinnerte. Und doch hatte er nicht ein einzigesmal von seinen Erlebnissen gesprochen. Diesen Blick entdeckte sie öfter bei ihm — manchmal gerade, ehe er in ein Stück Kuchen biß, oder abends vorm Schlafengehen. Einmal in der Nacht, als der Wind heulte, rief er sie, und als sie in sein Zimmer kam, lag er ganz verkrampft im Bett. »Ich wollte dich nur etwas fragen«, sagte er in einem betont gleichgültigen Ton. »In Amerika kommen sie doch nie in einem großen Haufen, um Leute zu töten, wie?«

Sie ergriff seine Hand. Sie war feucht und kalt. »Möchtest du lieber mitkommen und in meinem Bett schlafen?« fragte sie.

»Ja«, flüsterte er.

Im Bett hielt sie ihn ruhig in ihren Armen und spürte, wie sich sein Körper entspannte und wieder warm wurde.

»Hier bist du sicher«, sagte sie beruhigend. Um ihn, um sie alle würde sie ihre eigenen Schutzmauern errichten. Auf andere Mauern konnte man sich nicht verlassen.

Aber noch während sie ihn im Schlafe hielt, wußte sie, daß sie ihn am Morgen wieder frei von dannen ziehen lassen mußte. Am Morgen mußte sie so tun, als hätte er keine Angst gehabt, als wäre diese Nacht nie gewesen.

Aber die kleine Mary konnte sie nach Herzenslust an sich drücken. Das Kind weinte nun nicht mehr und fing an, ein wenig zu wachsen. Es lag zufrieden in Joans Armen und betrachtete sie.

Mein Gesicht wird das erste sein, das sie kennt, dachte Joan, als sie, vor Freude zitternd, der Kleinen in die dunklen lustigen, verstehenden Augen blickte. Ihre Händchen waren in ständiger Bewegung — tastend, suchend, greifend, sich anklammernd. In ganz kurzer Zeit entwickelte sie sich zu einem fröhlichen, eigenwilligen, quicklebendigen Wesen, das rasch zum Lachen zu bewegen war und rasch schmollte, wenn man ihr etwas verweigerte.

Von diesen beiden wandte sich Joan Paul zu. Er konnte jetzt mühsam auf die Beine kommen und schlecht und recht ein Stückchen gehen. Aber sie konnte nicht mit Sicherheit sagen, ob er sie kannte.

»Joan, Joan!« klang Davids flatternde Stimme zwanzigmal am Tag durchs Haus. Mary krähte vor Vergnügen, wenn sie sie kommen sah. Aber Paul lächelte über alles, über nichts. Sie fütterte und pflegte ihn mit der größten Sorgfalt. Er gehörte ja ihr für alle

Zeiten, und doch war er nicht ganz ihr eigen. Sie wußte jetzt, daß ein Kind einer Frau nur dann ganz gehörte, wenn es in Liebe erzeugt war.

... *Ich habe keine Kinder,* schrieb Roger Bair, als sie ihm von ihrer Schar erzählt hatte. *Meine Frau ist nicht sehr kräftig und konnte es sich nicht zumuten.*

Erstaunt las sie diese Worte und legte den Brief rasch fort. Er hatte nie erwähnt, daß er verheiratet war. Das hätte er ihr sagen sollen. Im ersten Augenblick war sie völlig niedergeschmettert durch die Nachricht, daß er nicht frei sei. Es war ihr überhaupt nie in den Sinn gekommen, daß er irgendwelche Bindungen haben könnte. Das wiedersprach seinem ganzen Wesen. Sie hatte ihn stets nur in Erinnerung, wie er an jenem Morgen frei und ungebunden in die Lüfte stieg. Alles schien ihr genommen zu werden. Sie mußte sich ihr Leben aus Scherben aufbauen. Dann kam der gesunde Menschenverstand ihrer Mutter bei ihr zum Durchbruch: »Hast du ihm denn selbst reinen Wein über dich eingeschenkt?« Nein, aber er hat mich hochschwanger gesehen. Das war sein erster Anblick von mir. Sie setzte sich sofort hin und schrieb ihm geradeheraus: »Ich habe meinen Mann verlassen. Ich möchte, daß Sie es wissen.« Sie erzählte ihm alles. Sobald sie dieses Geständnis zu Papier gebracht hatte, war sie wieder ruhig. Der Schmerz war vorüber, Roger Bair wieder der alte. Er lebte, und das war genug. Der Gedanke gab ihr immer noch reichliche Lebenskraft. Und an diesem Tag fand sie an der Stelle, wo die Wiese hinter ihrem Haus an einen kleinen Bach grenzte, hellblauen Enzian. So spät im Jahr hatte sie noch nie welchen entdeckt.

Robs Vater ging ruhelos im Hause ein und aus. Ein großes Verlangen nach den Kindern trieb ihn her, aber gleichzeitig scheute er vor ihnen zurück, weil sie ihn auf qualvolle Weise an Rob erinnerten. Er spielte keine Rolle in Davids Leben, das aus Schule und Spiel bestand; auch nicht in Marys Dasein, das sich auf tägliches Wachstum beschränkte. Wenn er sie schmerzlich anlächelte, kehrte sie sich von ihm ab, um Joan anzulachen; denn sie brachte Joan leicht zum Lachen, und das wußte die Kleine ganz genau.

»Aus ihrer Enkelin wird noch mal ein richtiger Schelm«, sagte Joan.

»Meinst du?« erwiderte er. »Ja ... Mattie geht es nicht besonders«, sagte er schließlich, »sonst könntest du die Kinder mal für einen Tag herbringen.«

»Das tut mir sehr leid«, murmelte sie.

Robs Vater zögerte ein wenig, ehe er fortfuhr: »Mattie meint, du solltest die Kinder nicht in deiner Obhut haben. Der Gedanke beunruhigt sie. Sie hat von deinen Umständen gehört.«

»Haben Sie es ihr gesagt?«

»Nein — sie hat es von den Klatschbasen im Dorf erfahren. Sie kam damit von der Missionsversammlung nach Hause und fragte mich, ob ich es wisse. Ich gab es zu, und dann hat sie mir bittere Vorwürfe gemacht, weil ich es verschwiegen hatte.«

Joan sprang auf. »Ich werde selbst mit ihr sprechen«, rief sie. Dann wurde sie unschlüssig und setzte sich wieder hin. »Nein, ich tue es doch nicht. Sie sind derjenige, der zu entscheiden hat, Mr. Winters. Schauen Sie mich an! Bin ich geeignet, die Kinder zu haben?«

Erst wollte sie es mit Bitten versuchen. Wenn er sich nicht darauf einließ, würde sie für die Kinder kämpfen. Die Worte blieben ihr im Hals stecken. Sie strich sich das Haar aus dem Gesicht. »Sie können machen, was Sie wollen, aber die Kinder gehören mir«, sagte sie laut. »Ich kann arbeiten, um sie zu ernähren — Sie dürfen nicht an Geld denken. Die Kinder sind hier glücklich. Sie brauchen sich nur David anzusehen.«

Die Gelegenheit wurde ihm gleich geboten, denn David stürmte von der Schule herein, mit wirrem Haar und leichtgeröteten Wangen, die sich schon etwas rundeten.

»Ich habe Hunger!« rief er laut.

»Ein Butterbrot mit Apfelkonfitüre steht für dich in der Küche bereit«, erwiderte sie.

»Ich möchte meine Pflicht an den Kindern meines Sohnes tun, Joan«, sagte Robs Vater sanft. »Ich habe sie gern.«

Sie überlegte rasch. Sie mußte ein zwingendes Argument finden. Er fuhr fort: »Wir könnten eine Frau finden, die Mattie helfen würde.«

»Sie haben mich wohl nicht verstanden, Mr. Winters«, entgegnete sie. »Die Kinder gehören mir.«

David erschien wieder mit einer riesigen Schnitte Brot in der Hand, eifrig kauend. Als sie ihn ansah, kam ihr ein Einfall. Sie zog seinen sehnigen Körper zu sich heran, obwohl sie seinen Widerstand spürte — er hatte es eilig, wieder nach draußen zu kommen.

»David, möchtest du bei deiner Großmutter wohnen?« fragte sie.

Der Junge starrte sie betroffen an und vergaß vor Bestürzung zu kauen. »Nein, das will ich nicht«, erklärte er schroff. Sie fühlte, wie er sich versteifte. »Außerdem wäre mein Schulweg im nächsten Jahr von da aus zu weit. Ich will nämlich in die Junioren-Baseballmannschaft.«

»Du hast aber doch nie Baseball gespielt«, wandte Robs Vater milde ein.

»Ich habe schon viele Steine geworfen«, erwiderte David hitzig. »Du glaubst gar nicht, wie viele Steine ich schon auf die Leute in Chito geschmissen habe. Ich kann gut werfen!«

Am liebsten hätte sie laut gelacht. Statt dessen ließ sie ihn los und sagte: »Du wirst nicht bei der Großmutter wohnen. Nun lauf nach draußen und spiel.«

»Ich würde auch nicht hingehen«, sagte er auf dem Weg zur Tür. »Weil ich hier zu Hause bin.«

»Ich weiß gar nicht, woher David diesen Eigensinn hat«, meinte Mr. Winters. »Rob war immer so sanft.«

»Rose war so störrisch wie ein Esel«, sagte Joan triumphierend. »Es ist richtiger, Sie lassen ihn hier. Ich kann besser mit ihm fertig werden.«

Sie blickten sich in die Augen. Sie versuchte, ihm ihren Willen aufzuzwingen. Was für ein mildes, gutes Gesicht er doch hatte! Was für kummervolle, ernste blaue Augen, so unschuldig und so verbissen gut! Sie war keine gute Frau, aber das machte ihr nichts aus. Sie mußte jetzt ihren Willen durchsetzen, denn es ging um ihren Lebensinhalt.

»Sie würden Ihnen und Mrs. Winters viel Arbeit machen«, sagte sie. »Mrs. Winters hat soviel mit der Kirche zu tun und kümmert sich so sehr um die Leute im Dorf —«

»Zum Henker damit!« sagte er plötzlich. »Behalte die Kinder.« Sie lachte. Oh, es tat gut zu lachen. Er stand auf und zwinkerte ihr zu. »Ich will nicht behaupten, daß du eine gute Frau bist«, erklärte er. »Du bist deinem Mann davongelaufen, du gehst nie zur Kirche und hast mir praktisch meine eigenen Enkelkinder geraubt.«

»Kommen Sie, sooft Sie können«, bat sie. »Und morgen werde ich die Kinder schön anziehen und Mrs. Winters mit ihnen besuchen — das heißt, wenn David nicht Ball spielen muß!«

An der Tür drehte er sich noch einmal um. »Fürchte dich nicht vor Mattie — ich rede mit ihr.«

»Ich fürchte mich vor niemandem!«

Ein Jahr verging. Es war wieder Spätherbst, und der erste Frost zog über das Land. Auf dem Feld neben ihrer Wiese waren die Maisgarben des Nachbarn aufgestellt, und die goldenen Kürbisse warteten darauf, geerntet zu werden.

Sie lebte in den Tag hinein. Wenn sie morgens aufstand, sagte sie sich nie: »Heute muß ich dies und jenes tun.« Noch dachte sie abends an den nächsten Tag. Jede Stunde brachte ihre Forderungen, und sie erfüllte sie. Sie brauchte sich nicht zu hetzen wie andere Frauen und Mütter. Sie gehörte keinem bestimmten Kreis an. Niemand erschien an ihrer Tür, um sie zur Kirche oder zu einer Frauenversammlung zu holen. Weil sie nicht auf dem ausgetretenen Pfad der anderen ging, ließ man sie in Ruhe, argwöhnisch gegenüber dem, was man nicht verstand. Auch gab es niemanden, der abfällig über sie sprach, oder wenn es geschah, hörte sie es nicht.

Ihre Besorgungen im Dorf erledigte sie wie jede andere Frau. Ihre ehrbare Lebensweise war den Dorfbewohnern ein Rätsel, aber man kümmerte sich nicht weiter um sie.

Eine Generation früher hätte sie nicht so frei leben können. Aber die Zeiten hatten sich gelockert.

Wenn Joan einen Laden betrat, um Lebensmittel oder Kleidung oder Schuhe zu kaufen, behandelten sie die Verkäufer ebenso höflich wie jede andere Frau. Ned Parsons war freundlich zu ihr, jedoch etwas reserviert.

»Womit kann ich dienen?« Er redete sie nicht mehr mit »Joan« an. Jetzt, wo er zwei Kinder hatte, erschien ihm das zu vertraulich. Und Netta konnte nie ganz vergessen, daß er einst für Joan Richards geschwärmt hatte. Nachts im Bett schimpfte sie auf Frauen, die ihre Männer im Stich ließen.

Ned hörte sich alles schweigend an. Netta redete soviel. Er konnte nicht alles beantworten. Schon vor Jahren hatte er es aufgegeben, auf alles einzugehen. Seine Mutter war eine so ruhige Frau gewesen, die immer verträumt lächelte und ihre Geschichten schrieb. Es war schön, eine ruhige Frau im Haus zu haben . . .

»Ich möchte einen klarblauen Kattunstoff«, sagte Joan heiter. Joan hatte immer eine wohlklingende, fröhliche Stimme, dachte Ned.

»Mal sehen. Netta hat gerade ein paar Kleider aus diesem Stoff hier gemacht.«

»Da kennst du aber die Augen meiner Mary nicht! Da – diese himmelblaue Farbe!« Sie sah noch genauso aus wie früher, etwas rundlicher vielleicht, aber sie war ja auch groß. Netta wurde ständig magerer und stichelte: »Joan Richards – ach, ich vergesse immer, daß sie verheiratet ist – Joan Pounder bekommt richtig graues Haar. Ich selbst habe kein einziges graues Haar. Ich schlage meiner Mutter nach. Sie ist sechzig und hat noch kein graues Haar!«

Joan hatte ein so glattes, rosiges Gesicht unter dem weichen, früh ergrauenden Haar – Er wickelte den blauen Kattun ein. »Hier, bitte«, sagte er abrupt. »Sonst noch etwas?«

»Nein, danke, Ned.« Es klang wie Gesang, und sie ging so leichten Schrittes aus dem Laden, als schwebte sie.

Ned wird kahl, dachte Joan, den blauen Kattun unter dem Arm. Er sieht aus, als litte er an Verdauungsstörungen. Ob Netta wohl gut für ihn kocht? Mit einer gewissen Zärtlichkeit dachte sie an Neds pickeliges Gesicht, wie es sie über die Gitarre hinweg angeschmachtet hatte. Es war schon so lange her. Es wäre ihm gewiß peinlich, wenn er wüßte, daß sie sich daran erinnerte.

Als sie sich ihrem Haus näherte, sah sie eine kleine Gestalt auf der Steintreppe der Veranda sitzen. Sie hatte David bei Mary und Paul gelassen, aber dies war nicht David. Plötzlich erkannte sie, daß es Frankie war. Er saß ruhig da, die Hände in den Taschen, und schien auf sie zu warten. Die Winterluft war eisigkalt. Joan eilte auf ihn zu. »Hallo, Frankie!« Seit Monaten hatten sie ihn nicht gesehen.

Fanny war sehr unregelmäßig erschienen. Ihr Geld hatte sie fast einen Monat lang nicht mehr geholt. »Warum bist du nicht hineingegangen, Frankie?«

»Ihr Junge hat mich zwar dazu aufgefordert, Ma'am, aber ich wollte lieber hier warten.«

Er war tüchtig gewachsen. Er war viel größer als David, groß und stark und braunhäutig. Die dunklen Augen hatten phantastisch lange Wimpern. Aber er hatte die kühlen, schmalen Lippen ihres Vaters in dem sanftgerundeten Oval seines Gesichts. Seine Figur war nicht so hager und kantig wie Davids, sondern geschmeidiger und etwas voller. Joan musterte ihn rasch von Kopf bis Fuß.

»Ich hatte Fanny doch Geld gegeben, um dir einen neuen Anzug zu kaufen!« Der Junge war vollständig aus seinen Sachen herausgewachsen.

»Ich habe sie schon mächtig lange nicht mehr gesehen, Ma'am. Sie ist fortgegangen und hat uns zurückgelassen.«

»Wohin ist sie denn gegangen?«

»Sie wollte sich in New York eine Arbeit suchen. Die Fabrik ist wieder geschlossen. Die Arbeiter streiken, und Farbige werden nicht mehr eingestellt. Lem ist erst noch eine Weile geblieben und dann nach Newville gegangen, um dort in der Hosenfabrik zu arbeiten.«

»Und wo hast du die ganze Zeit gesteckt?«

»Sie sagte mir, ich sollte warten. Das habe ich getan. Aber ich habe nun alles aufgegessen, was im Haus war.«

Er sah sie zutraulich, erwartungsvoll an. Ob er wohl wußte, daß sie seine Tante war. Es ließ sich schwer sagen.

»Ich weiß nicht, was ich mit dir anfangen soll«, sagte sie bestürzt.

»Nein«, erwiderte er geduldig. »Das habe ich mir schon gedacht. Fanny sagt das auch immer.«

Er blickte sie demütig an.

»In ein paar Jahren, wenn ich groß genug bin, kann ich mir vielleicht mein Geld durch Singen verdienen. Nur im Augenblick weiß ich nicht, wo ich bleiben soll.«

Er war so bescheiden und nahm es mit solcher Selbstverständlichkeit hin, daß er kein Dach über dem Kopf hatte, daß es ihr einen Stich gab. Und außerdem hatte er für sie diese unverkennbare Ähnlichkeit mit Francis, obwohl kein einziger Zug ganz derselbe war. Er hatte dunkleres, lockigeres Haar als Francis, auch seine Augen waren dunkler, der Kopf runder und das Gesicht voller. Aber die Ähnlichkeit war da: in seinem Aussehen, in seiner Haltung, in der Art, wie er stand. Sie entdeckte sogar eine schwache Ähnlichkeit mit ihr selbst – unheimlich, wie ein flüchtiger Blick in einen entfernten Spiegel.

»Komm mit hinein«, sagte sie gelassen. Das alte, vertraute Bedürfnis, für die Ihren zu sorgen, überwältigte sie wieder. In dieser verworrenen Welt gab es nur wenige, die zu ihr gehörten. Sie nahm Frankie mit ins Haus und schloß die Tür gegen die Kälte.

David lag im Wohnzimmer auf dem Boden, ganz vertieft in ein Buch, die Hände im Haar vergraben, das Gesicht starr wie vor einem Kampf. Neben ihm saß Mary und spielte hingegeben mit einer kleinen Puppe. Paul klammerte sich ans Gitter des Laufstalls, den sie für ihn gemacht hatte. Er war jetzt sechs und sprach immer noch kein Wort. Zu diesen dreien sagte sie mit ruhiger, fester Stimme: »Das ist Frankie.«

Dann ging sie sofort in die Küche und bereitete das Abendessen für sie alle.

Schon seit einigen Wochen hatte sie nichts mehr von Roger Bair gehört. Er hatte sie um eine Fotografie gebeten, aber sie hatte keine, die sie ihm schicken konnte. Statt dessen hatte sie versucht, sich selbst zu schildern, wie sie jetzt aussah. »Dreiunddreißig Jahre alt, Haar schon etwas grau, kein Bubikopf, Größe 1.78, Gewicht entsprechend, Augen grünlich-blau, Züge vielleicht ein wenig streng? Nein — ich kann mich nicht selbst beschreiben.«

Sie hatte sich an David gewandt. »David, schreib mal auf, wie ich aussehe. Jemand will ein Bild von mir, und ich habe keins.« Mit Beistift und Schreibblock bewaffnet, streckte sich David vor dem Feuer aus und betrachtete sie ernsthaft. Fast eine Stunde lang kritzelte er eifrig, die Zunge zwischen den Zähnen, gelegentlich ein Wort ausstreichend. Als er fertig war, faltete der den Bogen sehr klein und gab ihn ihr.

»Soll ich es lesen?« fragte sie.

Er errötete tief. »Mir ganz egal«, knurrte er und lief aus dem Haus in den Frühlingsabend hinein. Aber sie las es nicht. »Ich habe David gebeten, mich zu schildern«, schrieb sie an Roger. »Hier ist das Ergebnis. Ich selbst habe es nicht gelesen.«

Seitdem hatte sie nichts mehr von ihm gehört. Dieser Gedanke nagte täglich an ihr. Wenn es zu lange dauerte, würde sie sich bei Francis erkundigen. Jeden Tag studierte sie sorgfältig die Zeitung, denn sie bekam allmählich etwas Angst. Zwischen den Nachrichten über jäh fallende Aktien und Anstürme auf Banken suchte sie nach einer Zeile: ABSTURZ EINES PILOTEN. Und sie war am Ende schon dankbar, daß es keine derartige Notiz gab.

Sie beschäftigte sich intensiv mit den vier Kindern. David war der warme, lebendige Mittelpunkt, um den sie alle kreisten. Er war derjenige, der immer etwas erlebte. Alles in ihm schrie nach Abenteuern. Wenn seine Schulmannschaft gegen eine andere ins Feld zog, ging sie beklommen umher, und ihr fiel ein Stein vom Herzen, sobald er ins Haus stürmte mit dem Ruf: »Wir haben sie geschlagen — wir haben sie geschlagen!« — »O David, ich bin ja so froh!« — »Jawohl«, prahlte er, »wir haben gewonnen — zehn zu Null — zu

Null, denk mal an, Joan!« Er war sehr feinnervig. Litt er, dann war sein Kummer abgrundtief. Freute er sich, geriet er sofort in solche Ekstase, daß das ganze Haus davon vibrierte. Joan ging völlig in ihm auf. Eine Zeitlang war er ihr gegenüber scheu. Sie konnte es sich nicht erklären, bis er sie fragte: »Hast du das gelesen, was ich über dich geschrieben habe?« Sie schüttelte lächelnd den Kopf. »Ich habe den Bogen nicht auseinandergefaltet.« Er war erleichtert, und seine Schüchternheit fiel von ihm ab wie ein fremdes Gewand, denn er war von Natur aus nicht scheu.

Doch nach einer Weile merkte sie, daß er ihr etwas zu sagen hatte, und sie lockte es geschickt aus ihm heraus. »Du bist mir eine große Stütze, David. Ich wüßte nicht, was ich ohne dich anfangen sollte.« Der warme Ton ihrer Stimme löste David die Zunge. »Ich wollte dir übrigens sagen«, bemerkte er beiläufig, »daß ich nur Gutes über dich geschrieben habe.« Er hatte das Gesicht abgewendet, aber sie sah, daß seine wohlgeformten, anliegenden Ohren scharlachrot waren. »Ich danke dir, David«, sagte sie gelassen, sehr darauf bedacht, jede Zärtlichkeit zu vermeiden. Er blätterte in seinem Buch und fügte hochrot hinzu: »Ich habe geschrieben: ich wollte, du wärest meine richtige Mutter.« Am liebsten wäre sie jetzt zu ihm gelaufen und hätte ihn in die Arme geschlossen. Aber sie kannte ihn und blieb daher bei ihrer Näharbeit sitzen. »Du bist mir wie ein eigenes Kind«, antwortete sie nur. Ihre Augen begegneten sich, und sie tauschten einen Blick tiefen Verständnisses aus. »Ich glaube, ich gehe noch ein bißchen nach draußen«, sagte er rasch.

»Es sind frische Kekse in der Dose«, rief sie ihm nach. Das war also das Bild, das er Roger von ihr gegeben hatte. Es war jetzt wieder leichter, auf Nachricht von ihm zu warten.

Etwas besorgt hatte sie abgewartet, wie David sich zu Frankie stellen würde. Sie schwieg, während David den Jungen abschätzend betrachtete.

»Er ist ja so braun. Ist er ein Chinese?« fragte er ganz sachlich im Beisein aller.

»Frank ist Amerikaner«, erwiderte sie. »Es gibt viele dunkelhäutige Amerikaner. Frankies Mutter war eine Farbige und sein Vater ein Weißer. Deshalb ist er braun und sein Haar so lockig, und darum hat er eine so schöne Stimme.«

»Sing mal«, befahl David.

Frankie öffnete den Mund und begann zu singen. Das Lied war abscheulich, kitschig, aber seine Stimme setzte sie von neuem in Erstaunen, so reich und voll war sie. Sie hörten alle zu, selbst Paul, dessen wandernde Augen nach der Quelle der Töne suchten.

David liebte Frankie.

»Sing mal was Lustiges!« verlangte er oft. Dann trat sofort ein schelmischer Ausdruck in Frankies Augen, und er sang ein amüsantes Lied. David hörte lachend zu. Unbewußt paßte sich Frankie jedem einzelnen an. David brachte er zum Lachen, für die gebieterische Mary war er ein regelrechter Handlanger, und Paul brachte er das Gehen bei. Und was er ihr bedeutete, darüber war sich Joan noch nicht im klaren. Eines wußte sie nur: später, wenn sie einmal alt und schwach wurde und die anderen in alle Winde verstreut waren, würde Frankie immer zu ihr zurückkehren und sich um sie kümmern. Er war eine treue Seele. Das sah sie an dem standhaften Blick seiner schönen Augen.

David und Frankie schlossen sich eng aneinander an. Sie schliefen im selben Zimmer und besuchten dieselbe Schule. Eines Nachmittags kam David blutüberströmt nach Hause – in hitziger Kampfesstimmung.

»Aber, David!« rief Joan entsetzt und holte eilig Wasser und Verbandszeug herbei.

»Ein paar Jungen haben Frankie ausgelacht«, erklärte er wütend. »Er wäre dumm, haben sie gesagt, und nannten ihn einen Nigger. Da habe ich ihnen eins versetzt. Er ist doch nur etwas dunkel, nicht wahr, Joan?«

Sie sah zu Frankie und merkte an seinem Blick, daß er sich seiner Hautfarbe durchaus bewußt war.

»Komm, David, ich will dich waschen«, sagte sie. »Dreh dich mal um, damit ich dich sehen kann.« Er drehte sich um und vergaß über seinem Zorn, daß sie seine Frage nicht beantwortet hatte. Als er nach oben gestapft war, um sein blutbespritztes Hemd zu wechseln, sagte Frankie zu ihr:

»Ich weiß, daß ich ein Nigger bin, Ma'am.«

Sie beugte sich impulsiv über ihn und küßte ihn rasch auf die Stirn. »Du bist eines meiner Kinder«, versicherte sie ihm.

Fast im selben Moment, als Joan die Notiz von Francis' Tod in der Zeitung sah, war Roger Bair bei ihr. In der Zeitung stand nur eine kurze Meldung: ein Flugzeug war abgestürzt, und es hatte den Anschein, als habe der Pilot, ein Mann namens Francis Richards, die Maschine absichtlich abstürzen lassen. Wie gelähmt hielt Joan die Zeitung in der Hand und starrte auf den Namen. Es konnte natürlich ein anderer sein, der denselben Namen trug – sie durfte nicht den Kopf verlieren. Aber Francis Richards war kein so alltäglicher Name. Sie mußte unbedingt an Roger telegrafieren. Doch in dem Augenblick wurde heftig an die Haustür geklopft. Ah, dachte sie, er hat natürlich zuerst telegrafiert. Aber es war nicht der Telegrammbote – Roger selbst stand auf der Schwelle! Sie erkannte ihn sofort wieder. Nicht einen einzigen Zug seines Gesichts hatte sie vergessen.

»Komme ich noch rechtzeitig?« fragte er rasch. Sie starrte ihn an. »Ich meine – haben Sie schon die Morgenzeitung gesehen?«

Dann war es also doch Francis!

»Ja, ich habe sie gesehen«, erwiderte sie. Er kam herein, als wäre er hier zu Hause, dachte sie. Er war gekommen, um ihr schonend beizubringen, daß Francis gestorben war. Nach einer Weile – sehr bald schon – würde es eine Rolle spielen, daß Francis tot war. Aber jetzt noch nicht.

»Ist es wahr?« Er hatte seinen Hut bereits auf den Ständer gelegt. Jetzt zog er sich den Mantel aus. Sie hatte ihn noch nie in Zivilkleidung gesehen.

»Wenn ich doch nur an jenem Tag in seiner Nähe gewesen wäre! Er war ein merkwürdiger Mensch – niemals in guter Form, wenn er am Boden war. Die Leute mochten ihn nicht. Aber oben in der Luft war er ganz anders.« Er schluckte ein paarmal heftig und fuhr sich mit einem Taschentuch über die Stirn. »Sobald wir den Erdboden verlassen hatten, war er lustig, heiter, unbeschwert. Ich habe es immer wieder erlebt, wenn wir zusammen aufstiegen.«

Es war nicht recht von ihr, jetzt, wo er von Francis erzählte, seine Augen, seinen Mund, seine Hände zu betrachten.

»Er war sehr gut vorangekommen – nur mochte ihn niemand leiden. Es ließ sich, glaube ich, nicht nachweisen, daß er persönlich an den Unruhen wegen der Lohnforderungen beteiligt war. Aber er war ein Mensch, der sofort den Verdacht der Unzufriedenheit erweckte. Es schmerzt sie hoffentlich nicht zu sehr, das alles zu hören, wie?« Er blickte sie freundlich an. Sie schüttelte den Kopf, und er fuhr fort.

»Ich mochte ihn gern, da ich wußte, wie er in der Luft war.«

Aber er sprach so zurückhaltend zu ihr, als hätten sie sich nie geschrieben.

»Seien Sie nicht allzu traurig«, sagte er. Er beugte sich vor, und sein Gesicht war nahe, sehr nahe, an ihrem. Sie konnte die dünnen Falten um seine Augen sehen. Seine Haut war feinporig und braungebrannt, und er hatte starke, gleichmäßige Zähne. »Niemand weiß, was eigentlich geschah – er hatte keine engen Freunde. Die anderen sahen ihn mit einer Frau zum Flugplatz kommen, die auf ihn einredete.«

Roger hielt ihre beiden Hände. »Das Flugzeug stürzte, sich im Kreis drehend, ab wie ein erschossener Vogel. Was eigentlich passiert ist, wird niemand erfahren. Beim Aufprall ist er dann verbrannt.«

Im Raum war es so still. Die Jungen waren in der Schule, und die anderen beiden schliefen. Sie schämte sich ihrer Hände, die von der Gartenarbeit so rauh waren. Francis mußte verbrennen – weil Fanny ihn gefunden hatte. Und sie hatte sich so sehr bemüht, die beiden auseinanderzuhalten.

»Leiden Sie nicht so schweigend – sprechen Sie sich aus.« Er streichelte ihre Hände. Sie mußte sie ihm entziehen.

»Meine Hände sind so rauh«, stieß sie undeutlich hervor.

»Warum denn?« Er sah mitleidig darauf herab.

»Ich ziehe das meiste Gemüse, das wir brauchen, selbst. Die Kinder essen sehr viel.«

»Verdienen Sie nicht genug mit Ihrer Musik?«

»O doch«, sagte sie rasch. »Es kommt wirklich allerlei dabei heraus. Ich arbeite täglich mehrere Stunden daran. Aber den Garten kann ich trotzdem gut gebrauchen. Außerdem macht mir die Gartenarbeit Spaß, und der Boden ist gut.«

Er betrachtete immer noch ihre Hände. Nun ließ er sie fallen, als sei ihm plötzlich etwas anderes in den Sinn gekommen.

Er zündete seine Pfeife an und begann zu rauchen. Dann sah er sich im Zimmer um, und sein Blick kehrte zu ihr zurück. »So, hier leben Sie also«, sagte er. »Ich habe mir immer den Raum vorzustellen versucht, in dem Sie leben — Sie und alle Ihre Kinder!«

»Ja, das ist nun mein Heim«, erwiderte sie. Sie mußte ihn jetzt sorgfältig betrachten und sich alles einprägen: jede Linie seines Körpers, seine Hände, sein Haar, seinen Kopf, die Form seines Mundes, die Farbe seiner Augen. Das alles war er — Roger Bair. Sie verdrängte den Schmerz über Francis. Francis mußte jetzt warten, er war tot. Vor diesem Augenblick des Lebens mußte er zurückstehen. Denn Roger würde sie bald verlassen ... Aber der Augenblick war schon gekommen: er stand auf, zog seinen Mantel an und nahm den Hut in die Hand.

»Nun muß ich gehen. Hoffentlich leiden Sie nicht allzusehr.«

Sie schüttelte den Kopf, ohne zu lächeln, und sah ihn fest an. »Ich bin an Leid gewöhnt. Es ist natürlich ein tiefer Schmerz. Ich sehe ihn noch als kleinen Jungen —«

»Ich muß unbedingt einmal wiederkommen«, sagte er unvermittelt. Er hatte eine ruhige Stimme — die Stimme eines Menschen, der von Natur aus gütig war.

»Wirklich?« sagte sie und lächelte ihn an.

»Ja, ich muß wiederkommen — um zu sehen, wie es Ihnen ergeht. Sie leben hier sehr einsam.«

Sie schüttelte stumm den Kopf, und er ging fort.

Nun begann ihre Korrespondenz wieder, ohne jeglichen Vorwand. *Ich bin es gewohnt, hilflose Frauen zu sehen, Frauen, die sich auf Männer stützen. Sie leben in dieser einsamen Gegend und fürchten sich nicht ...*

... Sehen Sie denn nicht, daß ich nicht einsam bin? Ich habe alles.

Er begann von seiner Frau zu schreiben — ganz natürlich, ohne sich zu entschuldigen, daß er sie kaum erwähnt hatte. *Sie ist ein zartes, schwächliches Wesen — paßt zweimal in Sie hinein — sieht aus wie ein Kind, bis man ihr Gesicht sieht. Es ist mir, als hätte ich immer mit einem kleinen Kind zusammengelebt.*

Sie legte den Brief beiseite und dachte an Francis, an diesen neuen Kummer, der über sie hereingebrochen war. Seine Sachen hatte man in dieses Haus geschickt. Es waren zwei revolutionäre Bücher darunter — eins von Marx und eins über den Kommunismus in Rußland. Ja, die Zeitungen sprachen sehr viel von Rußland. Es war alles so verwirrend. Nichts war klar, nur die Tage, wie sie sie lebte, die jeden Morgen anfingen und abends endeten. In einem Buch fand sie ein Bild ihrer Mutter, aber sonst nichts — keinen Brief, kein Zeichen, wie er gelebt hatte.

... Du mußt verstehen, daß ich meine Frau niemals verlassen könnte, schrieb Roger. *Sie ist so wehrlos — ein hilfloses Wesen. Du bist so stark, daß Du das Leben in jeder Form ertragen kannst.*

Sie legte den Brief aus der Hand und begann zu weinen. An einem strahlenden Morgen mitten im Frühling saß sie da und weinte laut. Denn jetzt war sie aufs tiefste verletzt. Weil sie stark war, mußte sie alles auf ihre Schultern nehmen. Weil sie stark war, sagte er, mußte sie wieder auf das verzichten, was sie begehrte. Ihre unerträgliche Qual trieb sie, ihm eine leidenschaftliche Antwort zu geben. Er schrieb zurück: *Ich kann ihr kein Leid zufügen. Soll das Reh leiden, weil es ein Reh ist, weil es nicht als Löwe geboren ist?*

Der ungeheure Schmerz ließ sie verstummen. Still und zitternd schlich sie im Haus umher. Mechanisch setzte sie den Kindern das Essen vor, mechanisch verrichtete sie ihre Hausarbeit. »Joan, du lachst ja nicht mehr!« rief David. »Ich wollte, du würdest mal wieder über irgend etwas lachen!« Frankie beobachtete sie schweigend mit melancholischen Augen.

Sie erwiderte heftig: *Und soll der Löwe leiden, weil er ein Löwe ist? Er leidet mehr, weil er in seiner Stärke auch stärker empfindet ... Wir wollen uns nicht mehr schreiben. Du bist nicht frei. Das sehe ich.*

Sie klebte den Brief zu und brachte ihn in wilder Hast zum Kasten. Es war besser, wenn alles zu Ende war. Sie war bis ins Innerste verwundet. Er konnte sie mehr verletzen als der Tod. Selbst Paul besaß nicht die Macht, ihr so weh zu tun. Auf dem Heimweg beschloß sie, zufrieden zu sein mit dem, was sie hatte. Sie hatte ja so viel.

Sie waren alle zu Hause. David quälte sich mit seinen Rechenaufgaben ab; Frankie bereitete mit ruhigen Bewegungen in der Küche ihr Abendessen vor.

Da sah Paul sie auf einmal. Zum erstenmal in seinem Leben sah er sie wirklich. Beim Klang ihrer Stimme horchte er auf und kam schwankend drei Schritte auf sie zu. Dann umklammerte er ihr Knie und blickte zu ihr empor. Das Bild, das sein trüber Blick auffing, mußte für eine Sekunde etwas in seinem Gehirn ausgelöst haben, denn er sprach — »Mama?«

Es war sein erstes Wort. Ungläubig, außer sich vor Freude, sah sie ihm ins Gesicht. Nanu, er kannte sie ja — Paul kannte seine Mutter! Sie sank neben ihm auf die Knie und umarmte ihn, halb lachend, halb schluchzend. »Kind, David, Frankie, habt ihr Paul gehört? Er hat mich gerufen!«

Sie kamen alle herbeigerannt und standen im Kreis um sie herum. Frankie lächelte, Mary jauchzte vor Vergnügen über den Lärm, und David rief voller Begeisterung: »Noch einmal, Paul!«

»Sag es, Liebling«, drängte sie. »Noch einmal — Mama — Mama — sag es Paul!« Sie brannte darauf, das Wort noch einmal von seinen Lippen zu hören.

Aber Paul zupfte nur an den blauen Glasperlen der Kette, die Mr. Winters ihr einst vor langer Zeit gegeben hatte, und blieb stumm. Der große Augenblick war vorüber. »Na, jedenfalls hat er einmal gesprochen«, sagte sie stürmisch. »Einmal habe ich seine Stimme gehört.«

Sie wandte sich rasch den andern zu.

»Nun, David, soll ich dir beim Rechnen helfen? Ja, Frankie, du kannst Toast machen — es gibt Toast und Milch zum Abendbrot.«

Paul hatte tatsächlich mit ihr gesprochen. In der tiefen Finsternis ihrer Einsamkeit — »Ich habe geendet, was zwischen Roger und mir bestand« — brannte diese kleine Flamme: Paul hat einmal mit mir gesprochen.

»Hast du etwa geglaubt, ich würde dich so von mir ziehen lassen?« Roger stand vor der Tür. »Dein Brief kam gestern abend. Ich war mit ihr zusammen, und ich sah sie plötzlich, wie sie in Wirklichkeit ist. In meinem Herzen habe ich es immer gewußt. Ich wollte es nur nicht sehen. Du hast mir die Augen geöffnet —«

»Roger, es ist nicht so leicht —«

»Nein, es ist wirklich nicht leicht — es ist so schwer, daß du mir dabei helfen mußt. Sie ist hier. Ich habe sie mitgebracht.«

»Roger!« rief sie betroffen. »Was hast du ihr gesagt?«

»Überhaupt nichts. Ich habe nur erwähnt, du seist die Schwester des Piloten, der gerade umgekommen sei, und ich wollte mich etwas um dich kümmern. Komm mit!«

Sie folgte ihm über den schmalen Graspfad, der zum Gartentor führte. Am Straßenrand stand ein kleiner, niedriger Wagen, in dem Rogers Frau saß.

»Millicent, das ist Francis Richard's Schwester, von der ich dir erzählt habe . . .«

Joan reichte ihr die Hand und spürte einen kühlen, leichten Druck. »Es freut mich, Sie kennenzulernen«, sagte sie. Es war eine helle, gezierte Stimme. Joan sah ihr ins Gesicht. »Wollen Sie nicht einen Augenblick hereinkommen?« fragte sie gelassen. Das war also die Frau, die Roger einst so sehr geliebt hatte. Er hatte ihr gesagt: »Einst war ich mächtig in sie verliebt. Ich war noch sehr jung.« Ja, es war eine hilflose Kreatur. Das hübsche, alternde Gesicht wandte sich ratsuchend an Roger.

»Ja, steig aus und komm mit herein«, sagte er. Er öffnete den Wagenschlag und half ihr beim Aussteigen. An seinen Arm geklammert, stakelte sie in ihren zierlichen Stöckelschuhen den Pfad hinauf.

Joan bot ihr instinktiv den bequemsten Stuhl – einen mit Chintz bezogenen Sessel – an, und die überschlanke Gestalt in dem jugendlichen blauen Kostüm ließ sich lässig hineinfallen. Joan selbst setzte sich auf einen geraden Stuhl. Neben diesem vollendet zurechtgemachten, zerbrechlichen Geschöpf kam sie sich elefantenhaft und unordentlich vor. Diese Porzellanfigur hatte Roger geliebt. Seine tiefe Leidenschaft hatte er über diese kindische Kreatur ausströmen lassen. Sie blickte ihn an. Er saß finster und abwartend da.

Seine Frau sah ebenfalls mit schwacher Besorgnis zu ihm hinüber. »Ich glaube, du fühlst dich nicht wohl, Roger. Seit gestern abend ist er nicht recht auf dem Damm.« Sie ließ ihre hübschen porzellanblauen Augen auf ihm ruhen. »Ich wollte heute morgen eigentlich nicht, daß wir fuhren, aber er wollte ja unbedingt kommen.« Sie lachte kokett. »Ich muß ihn ein wenig bemuttern. Wir haben nämlich nie Kinder gehabt, Mrs. . . . Mrs. . . .«

Doch Joan verriet ihren Namen nicht. Ihr Name spielte keine Rolle.

Roger saß schweigend da in seinem braunen Tweedmantel, den Hut in den Händen. Er sah allerdings nicht gut aus; tiefe, dunkle Schatten waren unter seinen Augen. »O mein Geliebter!« dachte sie im stillen. Er hob plötzlich den Kopf, als hätte sie laut gesprochen, und sie blickten sich tief in die Augen.

»Er sieht gar nicht gut aus, nicht wahr?« wiederholte die plappernde, kindische Stimme.

»Wir wollen jetzt gehen, Millie«, sagte er plötzlich. Er nahm ihren Arm, und sie gingen zur Tür. Er half seiner Frau beim Einsteigen. »Vorsicht, Millicent, dein Kleid hat sich eingeklemmt.« Vorsichtig befreite er das Kleid und schloß die Tür.

»Leben Sie wohl«, sagte Joan gelassen. Dann drehte sie sich um und ging ins Haus zurück. Sie setzte sich und wartete auf das Anspringen des Motors. Aber es blieb still.

Statt dessen öffnete sich die Tür, und Roger stand wieder im Zimmer. Im nächsten Augenblick lag er vor ihr auf den Knien und barg den Kopf in ihrem Schoß. Gern hätte sie seinen Kopf, seine Schultern gestreichelt. Aber nein, sie zwang sich zur Selbstbeherrschung.

»Ich verstehe dich vollkommen«, sagte sie. »Natürlich verstehe ich, daß du ein so kleines Ding nicht verlassen kannst –« Sie hatte so geduldig, so ruhig und verständnisvoll begonnen. Roger konnte Millicent ebenso wenig verlassen wie sie ihren Sohn Paul. Das leuchtete ihr durchaus ein. Warum dann auf einmal all diese Bitterkeit, die in ihr hochkam und wie Galle auf ihrer Zunge lag? »Wie schade«, fuhr sie verbissen fort, »wie unendlich schade, daß nicht alle Frauen klein und hübsch und schwach sind! Kleine, schwache, hübsche Hände und Gesichter, kleine, schlanke Körper — mehr brauchen Frauen nicht.«

Er hob den Kopf und starrrte sie an. »Ich weiß nicht, was du damit sagen willst.«

Sie lachte. »Mit anderen Worten: geh zu ihr zurück und betreue sie weiterhin!«

»Aber ich bin doch zurückgekommen, um dir zu sagen, daß ich es nicht ertragen könnte, dich nie mehr zu sehen. Fern von dir gibt es kein Leben für mich.«

Sie blickte auf die vor ihr kniende lange Gestalt. Sein Haar war an den Schläfen ergraut, so grau wie ihr eigenes. Aber sie liebte ihn. Er konnte hier in dieses Haus kommen wie einst die Kinder. Eines Tages kam er vielleicht so, wenn sie ihn jetzt nicht von sich stieß, wenn er Schritt für Schritt von sich aus tun durfte.

»Ich brauche dich«, rief er ihr aus tiefster Seele zu. Da brach der Damm in ihr. Sie nahm seinen Kopf fest in beide Hände und preßte ihn an ihre Brust. Das war der richtige Platz für ihn. Ein warmes Gefühl der Erleichterung, der Befreiung durchströmte sie.

»Oh, wie habe ich mich nach dir, nach deiner Kraft gesehnt! Ich war ja so müde«, stammelte er gebrochen.

»Ja, ich weiß — ich verstehe . . . sei ruhig — ich weiß —«

». . . Roger!« rief Millicent vom Wagen her.

Die Stimme brachte ihn auf die Füße. Die Falten um Mund und Augen waren sofort wieder da.

»Ich muß gehen.«

»Ja, geh«, sagte sie.

»Roger, kommst du endlich?«

Er ergriff ihre Hände.

»Hör zu, das ist nicht das Ende. Es ist der Anfang. Wie das Ende sein wird, weiß ich noch nicht. Aber ich werde weitergehen, bis ich es finde. Ich komme zu dir zurück.«

Sie nickte ihm lächelnd zu. Dann legte er ihr sanft die Hände in den Schoß, und sie ließ sie liegen, wie er sie hingelegt hatte. Und dann war er verschwunden. Jetzt hatte sie nur noch die Erinnerung an den Augenblick, als sein Kopf an ihrer Brust ruhte. Sie spürte noch, wie er das Gesicht an sie preßte. Er brauchte sie. Das war genug für den Anfang der Liebe, welches Ende sie auch nehmen mochte.

Inzwischen war Paul aufgewacht und wimmerte. Sie stand auf und ging ins andere Zimmer, um ihn zu beruhigen. Bald würden auch die beiden anderen Jungen aus der Schule kommen. Ja, sie konnte Frankies Stimme schon von weitem hören. Wie so oft, sang er sein Liebingslied – das Negerspiritual: *»Singin' wid a sword in mah hand, O Lawd – singin' wid a sword in mah hand.«*

Auf dem Weg zur Küche blieb sie an der Haustür stehen und sah hinaus. Rogers Auto war verschwunden, und die Straße entlang kamen die beiden Jungen, einträchtig Hand in Hand. Sie marschierten im Takt nach Frankies Melodie. Frankie hatte Schuhe und Strümpfe ausgezogen und ging barfuß durch den Staub. Die helle Frühlingssonne strömte auf sie herab. Joan wartete, bis sie näher herangekommen waren, dann begann sie, mit kräftiger, frischer Stimme mitzusingen: *»Singing' wid a sword in mah hand, O Lawd –«*

Schließlich brauchte sie sich ja nicht zu beeilen. Die Sonne stand noch im Zenit.